すぐに役立つ
韓国語の基本単語集

李昌圭 著

ナツメ社

語彙力をつければ
会話力・読解力も格段にアップ！

はじめに

　外国語を正しく理解し、話すためには文法と語彙をしっかり覚える必要があります。幸い、韓国語は文法の構造が日本語と似ているので文法学習の負担が少なく、単語さえ正確に覚えればある程度の意思疎通や文章読解も可能になります。

　本書はこのような学習環境を踏まえて初中級レベルまでの語彙を効率よく覚えられるように、日常生活から社会、政治、経済、文化、環境などに至るまでの語彙をテーマ別にまとめて約5500語を収録しました。意味属性別に7章122種類に細かく分類しているので分類語彙表としても使うことができます。収録語彙は基礎語彙として各分野で高い頻度で使われているかどうかを基準として選んでいます。

　本書が学習者のみなさんの語彙力アップに役立ち、さらには会話力や読解力、作文力の向上につながることを大いに願っています。

李　昌圭

もくじ

1章 韓国語の基礎知識

発音 …………………………………………………… 10
　①基本母音字の発音　10
　②基本子音字の発音　11
　③合成子音字の発音　14
　④合成母音字の発音　15
　⑤終声（パッチム）の発音　17
　⑥連音化　20
　⑦激音化　21
　⑧鼻音化　21
　⑨濃音化　23
　⑩口蓋音化　26
　⑪流音化　26
　⑫絶音化　26
　⑬「ㄴ」添加　27
助詞 …………………………………………………… 28

2章 コミュニケーション

- あいさつ① …………34
- あいさつ② …………36
- 人の呼び方 …………38
- 家族・親戚の呼び方①…40
- 家族・親戚の呼び方②…42
- 気持ちを表す① …………44
- 気持ちを表す② …………46
- 気持ちを表す③ …………48
- 性格を表す① …………50
- 性格を表す② …………52
- 尋ねる …………54
- お願い・承諾 …………56
- OKとNO…………58
- 電話をかける …………60
- つなぎの言葉 …………62
- コラム「韓国の早口言葉」
  …………64

3章 身近な言葉

- 数字① 漢数詞 …………66
- 数字② 固有数詞 …………68
- 助数詞 …………70
- 単位 …………72
- 月・季節 …………74
- 曜日・日にち …………76
- 祝祭日・法定記念日 78
- お祝い・行事 …………80
- 結婚 …………82
- 時間① …………84
- 時間② …………86
- 方向 …………88
- 順番 …………90
- 色 …………92

形・模様・大きさ …… 94	国・地域 ………… 104
通貨 ………………… 96	国名・地名 ……… 106
銀行 ………………… 98	言語 ……………… 108
郵便局 …………… 100	体 ………………… 110
公共機関 ………… 102	

4章 日常生活

生活

1日の行動 ………… 114	料理名②(日本料理)…136
家事・育児 ……… 116	料理名③(ファースト
衣服 ……………… 118	フード・屋台)…… 138
帽子・下着・履物 …… 120	飲み物・酒 ……… 140
かばん・小物 …… 122	菓子 ……………… 142
小物・アクセサリー … 124	調理法 …………… 144
化粧・身だしなみ … 126	野菜 ……………… 146

食

食事をする ……… 128	肉類 ……………… 148
味を表現する …… 130	魚介類① ………… 150
飲食店・食料品店 … 132	魚介類② ………… 152
料理名①(韓国料理ほか)	豆・卵・乳製品 … 154
……………………… 134	果物 ……………… 156
	調味料 …………… 158
	食器・調理器具 …… 160

住

家	162
家の各部と部屋	164
家具・寝具	166
インテリア・小物	168
電化製品	170
掃除	172
洗濯・浴室	174

学ぶ

学校①	176
学校②	178
教科	180
学部・専攻	182
学生・教員	184
試験・成績	186
文房具	188
パソコン用語	190

5章 行動・趣味・文化

乗り物

車で	194
バス・タクシーで	196
電車で	198
飛行機で	200
船で	202

行動

街を歩く	204
店の名前	206
ショッピング①	208
ショッピング②	210
美容・エステ	212

美容院・理容院 …… 214	職務・職位 ………… 236
レジャー施設 ……… 216	職場で① …………… 238
アウトドア ………… 218	職場で② …………… 240
登山・釣り ………… 220	**文化**
スポーツ①(競技名) ………………………… 222	映画・演劇 ………… 242
	音楽① ……………… 244
スポーツ②(競技用語) ………………………… 224	音楽② ……………… 246
	文学・出版 ………… 248
スポーツ③(運動会・体育授業) ………… 226	絵画 ………………… 250
	趣味
旅行	写真 ………………… 252
旅行をする ………… 228	趣味・娯楽・遊び①
宿泊 ………………… 230	………………………… 254
働く	趣味・娯楽・遊び②
職業① ……………… 232	………………………… 256
職業② ……………… 234	

6章 自然と環境

天気① ……………… 258	自然② ……………… 264
天気② ……………… 260	環境問題 …………… 266
自然① ……………… 262	宇宙 ………………… 268

動物① …………… 270	遺跡・遺産 ………… 286
動物② …………… 272	コラム「韓国のユネスコ世界文化遺産・世界自然遺産」 ……………… 288
魚 ……………… 274	
虫 ……………… 276	
両生類・爬虫類 …… 278	
鳥 ……………… 280	
木 ……………… 282	
花 ……………… 284	

7章 病気・トラブル

病気

病院① …………… 290
病院② …………… 292
診察・治療 ………… 294
病気① …………… 296
病気② …………… 298
けが ……………… 300
症状① …………… 302
症状② …………… 304
薬① ……………… 306
薬② ……………… 308

トラブル

事件・事故① ……… 310
事件・事故② ……… 312
事件・事故③ ……… 314
災害① …………… 316
災害② …………… 318
コラム「韓国語の擬態語・擬声語」… 320

8章 政治・経済・時事用語

政治用語	322	軍事関係②	340
法律用語	324	新聞	342
経済用語	326	放送	344
金融用語	328	歴史用語	346
宗教①	330	日本を紹介する①	348
宗教②	332	日本を紹介する②	350
国際関係①	334	コラム「韓国歴史略表」	352
国際関係②	336		
軍事関係①	338		

ふろく

「韓国語の基本単語集」さくいん ……… 353

- 表紙写真　アフロ
- 表紙デザイン　スーパー・マテリアル有限会社
- イラスト　佐藤加奈子　藤田ヒロコ
- 編集協力　(株)文研ユニオン
- 編集担当　澤幡明子（ナツメ出版企画）

1章
韓国語の基礎知識

韓国語の基礎知識
発音

1 基本母音字の発音

ハングルの基本母音字10文字の発音は次の要領で発音します。

ㅏ	[a]	日本語の「ア」と同じく発音します。
ㅑ	[ja]	日本語の「ヤ」と同じく発音します。
ㅓ	[ə]	唇を突き出さずに舌を奥のほうに引いて発音します。「オ」と発音しないように注意します。
ㅕ	[jə]	唇を突き出さずに舌を奥のほうに引きながら発音します。「ヨ」にならないように注意します。
ㅗ	[o]	唇を丸めて突き出しながら「オ」と発音します。
ㅛ	[jo]	唇を丸めて突き出しながら「ヨ」と発音します。
ㅜ	[u]	唇を突き出しながらやや強く「ウ」と発音します。
ㅠ	[ju]	日本語の「ユ」と同じく発音します。
ㅡ	[i]	唇を横に引いて軽く「ウ」と発音します。
ㅣ	[i]	日本語の「イ」と同じく発音します。

2 基本子音字の発音

ハングルの基本子音字 14 文字は次の要領で発音します。

ㄱ	[k/g]	舌の付け根の部分と喉を使って発音します。語頭では [k]、語中•語末では有声音化して [g] で発音されます。
가	[ka]	가구 [kagu] 家具　거기 [kəgi] そこ　고기 [kogi] 肉

ㄴ	[n]	舌先を上の歯の裏につけて発音します。 日本語のナ行の子音と同じく発音します。
나	[na]	나이 [nai] 年齢　누구 [nugu] 誰　누나 [nuna] 姉

ㄷ	[t/d]	舌先を上の歯茎にあてて、柔らかくはじいて発音します。語頭では [t]、語中•語末では有声音化して [d] で発音されます。
다	[ta]	도구 [togu] 道具　구두 [kudu] 靴　어디 [ədi] どこ

ㄹ	[r]	日本語のラ行の子音と同じく発音します。
라	[ra]	우리 [uri] 私たち　나라 [nara] 国　다리 [tari] 橋

ㅁ	[m]	日本語のマ行の子音と同じく発音します。
마	[ma]	이마 [ima] 額　어머니 [əməni] 母　나무 [namu] 木

ㅂ	[p/b]	上下の唇を使って空気をやわらかく破裂させて発音します。語頭では [p]、語中、語末では有声音化して [b] と発音されます。
바	[pa]	바다 [pada] 海　두부 [tubu] 豆腐　나비 [nabi] チョウ

ㅅ	[s]	日本語のサ行の子音と同じく発音します。
사	[sa]	서리 [səri] 霜　소리 [sori] 音　가수 [kasu] 歌手

ㅇ	[-/ŋ]	初声では音価がありません。終声として使われるときだけ鼻音の [ŋ] で発音されます (18 ページ参照)。
아	[a]	아이 [ai] 子ども　야구 [jagu] 野球　우유 [uju] 牛乳

ㅈ	[tʃ/dʒ]	舌の平面を上あごの中央にあて、破擦して発音します。語頭では [tʃ]、語中・語末では [dʒ] で発音されます。
자	[tʃa]	자기 [tʒagi] 自分　지도 [tʒido] 地図　가지 [kadʒi] ナス

ㅎ	[h]	日本語のハ行の子音と同じく発音します。ただ、語中、語末では [h] の音が弱まったり、消えたりすることもあります。
하	[ha]	하나 [hana] 一つ　허리 [həri] 腰　오후 [ohu] 午後

【激音】	次の「ㅊ, ㅋ, ㅌ, ㅍ」は強い息を伴って発音されるので「激音」といいます。「ㅈ, ㄱ, ㄷ, ㅂ」と違い、語中、語末にきても有声音化しません。

ㅊ	[tʃʰ]	[チャ、チュ、チョ] を強く息を吐き出すような要領で発音します。
차	[tʃʰa]	초보 [tʃʰobo] 初歩　치마 [tʃʰima] スカート 고추 [kotʃʰu] 唐辛子

ㅋ	[kʰ]	「カ行」の子音を強く息を吐き出す要領で発音します。
카	[kʰa]	코 [kʰo] 鼻　크다 [kʰɨda] 大きい　키 [kʰi] 背

ㅌ	[tʰ]	「タ行」の子音を強く息を吐き出す要領で発音します。
타	[tʰa]	타자 [tʰadʒa] 打者　투수 [tʰusu] 投手 토지 [tʰodʒi] 土地

ㅍ	[pʰ]	日本語の「パ行」を強く息を吐き出す要領で発音します。
파	[pʰa]	포도 [pʰodo] ブドウ　우표 [upʰjo] 切手 커피 [kʰəpʰi] コーヒー

★平音・激音の発音比較

平音	가	다	바	자
	[ka]	[ta]	[pa]	[tʃa]
激音	카	타	파	차
	[kʰa]	[tʰa]	[pʰa]	[tʃʰa]

③ 合成子音字の発音

【濃音】 合成子音字「ㄲ, ㄸ, ㅃ, ㅆ, ㅉ」の5文字は、息を出さずにのどを緊張させて発音するのが特徴です。「濃音」といいます。

ㄲ	[k']	促音を伴った「ッカ、ッキ、ック、ッケ、ッコ」を強く言う要領で息を出さずに発音します。
까	[k'a]	토끼 [tʰokʼi] うさぎ　꼬리 [kʼori] しっぽ 끄다 [kʼida] 消す

ㄸ	[t']	促音を伴った「ッタ、ット」を強く言う要領で発音します。
따	[t'a]	따다 [tʼada] 採る　떠나다 [tʼənada] 発つ 허리띠 [həritʼi] ベルト

ㅃ	[p']	促音を伴った「ッパ、ッペ、ッポ」を強く言う要領で発音します。
빠	[p'a]	아빠 [apʼa] パパ　오빠 [opʼa] 兄　뿌리 [pʼuri] 根

ㅆ	[s']	促音を伴った「ッサ、ッシ、ッス、ッセ、ッソ」を強く言う要領で発音します。
싸	[s'a]	싸다 [sʼada] 安い　쓰다 [sʼida] 書く 아저씨 [adʒəsʼi] おじさん

ㅉ	[tʃ']	促音を伴った「ッチャ、ッチュ、ッチョ」を強く言う要領で発音します。
짜	[tʃ'a]	짜다 [tʃʼada] しょっぱい　가짜 [katʃʼa] 偽物 찌다 [tʃʼida] 蒸す

❹ 合成母音字の発音

合成母音字１１文字は、次の要領で発音します。

애	[ɛ]	[ㅏ + ㅣ = ㅐ] 日本語の「エ」より口をやや大きく開け、下唇を横に引きながら発音します。
		개구리 [kɛguri] かえる　매미 [mɛmi] せみ

얘	[jɛ]	[ㅑ + ㅣ = ㅒ] 이と애を続けて速く発音します。
		걔 [kjɛ] その子　얘기 [jɛgi] 話

에	[e]	[ㅓ + ㅣ] 日本語の「エ」と同じく発音します。
		모레 [more] あさって　어제 [ədʒe] きのう

예	[je]	[ㅕ + ㅣ = ㅖ] 이と에を続けて速く発音します。
		예리 [jeri] 鋭利　서예 [səje] 書道
		ただし、子音と結合すると [e] と発音します。
		시계 [sige] 時計　계보 [kebo] 系譜

와	[wa]	[ㅗ + ㅏ = ㅘ] 日本語の「ワ」と同じく発音します。
		화가 [hwaga] 画家　사과 [sagwa] りんご

왜	[wɛ]	[ㅗ + ㅐ = ㅙ] 日本語の「ウェ」のつもりで口をやや大きく開けながら発音します。
		돼지 [dwɛdʒi] 豚　괘도 [kwɛdo] 掛け図

１章・韓国語の基礎知識

긔 [ö]	[ㅗ+ㅣ=ㅚ] 唇を軽く前に突き出して「ウェ」と発音します。
	회사 [hösa] 会社　해외 [hεö] 海外

궈 [wə]	[ㅜ+ㅓ=ㅝ] 「ウォ」のつもりで우と어を続けて速く発音します。
	더워요 [təwəjo] 暑いです　추워요 [tʃʰuwəjo] 寒いです

궤 [we]	[ㅜ+ㅔ=ㅞ] 「ウェ」のつもりで、最後は唇をあまり開かないように発音します。
	웨이터 [weitʰə] ウェイタ　궤도 [kwedo] 軌道

귀 [wi]	[ㅜ+ㅣ=ㅟ] 唇を軽く突き出して「ウィ」と発音します。
	위치 [witʃʰi] 位置　귀 [kwi] 耳　쉬다 [swida] 休む

	[ㅡ+ㅣ=ㅢ] 으と이を続けて速く発音します。
긔 [ɨi]	의자 [ɨidʒa] いす　의미 [ɨimi] 意味
	ただし、의は子音と結合するか、語中・語末にくる場合は이 [i] とも発音されます。
	호의 [hoi] 好意　희소 [hiso] 希少
	助詞として用いられる場合は에 [e] とも発音されます。
	누구의 [nugue] 誰の　우리의 [urie] 私たちの

★合成母音字の発音練習

애	얘	에	예	와	왜	외	워	웨	위	의
ㅏ+ㅣ	ㅑ+ㅣ	ㅓ+ㅣ	ㅕ+ㅣ	ㅗ+ㅏ	ㅗ+ㅐ	ㅗ+ㅣ	ㅜ+ㅓ	ㅜ+ㅔ	ㅜ+ㅣ	ㅡ+ㅣ
[ɛ]	[jɛ]	[e]	[je]	[wa]	[wɛ]	[ö]	[wə]	[we]	[wi]	[ɨi]

5 終声（パッチム）の発音

　ハングルの組み合わせの「子音字＋母音字＋子音字」のパターンで最後にくる子音を終声、またはパッチムといいます。終声（パッチム）として使われている1文字の子音字は16文字、2文字の子音字は11文字あります。発音するときは下の7種類の音のいずれか（代表音）で発音されます。

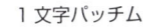

국　밥　값

ㄱ + ㅜ + ㄱ　　ㅂ + ㅏ + ㅂ　　ㄱ + ㅏ + ㅂㅅ
[k+u+k]　　　[p+a+p]　　　[k+a+p]

1文字パッチム　　　　　　　　　　2文字パッチム

代表音		1文字のパッチム	2文字のパッチム
ㄱ	[k]	ㄱ / ㅋ ㄲ	ㄳ ㄺ
ㄴ	[n]	ㄴ	ㄵ ㄶ
ㄷ	[t]	ㄷ / ㅌ ㅅ ㅆ ㅈ ㅊ ㅎ	
ㄹ	[l]	ㄹ	ㄼ ㄽ ㄾ ㅀ
ㅁ	[m]	ㅁ	ㄻ
ㅂ	[p]	ㅂ / ㅍ	ㅄ ㄿ
ㅇ	[ŋ]	ㅇ	

❶ 1文字パッチム

ㄱ	[ᵏ]	ㄱ・ㅋ・ㄲ	舌を奥に寄せて緊張させて「コッカ」の「コッ」のように「ᵏ」を発音します。 국 [kuᵏ] 汁　밖 [paᵏ] 外　부엌 [puəᵏ] 台所
ㄴ	[n]	ㄴ	舌先を上の歯茎の裏側につけたまま、「ホンネ」の「ン」のように「n」を発音します。 눈 [nun] 目　돈 [ton] お金　산 [san] 山
ㄷ	[ᵗ]	ㄷ・ㅌ・ㅅ・ㅆ・ㅈ・ㅊ・ㅎ	舌先を上の歯茎の裏側につけたまま、息を止めて「ヤッタ」の「ヤッ」のように「ᵗ」を発音します。 옷 [oᵗ] 服　낮 [naᵗ] 昼　끝 [kiᵗ] 終わり　꽃 [k'oᵗ] 花
ㄹ	[l]	ㄹ	舌先をややそらせて上の歯茎から少し離れたところに軽くつけたまま、「l」の発音をします。 물 [mul] 水　팔 [pʰal] 腕　얼굴 [əlgul] 顔
ㅁ	[m]	ㅁ	唇を閉じたまま、「サンマ」の「ン」のように「m」を発音します。 김 [kim] 海苔　봄 [pom] 春　여름 [jərim] 夏
ㅂ	[ᵖ]	ㅂ・ㅍ	唇を閉じたまま、「カッパ」の「ッ」のように「p」を発音します。 밥 [paᵖ] 飯　입 [iᵖ] 口　잎 [iᵖ] 葉
ㅇ	[ŋ]	ㅇ	舌を奥に寄せて息を抜きながら「マンガ」の「ン」のように「ŋ」を発音します。 방 [paŋ] 部屋　안경 [aŋgjəŋ] 眼鏡

❷ 2文字パッチム

それぞれ違った子音字からなる2文字の終声子音字（パッチム）は、発音するときはどちらか一方の子音字だけを発音します。

左側の子音字を発音するもの	右側の子音字を発音するもの
ㄱㅅ、ㄴㅈ、ㄴㅎ、ㄹㅂ、ㄹㅅ、ㄹㅎ、ㄹㅌ、ㅂㅅ	ㄹㄱ、ㄹㅁ、ㄹㅍ

ㄱ	[k]	ㄱㅅ、ㄹㄱ	「넋」は「넉」、「닭」は「닥」と発音します。
			삯 [sak] 賃金　읽다 [ikt'a] 読む
			ただ、パッチム「ㄹㄱ」は、語尾「고」の前では「ㄹ」のほうを発音します。
			맑고 [malk'o] 晴れて　읽고 [ilk'o] 読んで
ㄴ	[n]	ㄴㅈ、ㄴㅎ	「앉」は「안」、「많」は「만」と発音します。
			많다 [mantʰa] 多い　앉다 [ant'a] 座る
			얹다 [ənt'a] 載せる
ㄹ	[l]	ㄹㅂ、ㄹㅅ、ㄹㅌ、ㄹㅎ	「넓」は「널」、「곬」は「골」、「훑」は「훌」、「앓」は「알」と発音します。
			여덟 [jədəl] 八　잃다 [iltʰa] なくす
			注意　ただ、「밟다」（踏む）1語だけは「밥」と発音します。
ㅁ	[m]	ㄹㅁ	「굶」は「굼」と発音します。
			굶다 [kumt'a] 飢える　젊다 [tʃəmt'a] 若い
ㅂ	[p]	ㄹㅍ、ㅂㅅ	「없」は「업」、「읊」は「읍」と発音します。
			값 [kap] 値段　없다 [əpt'a] ない
			읊조리다 [ipt'ʃorida] 詠ずる

6 連音化

❶ 1文字パッチムの連音化

パッチム(終声)の次に母音で始まる音節が続くと、パッチムはその母音音節の初声として発音されます。

국어 ⇒ 구 + ㄱ + 어 ⇒ 구거

국어→구+ㄱ+어→[구거] 国語　　단어→다+ㄴ+어→[다너] 単語
얼음→어+ㄹ+음→[어름] 氷　　　음악→으+ㅁ+악→[으막] 音楽
집이→지+ㅂ+이→[지비] 家が　　옷이→오+ㅅ+이→[오시] 服が
낮에→나+ㅈ+에→[나제] 昼に　　꽃이→꼬+ㅊ+이→[꼬치] 花が

|注意| 「ㅇ」パッチムは連音しない。
　　　영어→[영어] 英語　　고양이→[고양이] 猫　　종이→[종이] 紙

|注意| パッチム「ㅎ」は母音音節の前では発音されないので連音しない。
　　　좋아요→[조아요] いいです　　놓아요→[노아요] 置きます

❷ 2文字パッチムの連音化

2文字パッチムの後に母音で始まる音節が続くと、左側の子音字は残り、右側の子音字だけが次の音節の初声として連音されます。この連音化によって左右ともに発音できるようになります。

흙이 ⇒ 흘 + ㄱ + 이 ⇒ 흘기

읽어요→[일거요] 読みます　　　짧아요→[짤바요] 短いです
앉아요→[안자요] 座ります　　　흙이 →[흘기] 土が

|注意| 「ㄶ・ㅀ」は右側の「ㅎ」が母音音節の前で発音されず無音化し、残りの左側の子音「ㄴ・ㄹ」が次の音節の初声として連音される。
　　　많아요→[마나요] 多いです　　끓어요→[끄러요] 沸きます

|注意| 「ㄲ・ㅆ」は2文字のように見えるが、合成子音字の1文字なのでそのまま連音される。
　　　밖에→[바께] 外に　　　있어요→[이써요] あります

7 激音化

平音「ㄱ,ㄷ,ㅂ,ㅈ」の前後に「ㅎ」がくると、「ㄱ,ㄷ,ㅂ,ㅈ」は激音「ㅋ,ㅌ,ㅍ,ㅊ」で発音されます。

● ㄱ + ㅎ → ㅋ
국화 → [구콰] 菊　　역할 → [여칼] 役割　　북한 → [부칸] 北朝鮮

● ㅎ + ㄱ → ㅋ
놓고 → [노코] 置いて　　넣고 → [너코] 入れて　　좋고 → [조코] 良くて

● ㄷ(ㅅ,ㅊ) + ㅎ → ㅌ
맏형 → [마텽] 長兄　　몇해 → [며태] 何年　　몇호 → [며토] 何号

● ㅎ + ㄷ → ㅌ
좋다 → [조타] いい　　놓다 → [노타] 置く　　많다 → [만타] 多い

● ㅂ + ㅎ → ㅍ
입학 → [이팍] 入学　　급행 → [그팽] 急行　　급히 → [그피] 急に

● ㅈ + ㅎ → ㅊ
맞히다 → [마치다] 当てる　　앉히다 → [안치다] 座らせる
잊혀지다 → [이처지다] 忘れられる

● ㅎ + ㅈ → ㅊ
그렇지요 → [그러치요] そうだ　　좋지요 → [조치요] いいですよ
많지요 → [만치요] 多いです

8 鼻音化

鼻音で発音されるものは「ㄴ,ㅁ,ㅇ」の3つです。この3つの鼻音「ㄴ,ㅁ,ㅇ」がパッチムや初声にあると鼻音化に注意しましょう。

① 鼻音化〈1〉

前の音節のパッチム「ㄱ,ㄷ,ㅂ」の後に鼻音「ㄴ,ㅁ」が続くと、前の音節のパッチム「ㄱ,ㄷ,ㅂ」は「ㅇ,ㄴ,ㅁ」で発音されます。

● ㄱ(ㅋ,ㄲ) + ㅁ → ㅇ + ㅁ
한국말 → [한궁말] 韓国語　　식물 → [싱물] 植物　　박물관 → [방물관] 博物館

- ㄱ (ㅋ, ㄲ) + ㄴ → ㅇ + ㄴ

  작년 → [장년] 昨年   국내 → [궁내] 国内   학년 → [항년] 学年

- ㄷ (ㅌ, ㅅ, ㅈ, ㅊ) + ㅁ → ㄴ + ㅁ

  낱말 → [난말] 単語   맏며느리 → [만며느리] 長男の嫁

  꽃무늬 → [꼰무니] 花模様   옷맵시 → [온맵씨] 身なり

- ㄷ (ㅌ, ㅅ, ㅆ, ㅈ, ㅊ) + ㄴ → ㄴ + ㄴ

  믿는다 → [민는다] 信じる   끝나다 → [끈나다] 終わる

  꽃나무 → [꼰나무] 花木   벗는다 → [번는다] 脱ぐ

- ㅂ (ㅍ) + ㄴ → ㅁ + ㄴ

  잡념 → [잠념] 雑念   십년 → [심년] 十年

  앞니 → [암니] 前歯   앞날 → [암날] 将来

- ㅂ (ㅍ) + ㅁ → ㅁ + ㅁ

  입문 → [임문] 入門   잡문 → [잠문] 雑文   입맛 → [임맏] 食欲

  업무 → [엄무] 業務   앞문 → [암문] 前の門   앞면 → [암면] 前面

② 鼻音化〈2〉

前の音節のパッチム「ㅁ, ㅇ」の後に「ㄹ」が来ると、「ㄹ」は「ㄴ」で発音されます。

- ㅁ + ㄹ → ㅁ + ㄴ

  심리 → [심니] 心理   음력 → [음녁] 陰暦   금리 → [금니] 金利

- ㅇ + ㄹ → ㅇ + ㄴ

  종류 → [종뉴] 種類   정리 → [정니] 整理   정류장 → [정뉴장] 停留場

③ 鼻音化〈3〉

前の音節のパッチム「ㄱ, ㅂ」の後に来る「ㄹ」は、発音が「ㄴ」に変わり、変化した「ㄴ」のために「ㄱ, ㅂ」はそれぞれ鼻音「ㅇ, ㅁ」で発音されます。

- ㄱ + ㄹ → ㄱ + ㄴ → ㅇ + ㄴ

  국력 → [궁녁] 国力   독립 → [동닙] 独立   식량 → [싱냥] 食糧

- ㅂ + ㄹ → ㅂ + ㄴ → ㅁ + ㄴ

  법률 → [범뉼] 法律   급료 → [금뇨] 給料   협력 → [혐녁] 協力

❾ 濃音化

「ㄱ, ㄷ, ㅂ, ㅅ, ㅈ」が、パッチム「ㄱ, ㄷ, ㅂ」「ㄴ, ㄹ, ㅁ, ㅇ」の後にくると濃音化して「ㄲ, ㄸ, ㅃ, ㅆ, ㅉ」で発音されます。ただし、例外も多いので用例ごとの発音に注意が必要です。

❶ 濃音化〈1〉

パッチム「ㄱ, ㄷ, ㅂ」の後にくる「ㄱ, ㄷ, ㅂ, ㅅ, ㅈ」は、「ㄲ, ㄸ, ㅃ, ㅆ, ㅉ」で発音されます。

● ㄱ + ㄱ → ㄱ + ㄲ
학교→[학꾜]学校　　약국→[약꾹]薬局　　육교→[육꾜]歩道橋

● ㄱ + ㄷ → ㄱ + ㄸ
식당→[식땅]食堂　　복도→[복또]廊下　　적당→[적땅]適当

● ㄱ + ㅂ → ㄱ + ㅃ
학비→[학삐]学費　　국밥→[국빱]クッパ　　박봉→[박뽕]薄給

● ㄱ + ㅅ → ㄱ + ㅆ
학생→[학쌩]学生　　약속→[약쏙]約束　　책상→[책쌍]机

● ㄱ + ㅈ → ㄱ + ㅉ
맥주→[맥쭈]ビール　　학자→[학짜]学者　　걱정→[걱쩡]心配

● ㄷ + ㄱ → ㄷ + ㄲ
듣기→[듣끼]聞取り　　묻고→[묻꼬]訊いて

● ㄷ + ㄷ → ㄷ + ㄸ
듣도록→[듣또록]聞くように　　걷다가→[걷따가]歩く途中

● ㅂ, ㅍ + ㄱ → ㅂ + ㄲ
입국→[입꾹]入国　　잡곡→[잡꼭]雑穀　　덮개→[덥깨]蓋

● ㅂ, ㅍ + ㄷ → ㅂ + ㄸ
입대→[입때]入隊　　잡담→[잡땀]雑談　　앞뒤→[압뛰]前後

● ㅂ, ㅍ + ㅂ → ㅂ + ㅃ
잡비→[잡삐]雑費　　십분→[십뿐]十分　　입버릇→[입뻐륻]口癖

● ㅂ, ㅍ + ㅅ → ㅂ + ㅆ
접시→[접씨]皿　　엽서→[엽써]葉書　　접속→[접쏙]接続

● ㅂ + ㅈ → ㅂ + ㅉ
잡지→[잡찌]雑誌　　답장→[답짱]返事　　갑자기→[갑짜기]急に

❷ 濃音化 〈2〉

パッチム「ㄴ, ㄹ, ㅁ, ㅇ」の後に「ㄱ, ㄷ, ㅂ, ㅅ, ㅈ」が来ると、「ㄲ, ㄸ, ㅃ, ㅆ, ㅉ」と発音されます。

● ㄴ + ㄱ → ㄴ + ㄲ
눈길 → [눈낄] 眼差し　　안과 → [안꽈] 眼科　　인기 → [인끼] 人気

● ㄴ + ㄷ → ㄴ + ㄸ
신다 → [신따] 履く　　문득 → [문뜩] ふっと　　손등 → [손뜽] 手の甲

● ㄴ + ㅂ → ㄴ + ㅃ
문법 → [문뻡] 文法　　산불 → [산뿔] 山火事　　헌법 → [헌뻡] 憲法

● ㄴ + ㅅ → ㄴ + ㅆ
산새 → [산쌔] 山鳥　　손수건 → [손쑤건] ハンカチ

● ㄴ + ㅈ → ㄴ + ㅉ
한자 → [한짜] 漢字　　문자 → [문짜] 文字　　단점 → [단쩜] 短所

● ㄹ + ㄱ → ㄹ + ㄲ
갈길 → [갈낄] 行く道　　헐값 → [헐깝] 安値　　발가락 → [발까락] 足の指

● ㄹ + ㄷ → ㄹ + ㄸ
발달 → [발딸] 発達　　활동 → [활똥] 活動　　절대로 → [절때로] 絶対に

● ㄹ + ㅂ → ㄹ + ㅃ
달밤 → [달빰] 月夜　　이불보 → [이불뽀] 風呂敷　　들보 → [들뽀] 梁

● ㄹ + ㅅ → ㄹ + ㅆ
실수 → [실쑤] 失敗　　걸상 → [걸쌍] いす　　결석 → [결썩] 欠席

● ㄹ + ㅈ → ㄹ + ㅉ
글자 → [글짜] 文字　　일정 → [일쩡] 日程　　발전 → [발쩐] 発展

● ㅁ + ㄱ → ㅁ + ㄲ
엄격 → [엄껵] 厳格　　염가 → [염까] 廉価　　밤길 → [밤낄] 夜道

● ㅁ + ㄷ → ㅁ + ㄸ
심다 → [심따] 植える　　젊다 → [점따] 若い　　좀도둑 → [좀또둑] こそ泥

● ㅁ + ㅂ → ㅁ + ㅃ
봄볕 → [봄뼏] 春の光　　밤비 → [밤삐] 夜雨　　아침 밥 → [아침빱] 朝飯

● ㅁ + ㅅ → ㅁ + ㅆ
점수 → [점쑤] 点数　　섬 사람 → [섬싸람] 島人　　꿈 속 → [꿈쏙] 夢の中

● ㅁ + ㅈ → ㅁ + ㅉ
밤중 → [밤쭝] 夜中　　힘줄 → [힘쭐] 筋　　염증 → [염쯩] 炎症
● ㅇ + ㄱ → ㅇ + ㄲ
평가 → [평까] 評価　　성격 → [성껵] 性格　　성과 → [성꽈] 成果
● ㅇ + ㄷ → ㅇ + ㄸ
용돈 → [용똔] 小遣い　　장대 → [장때] 長竿　　초승달 → [초승딸] 三日月
● ㅇ + ㅂ → ㅇ + ㅃ
등불 → [등뿔] 灯火　　방바닥 → [방빠닥] 床　　강바람 → [강빠람] 川風
● ㅇ + ㅅ → ㅇ + ㅆ
방세 → [방쎄] 部屋代　　가능성 → [가능썽] 可能性　　종소리 → [종쏘리] 鐘の音
● ㅇ + ㅈ → ㅇ + ㅉ
빵집 → [빵찝] パン屋　　맹점 → [맹쩜] 盲点　　장점 → [장쩜] 長所

[注意] パッチム「ㄴ, ㄹ, ㅁ, ㅇ」の後に来る「ㄱ, ㄷ, ㅂ, ㅅ, ㅈ」がすべて「ㄲ, ㄸ, ㅃ, ㅆ, ㅉ」に濃音化するわけではない。有声音化するものも多いので注意が必要。

친구 → [친구] 友だち　　준비 → [준비] 準備　　간장 → [간장] しょうゆ
얼굴 → [얼굴] 顔　　돌다리 → [돌다리] 石橋　　딸자식 → [딸자식] 娘
감기 → [감기] 風邪　　침대 → [침대] 寝台　　담배 → [담배] タバコ
공기 → [공기] 空気　　공부 → [공부] 勉強　　경제 → [경제] 経済

❸ 濃音化〈3〉

語尾「-(으)ㄹ」の後に来る「ㄱ, ㄷ, ㅂ, ㅅ, ㅈ」は「ㄲ, ㄸ, ㅃ, ㅆ, ㅉ」と発音されます。

쓸 거예요 → [쓸꺼예요] 書くでしょう　　갈 수 있어요 → [갈쑤이써요] 行けます
살 집 → [살찝] 住む家　　갈 데가 → [갈떼가] 行くところが

❹ 濃音化〈4〉

複合名詞になるとき、平音が濃音として発音されます。

바닷가 → [바닫까] 海辺　　　햇살 → [핻쌀] 日差し
다섯 시 → [다섣 씨] 5時　　　숫자 → [숟짜] 数字
손짓 → [손찓] 手振り　　　오랫동안 → [오랟똥안] 長い間

❿ 口蓋音化

パッチム「ㄷ,ㅌ」の後に母音「이」が来ると、「ㄷ,ㅌ」は「ㅈ,ㅊ」に、またパッチム「ㄷ」の後に来る「히」は「치」と発音されます。

● ㄷ + 이 → 지
 맏이 → [마지] 長子   굳이 → [구지] あえて   해돋이 → [해도지] 日の出
 곧이 → [고지] まっすぐに   미닫이 → [미다지] 引き戸

● ㅌ + 이 → 치
 같이 → [가치] 一緒に   끝이 → [끄치] 終わりが   붙이다 → [부치다] 貼る
 밭이 → [바치] 畑が   밑이 → [미치] 下が   바깥이 → [바까치] 外が

● (ㄷ+ㅎ) + 이 → 치
 닫히다 → [다치다] 閉まる   묻히다 → [무치다] 埋められる
 걷히다 → [거치다] 晴れる

⓫ 流音化

パッチムと次に続く子音の組み合わせが「ㄴ+ㄹ」か「ㄹ+ㄴ」の場合、「ㄴ」はどちらも「ㄹ」で発音されます。

● ㄴ + ㄹ → ㄹ + ㄹ
 편리 → [펄리] 便利   인류 → [일류] 人類   진리 → [질리] 真理
 연락 → [열락] 連絡   권리 → [궐리] 権利   관련 → [괄련] 関連
 관리 → [괄리] 管理   원래 → [월래] 元来   논리 → [놀리] 論理

● ㄹ + ㄴ → ㄹ + ㄹ
 오늘날 → [오늘랄] 今日   일년 → [일련] 1年   설날 → [설랄] 元日
 팔년 → [팔련] 8年   십칠년 → [십칠련] 17年   잘나다 → [잘라다] 偉い

⓬ 絶音化

複合語や単語と単語の間で、前の単語のパッチム「ㅅ,ㅈ,ㅊ」の後に母音で始まる単語が続く場合は、前のパッチムがそのまま連音せず、その代表音が連音されます。

밭 아래 → 받 + 아래 → [바다래] 畑の端　　맛 없다 → 맏 + 업따 → [마덥따] まずい
몇 인분 → 면 + 인분 → [며딘분] 何人前　　첫인상 → 천 + 인상 → [처딘상] 第一印象
맛 있다 → 맏 + 읻따 → [마딛따] おいしい　멋있다 → 먿 + 읻따 → [머딛따] 素敵だ
몇 월 → 면 + 월 → [며뤌] 何月

[注意]　「맛있다, 멋있다」は「마딛따, 머딛따」と発音するが、「마싣따, 머싣따」で発音される場合も多いので、この発音も標準発音として認めている。

[注意]　否定の副詞 [못] が母音で始まる後続の単語と結合する場合も、パッチム「ㅅ」の代表音「ㄷ」が連音される。

못 와요	→ 몯 + 와요	→ [모돠요]	来られません
못 움직이다	→ 몯 + 움지기다	→ [모둠지기다]	動かせない
못 외우다	→ 몯 + 외우다	→ [모되우다]	暗記できない
못 없애다	→ 몯 + 업쌔다	→ [모덥쌔다]	なくせない

13 「ㄴ」添加

複合語で前の単語・接頭語が子音で終わり、後ろの単語や接尾語の最初の音節が「이, 야, 여, 요, 유」の場合は「ㄴ」音を添加して「니, 냐, 녀, 뇨, 뉴」で発音します。

부산 + 역 → [부산녁] 釜山駅　　무슨 + 요일 → [무슨뇨일] 何曜日
한 + 여름 → [한녀름] 真夏　　　색 + 연필 → [색 + 년필] → [생년필] 色鉛筆
서른 + 여섯 → [서른녀섣] 三十六　첫 + 여름 → [첟 + 녀름] → [천녀름] 初夏

[注意]　「ㄹ」パッチムの後に添加される「ㄴ」音は「ㄹ」で発音する。
볼·일 → [볼 + 닐] → [볼릴] 用事　서울 + 역 → [서울 + 녁] → [서울력] ソウル駅
할·일 → [할 + 닐] → [할릴] 仕事　열 + 여섯 → [열 + 녀섣] → [열려섣] 16

[注意]　否定の副詞 [못] が「이, 야, 여, 요, 유」で始まる後続の単語と結合する場合も「ㄴ」添加され、さらに「못」のパッチム「ㅅ」の代表音「ㄷ」が「ㄴ」に鼻音化される。

못 이기다　 → 몯 + 이기다　 → 몬 + 니기다　 → [몬니기다] 勝てない
못 일어나다 → 몯 + 일어나다 → 몬 + 니러나다 → [몬니러나다] 起きられない
못 읽어요　 → 몯 + 읽어요　 → 몬 + 닐거요　 → [몬닐거요] 読めません

韓国語の基礎知識
助詞

助詞	意味	用例	
이, 가	～が	①主語を表す。	
		비가 옵니다. ピ ガ オム ニ ダ	雨が降ります。
		사람이 많습니다. サ ラ ミ マンスム ニ ダ	人が多いです。
	～で(ない)	②否定の対象を表す。	
		학생이 아닙니다. ハッセン イ ア ニム ニ ダ	学生ではありません。
		제 친구가 아닙니다. チェ チング ガ ア ニム ニ ダ	私の友だちではありません。
	～に(なる)	③変化の対象を表す。	
		내년에 대학생이 됩니다. ネ ニョ ネ テ ハッセン イ トェム ニ ダ	来年大学生になります。
께서	～が	尊敬を表す。	
		선생님께서 말씀하셨다. ソンセン ニム ケ ソ マルス マショッタ	先生がおっしゃった。
의	～の	所有・所属等を表す。	
		이것은 제 친구의 가방입니다. イ ゴスン チェ チング エ カ バン イム ニ ダ	これは私の友人のかばんです。
을, 를	～を	目的を表す。	
		영화를 봅니다. ヨンファルル ポム ニ ダ	映画を見ます。
		밥을 먹습니다. パ ブル モクスム ニ ダ	ご飯を食べます。
에	～に	場所, 目的地、時間、添加、対象、単位などを表す。	
		지금 집에 있어요. チ グム チ ベ イッ ソ ヨ	今、家にいます。
		학교에 갑니다. ハッキョ エ カム ニ ダ	学校に行きます。
		몇 시에 일어나요? ミョッ シ エ イ ロ ナ ヨ	何時に起きますか。
		커피에 설탕을 탑니다. コ ピ エ ソルタン ウル タム ニ ダ	コーヒーに砂糖を入れます。
		이긴 편에 상을 줍니다. イ ギン ピョ ネ サン ウル チュム ニ ダ	勝ったほうに賞をあげます。

		한 개에 천 원입니다. ハン ゲ エ チョ メニムニダ	1個で千ウォンです。
에게	~に	対象を表す(必ず人を表す名詞に接続)。	
		친구에게 전화를 합니다. チング エゲ チョヌァルル ハムニダ	友だちに電話をします。
한테	~に	対象を表す(必ず人を表す名詞に接続。에게の会話体)。	
		친구한테 메일을 보냅니다. チング ハンテ メイルル ボネムニダ	友だちにメールを送ります。
께	~に	対象を表す(必ず尊敬の対象を表す名詞に接続)。	
		이것을 아버님께 드리세요. イゴスル アボニムケ トゥリセヨ	これをお父様に差しあげてください。
에서	~で	①場所を表す。	
		극장에서 영화를 봅니다. クッチャンエソ ヨンファルル ボムニダ	映画館で映画を見ます。
	~から	②時間的・空間的な出発点を表す。	
		어디에서 왔어요? オディエソ ワッソヨ	どこから来ましたか。
		2시에서 4시 사이 トゥ シ エソ ネ シ サイ	2時から4時の間
에게서	~から	起点を表す(必ず人を表す名詞に接続)。	
		형에게서 편지가 왔다. ヒョンエゲソ ピョンジガ ワッタ	兄から手紙が来た。
한테서	~から	起点を表す(必ず人を表す名詞に接続。会話体)。	
		엄마한테서 그 이야기를 들었다. オムマハンテソ ク イヤギルル トゥロッタ	母からその話を聞いた。
(으)로	~へ ~に	①方向を表す。	
		어디로 가세요? オディロ カセヨ 서울로 갑니다. ソウルロ カムニダ	どちらへ行きますか。 ソウルへ行きます。
	~で	②手段・方法・道具・材料を表す。	
		연필로 씁니다. ヨンピルロ スムニダ	鉛筆で書きます。
		전철로 갑니다. チョンチョルロ カムニダ	電車で行きます。
		젓가락으로 밥을 먹어요. チョッカラグロ パブル モゴヨ	箸でご飯を食べます。
		흙으로 그릇을 만들었다 フグロ クルスル マンドゥロッタ	土で器を作った

	~で ~に	③理由・原因を表す。	
		회사 일로 몹시 바쁘다. _{フェサ イル ロ モッシ バブダ}	会社の仕事でとても忙しい。
		병으로 입원했어요. _{ビョンウ ロ イブォネッソヨ}	病気で入院しました。
	~で ~に	④変化・様態を表す。	
		물이 얼음으로 변했다. _{ムリ オル ム ロ ビョネッタ}	水が氷に変った。
		반가운 얼굴로 맞이했다. _{バ ガウン オルグル ロ マ ジ ヘッタ}	うれしい顔で迎えた。
	~として	⑤資格・身分を表す。	
		회장으로 뽑혔다. _{フェジャンウ ロ ポピョッタ}	会長として選ばれた。
		학생 대표로 인사를 했다. _{ハッセン テピョロ インサルル ヘッタ}	学生代表としてあいさつをした。
와, 과	~と	①羅列を表す。	
		의자와 책상 _{ウィジャワ チェッサン}	いすと机
		연필과 지우개 _{ヨンピルグァ チ ウ ゲ}	鉛筆と消しゴム
		②動作・作用の共同者を表す。	
		친구와 차를 마셨다. _{チング ワ チャルル マショッタ}	友だちとお茶を飲んだ。
		③比較の対象を表す。	
		나는 너와 다르다. _{ナ ヌン ノ ワ タ ル ダ}	僕は君と違う。
하고	~と	「와/과」と同じ意味合いだが、主に会話体で用いられる。 ①羅列を表す。	
		지우개하고 연필 _{チ ウ ゲ ハ ゴ ヨンピル}	消しゴムと鉛筆
		②動作・作用の共同者を表す。	
		친구하고 영화를 보았다. _{チング ハ ゴ ヨンファルル ボ アッタ}	友だちと映画を見た。
		③比較の対象を表す。	
		이 책하고 같은 내용이다. _{イ チェカ ゴ カトゥン ネ ヨン イ ダ}	この本と同じ内容だ。
처럼	~のように	比較・例示を表す。	
		너처럼 살고 싶다. _{ノ チョロム サルゴ シ プ タ}	君のように生きたい。

		그것은 눈처럼 희다. ク ゴスン ヌンチョロム ヒダ	それは雪のように白い。
보다	~より	比較の対象を表す。	
		지하철이 택시보다 빠르다. チハチョリ テッシボダ パルダ	地下鉄よりタクシーのほうが速い。
라고	~と	引用を表す。	
		그 아이는 '싫어'라고 했다. ク アイヌン シロ ラゴ ヘッタ	その子は'いやだ'といった。
는, 은	~は	①主題を表す。	
		이것은 우유입니다. イゴスン ウユ イムニダ	これは牛乳です。
		②対比を表す。	
		할 일은 많고 일손은 적다. ハル リルン マンコ イルソヌン チョッタ	やることは多く、働き手は少ない。
		③強調を表す。	
		조금은 가지고 있다. チョグムン カジゴ イッタ	少しは持っている。
	~では	④아니다を伴って	
		이 시계는 내 것은 아니다. イ シゲヌン ネ ゴスン アニダ	この時計は私のものではない。
도	~も	①追加・添加を表す。	
		저녁도 먹었다. チョニョクト モゴッタ	夕食も食べた。
		꽃도 피었다. コット ピオッタ	花も咲いた。
		②二つ以上のことを羅列する。	
		오늘도 내일도 비가 올 것같다. オヌルド ネイルド ピガ オル コッカッタ	今日も明日も雨が降りそうだ
	~でも	③譲歩を表す。	
		여관도 좋다. ヨグァンド チョッタ	旅館でもいい。
	~も	④感嘆の意を表す。	
		달도 밝다. タルド パッタ	月も明るいな。
	~も	⑤否定の強調を表す。	
		밥 먹을 틈도 없다. パッ モグル トゥムド オプタ	ご飯を食べる暇もない。
만	~だけ	限定、強調を表す。	

	～ばかり	밥만으로 살 수 없다.	ご飯だけで生きていけない。
		공부만 하지 말고 운동도 해라.	勉強ばかりしないで運動もしなさい。
		김치만 먹어요.	キムチばかり食べます。
		그냥 웃고만 있었다.	ただ笑ってばかりいた。
뿐	～だけ ～のみ	①(이다の前で使われて) 限定を表す。	
		남은 것은 이것뿐이다.	残ったのはこれだけだ。
부터	～から	時間の起点、順序を表す。	
		내일부터 수업이 시작됩니다.	明日から授業が始まります。
		이 방부터 청소해 주십시오.	この部屋から掃除をしてください。
까지	～まで	時間的・空間的限度を表す。	
		다섯 시까지 공부를 합니다.	5時まで勉強をします。
		이 버스는 공항까지 갑니다.	このバスは空港まで行きます。
(이) 나	～か、～や	選択、次善の選択、数量、推量強調などを表す。	
		책이나 옷을 모아서 보내기로 했다.	本や服を集めて送ることにした。
	～でも	오후에 영화나 보러 갑시다.	午後は映画でも見に行きましょう。
	～くらい	손님이 몇 명이나 오세요?	客さんが何人ぐらい来られますか。
	～も	오늘 모임에 백 명이나 모였다.	今日の集まりに百人も集まった。
(이) 라도	～でも	次善の選択・容認を表す。	
		책이라도 읽겠어요.	本でも読みます。
		아무거라도 괜찮아요.	何でもかまいません。
밖에	～しか	限定（否定の表現が続く）を表す。	
		십 분밖에 시간이 없어요.	10分しか時間がありません。
만큼	～ほど、 ～くらい	程度を表す。	
		나도 너만큼은 할 수 있다.	私も君ほどはできる。

2章

コミュニケーション

コミュニケーション
あいさつ①

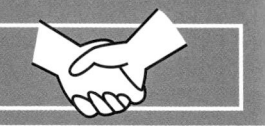

こんにちは (朝、昼、晩の区別無く)	안녕하세요?	アンニョンハセヨ
	안녕하십니까?	アンニョンハシムニカ
さようなら (去っていく人に)	안녕히 가세요.	アンニョンイ カセヨ
	안녕히 가십시오.	アンニョンイ カシプシオ
さようなら (残っている人に)	안녕히 계세요.	アンニョンイ ケセヨ
	안녕히 계십시오.	アンニョンイ ケシプシオ
おやすみなさい	안녕히 주무세요.	アンニョンイ チュムセヨ
よくおやすみになれましたか	안녕히 주무셨어요?	アンニョンイ チュムショッソヨ
ありがとうございます	감사합니다.	カムサハムニダ
	고맙습니다.	コマプスムニダ
どういたしまして	천만에요.	チョンマネヨ
すみません	미안합니다.	ミアナムニダ
申し訳ありません	죄송합니다.	チェソンハムニダ
(お会いできて) うれしいです	반갑습니다.	パンガプスムニダ
はじめまして	처음 뵙겠습니다.	チョウム ペプケッスムニダ
~といいます	○○○라고 합니다.	ラゴ ハムニダ
~です	○○○입니다.	イムニダ

●あいさつ①●

よろしくお願いします	잘 부탁합니다.	チャル プタカムニダ
久しぶりです	오래간만입니다.	オレガンマニムニダ
元気でしたか	잘 지냈어요?	チャル チネッソヨ
お元気でしたか	잘 지내셨어요?	チャル チネショッソヨ
ようこそおいでくださいました	잘 오셨습니다.	チャル オショッスムニダ
いらっしゃいませ	어서 오세요.	オソ オセヨ
また会いましょう	또 만나요.	ト マンナヨ
がんばってください	수고하세요.	スゴハセヨ
ご苦労様でした	수고하셨습니다.	スゴハショッスムニダ
おやすみ	잘 자.	チャル チャー
バイバイ	잘 가.	チャル カー

コラム 韓国語のあいさつ表現

　韓国語のあいさつは、相手によって、また使う場面によって多様な表現があります。外国人が使い分けるのは難しく、ここでは丁寧で無難な表現を選んで提示しています。

　ただ、日本語訳では日常的な表現でもニュアンスの違う言葉もあります。たとえば、日本語の「おやすみなさい」は、夜、別れるときにも使いますが、「안녕히 주무세요 / アンニョンイ ジュムセヨ」にはそのような使い方はなく、祖父母かお客さんなどに使うとても丁寧な言葉です。

2章 ●コミュニケーション

コミュニケーション
あいさつ②

失礼します	실례합니다.	シルレハムニダ
失礼しました	실례했습니다.	シルレヘッスムニダ
行ってらっしゃい	다녀오세요.	タニョオセヨ
行ってきます	다녀오겠습니다.	タニョオゲッスムニダ
気をつけてお帰りなさい	조심해 가세요.	チョシメ カセヨ
おめでとうございます	축하합니다.	チュカハムニダ
おめでとう	축하해.	チュカヘ
誕生日おめでとうございます	생일 축하합니다.	センイル チュカハムニダ
新年おめでとうございます	새해 복 많이 받으세요.	セヘ ポンマニ パドゥセヨ
	새해 복 많이 받으십시오.	セヘ ポンマニ パドゥシプシオ
いただきます	잘 먹겠습니다.	チャル モケッスムニダ
ごちそうさまでした	잘 먹었습니다.	チャル モゴッスムニダ
食事しましたか	식사했어요?	シクサヘッソヨ
食事はお済みですか	식사하셨어요?	シクサハショッソヨ
ご飯食べた？	밥 먹었어?	パム モゴッソ
お先に失礼します	먼저 가 보겠습니다.	モンジョ カ ポゲッスムニダ
また（明日）お目にかかります	또 (내일) 뵙겠습니다.	ト (ネイル) ペプケッスムニダ

●あいさつ②●

いい1日をおすごしください	좋은 하루 되세요.	チョウン ハル トェセヨ
元気におすごしください	건강하세요.	コンガンハセヨ
お元気ですか	건강하세요?	コンガンハセヨ
どのようにおすごしですか	어떻게 지내세요?	オトケ チネセヨ
健康はいかがですか	건강은 어떠세요?	コンガヌン オトセヨ
体の具合はいかがですか	몸은 좀 어떠세요?	モムン チョム オトセヨ
大丈夫ですか	괜찮으세요?	クェンチャヌセヨ
風邪に気をつけてください	감기 조심하세요.	カムギ チョシマセヨ
お忙しいようですね	바쁘신 것같네요.	パプシン ゴッカンネヨ
お仕事は順調ですか	일은 잘 되세요?	イルン チャル トェセヨ
いつか一杯やりましょう	언제 한잔 합시다.	オンゼ ハンジャン ハプシダ

コラム あいさつ表現の違い

「안녕하세요」は主に「こんにちは」と訳され、昼間のあいさつに思われがちですが、朝昼晩区別なく使います。ただ、家族同士や年上から年下にはあまり使われず、ご近所や職場の仲間同士では、「밥 먹었어요?」(パム モゴッソヨ/ご飯食べましたか)、「식사했어요?」(食事は済みましたか) が昼間のあいさつの代わりに使われます。「잘 먹겠습니다」(いただきます)、「잘 먹었습니다」(ごちそうさまでした) も家族同士では使われず、人にご馳走されたり、食事に呼ばれたりしたときに使う表現です。

2章●コミュニケーション

コミュニケーション
人の呼び方

私・僕・おれ	나	ナ
私（謙譲語）	저	チョ
私たち、われわれ	우리	ウリ
私たち（謙譲語）	저희	チョヒ
おまえ、君	너	ノ
おまえら、君たち	너희	ノヒ
君	자네	チャネ
君たち	자네들	チャネドゥル
あなた	당신	タンシン
あなたたち	당신들	タンシンドゥル
お宅	댁	テク
彼 / 彼女	그 / 그녀	ク／クニョ
この人	이 사람	イ サラム
その人	그 사람	ク サラム
あの人	저 사람	チョ サラム
どの人	어느 사람	オヌ サラム
誰	누구	ヌグ

この方	이분	イブン
その方	그분	クブン
あの方	저분	チョブン
どの方	어느분	オヌブン
みなさん	여러분	ヨロブン
あいつ	저 녀석	チョ ニョソク
その子	그 애	クエ
~さん	~ 씨	シ
~さん、~様	~님	ニム
おじさん	아저씨	アジョシ
おばさん	아주머니	アジュモニ

コラム 人を呼ぶときの注意点

韓国語には英語の「You」のような誰にでも使える二人称代名詞がありません。「너」(おまえ、君)、「자네」(君)は目下か対等な関係で、「당신」(あなた)も夫婦間か特別な場合にだけ使われます。

人を呼ぶときは職名か名前で言うのが一般的です。名前はフルネームに「~씨」(~さん、~氏)をつけて「이민수 씨」(イミンスさん)のように、職名には「님」(~さん、~様)をつけて「박선생님」(パク先生様)、「김 과장님」(キム課長さん)のように使います。

> コミュニケーション

家族・親戚の呼び方①

お父さん・父	아버지	アボジ
お母さん・母	어머니	オモニ
パパ	아빠	アパ
ママ	엄마	オムマ
(弟からみて) お兄さん・兄	형	ヒョン
(妹からみて) お兄さん・兄	오빠	オパ
(弟からみて) お姉さん・姉	누나	ヌナ
(妹からみて) お姉さん・姉	언니	オンニ
(年下の兄弟の総称として)弟・妹	동생	トンセン
弟	남동생	ナムドンセン
妹	여동생	ヨドンセン
おじいさん・祖父	할아버지	ハラボジ
おばあさん・祖母	할머니	ハルモニ
(母方の) おじいさん・祖父	외할아버지	ウェハラボジ
(母方の) おばあさん・祖母	외할머니	ウェハルモニ
伯父(父の兄)	큰 아버지	クナボジ
叔父(父の弟)	작은 아버지	チャグナボジ

●家族・親戚の呼び方①●

叔父 (父の未婚の兄弟)	**삼촌**	サムチョン
伯母 (伯父の妻)	**큰 어머니**	クノモニ
叔母 (叔父の妻)	**작은 어머니**	チャグノモニ
おば (父の姉妹)	**고모**	コモ
おじ (父の姉妹の夫)	**고모부**	コモブ
おば (母の姉妹)	**이모**	イモ
おじ (母の姉妹の夫)	**이모부**	イモブ
おじ (母の兄弟)	**외삼촌**	ウェサムチョン
おば (母の兄弟の妻)	**외숙모**	ウェスンモ
母の実家	**외가・외갓집**	ウェガ・ウェガッチプ
長男	**큰 아들・장남**	クナドゥル・チャンナム
次男	**작은 아들・차남**	チャグナドゥル・チャナム
末っ子	**막내**	マンネ
末息子	**막내 아들**	マンネ アドゥル
一人息子	**외아들**	ウェアドゥル
長女	**큰 딸・장녀**	クン タル・チャンニョ
次女	**작은 딸・차녀**	チャグン タル・チャニョ
末娘	**막내 딸**	マンネタル
一人娘	**외동딸**	ウェドンタル

2章 ● コミュニケーション

> コミュニケーション

家族・親戚の呼び方②

親・両親・父母	**부모**	プモ
兄弟	**형제**	ヒョンジェ
姉妹	**자매**	チャメ
兄妹・姉弟	**남매**	ナムメ
息子	**아들**	アドゥル
娘	**딸**	タル
(男の)孫	**손자**	ソンジャ
孫娘	**손녀**	ソンニョ
甥・姪	**조카**	チョカ
いとこ	**사촌**	サチョン
夫婦	**부부**	ププ
夫	**남편**	ナムピョン
妻	**아내・처**	アネ・チョ
家内	**집사람**	チプサラム
女房	**마누라**	マヌラ
婿	**사위**	サウィ
嫁	**며느리**	ミョヌリ

●家族・親戚の呼び方②●

舅	**시아버지**	シアボジ
姑	**시어머니**	シオモニ
兄嫁 / 弟嫁	**형수 / 제수**	ヒョンス／チェス
夫の姉妹	**시누이**	シヌイ
(姉や妹からみての) 兄弟の妻	**올케**	オルケ
夫の兄	**시아주버니**	シアジュボニ
夫の弟	**시동생**	シドンセン
妻の父・岳父	**장인**	チャンイン
妻の母・岳母	**장모**	チャンモ
妻の兄弟	**처남**	チョナム
妻の姉 / 妻の妹	**처형 / 처제**	チョヒョン／チョジェ

コラム 変化する呼び方

家族・親族の呼び方には、時代によって呼び方、使い方が変わったものもあります。新婚の嫁が夫を「**오빠**」(お兄さん)と呼ぶのを聞いて姑が顔をしかめたという話もありますが、本来妹が兄を呼ぶ言葉が大学で親しい男の先輩を呼ぶときに代用され、恋愛を経て結婚してからも呼び続けた例です。

食堂でも従業員が厨房のおばさんや女主人に「**이모**」(母方のおばさん)と呼ぶのを耳にしますが、これも親族関係はなく、親しみをこめてただの「おばさん」の代わりに使われている例です。

コミュニケーション
気持ちを表す①

気持ちいい	기분 좋다	キブン チョッタ
気持ち悪い	기분 나쁘다	キブン ナブダ
うれしい	기쁘다	キブダ
悲しい	슬프다	スルプダ
寂しい	쓸쓸하다	スルスラダ
心寂しい・名残惜しい	섭섭하다	ソプソパダ
心細い・孤独だ	외롭다	ウェロプタ
楽しい	즐겁다	チュルゴプタ
おもしろい	재미있다	チェミイッタ
つまらない	재미없다	チェミオプタ
怖い	무섭다	ムソプタ
情けない	한심하다	ハンシマダ
腹立たしい	분하다	プナダ
悔しい	억울하다	オグラダ
恥ずかしい	부끄럽다	プクロプタ
誇らしい	자랑스럽다	チャランスロプタ
恋しい	그립다	クリプタ

●気持ちを表す①●

心配だ	걱정스럽다	コクチョンスロプタ
心配ない	걱정없다	コクチョンオプタ
かわいい / 憎い	귀엽다 / 밉다	クィヨプタ／ミプタ
美しい / 醜い	아름답다 / 추하다	アルムダプタ／チュハダ
はがゆい	답답하다	タプタパダ
すっきりする	후련하다	フリョナダ
腹が立つ	화가 나다	ファガ ナダ
腹を立てる	화를 내다	ファルル ネダ
愉快だ	유쾌하다	ユクェハダ
不快だ	불쾌하다	プルクェハダ
痛快だ	통쾌하다	トンクェハダ
(怖さ・悔しさで)震える	떨리다	トルリダ
懐かしい・うれしい	반갑다	パンガプタ
ありがたい	고맙다	コマプタ
うらやましい	부럽다	プロプタ
ねたむ	시기하다	シギハダ
ほろ苦い	씁쓸하다	スプスラダ
悲惨だ	비참하다	ピチャマダ
不憫だ・もどかしい	안타깝다	アンタカプタ

2章 ● コミュニケーション

コミュニケーション
気持ちを表す②

退屈だ	심심하다	シムシマダ
うんざりする	지겹다	チギョプタ
いらだたしくなる	짜증나다	チャジュンナダ
いらいらする	초조하다	チョジョハダ
ほれる	반하다	パナダ
魅力的だ	매력적이다	メリョクチョギダ
憂うつだ	우울하다	ウウラダ
大変だ	힘들다	ヒムドゥルダ
苦しい	괴롭다	クェロプタ
つらい	고통스럽다	コトンスロプタ
悩む	고민하다	コミナダ
緊張する	긴장하다	キンジャンハダ
失望する	실망하다	シルマンハダ
我慢する	참다	チャムタ
耐える	견디다	キョンディダ
憧れる	동경하다	トンギョンハダ
きまりが悪い	민망하다	ミンマンハダ

●気持ちを表す②●

ぎこちない	어색하다	オセカダ
気乗りがしない	떨떠름하다	トルトルマダ
やましくない	떳떳하다	トットタダ
不安だ	불안하다	プラナダ
怖い	두렵다	トゥリョプタ
面倒だ	귀찮다	クィチャンタ
惜しい	아쉽다	アスィプタ
憎む	미워하다	ミウォハダ
いやがる	싫어하다	シロハダ
好きだ・好む	좋아하다	チョアハダ
喜ぶ	기뻐하다	キポハダ
幸せだ	행복하다	ヘンボカダ
不幸だ	불행하다	プレンハダ
不満だ	불만이다	プルマニダ
満足だ	만족하다	マンゾカダ
感動する	감동하다	カムドンハダ
感激する	감격하다	カムギョカダ
期待する	기대하다	キデハダ
興奮する	흥분하다	フンブナダ

2章●コミュニケーション

コミュニケーション
気持ちを表す③

心配する	걱정하다	コクチョンハダ
安心する	안심하다	アンシマダ
希望する	희망하다	ヒマンハダ
絶望する	절망하다	チョルマンハダ
放棄する・諦める	포기하다	ポギハダ
諦める	체념하다	チェニョマダ
尊敬する	존경하다	チョンギョンハダ
軽蔑する	경멸하다	キョンミョラダ
ほめる	칭찬하다	チンチャナダ
あざ笑う	비웃다	ピウッタ
疑う/信じる	의심하다 / 믿다	ウイシマダ／ミッタ
誤解する	오해하다	オヘハダ
信頼(信用)する	신뢰 (신용) 하다	シルレ (シニョン) ハダ
信頼できる	미덥다	ミドプタ
無視する	무시하다	ムシハダ
あきあきする・退屈だ	지루하다	チルハダ
同情する	동정하다	トンジョンハダ

●気持ちを表す③●

気の毒だ	불쌍하다	プルサンハダ
かわいそうだ	가엾다・가엽다	カヨプタ
哀れだ	가련하다	カリョナダ
後悔する	후회하다	フフェハダ
悔やまれる	후회스럽다	フフェスロプタ
飽きる	물리다	ムルリダ
いやけが差す	싫증나다	シルチュンナダ
意識する	의식하다	ウイシカダ
思い出す	생각나다	センガンナダ
楽だ	편하다	ピョナダ
不便だ / 便利だ	불편하다 / 편리하다	プルピョナダ／ピョルリハダ

関連単語

熱中する・腹を立てる	열을 내다 ヨルル ネダ
憤激する	열을 받다 ヨルル パッタ
熱が冷める	열이 식다 ヨリ シクタ
ひどく気まぐれだ	변덕이 심하다 ピョンドギ シマダ
意地悪な姑	심술궂은 시어머니 シムスルグズン シオモニ
いじめないで	못 살게 굴지 마 モッ サルゲ クルジ マ
ざまあみろ！	그것 정말 샘통이다! ククコッチョンマル セムトンイダ

コミュニケーション
性格を表す①

優しい / 善良だ	**상냥하다 / 착하다**	サンニャンハダ／チャカダ
意地悪だ	**심술궂다**	シムスルグッタ
冷静だ	**냉정하다**	ネンジョンハダ
冷たい	**차갑다**	チャガプタ
朗らかだ	**명랑하다**	ミョンナンハダ
謙虚だ	**겸허하다**	キョモハダ
穏やかだ	**온화하다**	オヌァハダ
慎重だ	**신중하다**	シンジュンハダ
親切だ	**친절하다**	チンジョラダ
無愛想だ	**무뚝뚝하다**	ムトゥクトゥクカダ
嫉妬深い	**샘이 많다**	セミ マンタ
頑固だ	**완고하다**	ワンゴハダ
大らかだ	**대범하다**	テボマダ
気が小さい・小心だ	**소심하다**	ソシマダ
ずるい	**간사하다**	カンサハダ
卑怯だ	**비겁하다**	ビゴパダ
ずる賢い・狡猾だ	**교활하다**	キョファラダ

●性格を表す①●

人見知りだ	낯을 가리다	ナチュル カリダ
ずうずうしい	뻔뻔하다	ポンポナダ
誠実だ	성실하다	ソンシラダ
温厚で礼儀正しい	점잖다	チョムジャンタ
おとなしい	얌전하다	ヤムジョナダ
思慮深い	사려깊다	サリョギプタ
快活だ	쾌활하다	クェファラダ
積極的だ	적극적이다	チョックチョギダ
怠けている・怠惰だ	게으르다	ケウルダ
おしゃべりだ	수다스럽다	スダスロプタ
無口だ	과묵하다	クァムカダ
自信満々だ	자신만만하다	チャシンマンマナダ
薄情だ	박정하다	パクチョンハダ
率直だ	솔직하다	ソルチカダ
猫をかぶっている	내숭떨다	ネスントルダ
取り澄ます	새침하다	セチマダ
そそっかしい	덜렁거리다	トルロンゴリダ
気まぐれだ	변덕스럽다	ピョンドクスロプタ
ふてぶてしい	넉살좋다	ノクサルチョッタ

2章 ● コミュニケーション

> コミュニケーション

性格を表す②

軟弱だ・意気地がない	나약하다	ナヤカダ
乱暴だ・荒っぽい	거칠다	コチルダ
内気だ	내성적이다	ネソンチョギダ
きまじめだ	고지식하다	コジシカダ
気難しい	까다롭다	カダロプタ
几帳面で気難しい	깐깐하다	カンカナダ
偏屈だ	괴팍하다	クェパカダ
几帳面だ	꼼꼼하다	コムコマダ
のんびりしている	느긋하다	ヌグタダ
平凡だ	평범하다	ピョンボマダ
正直だ	정직하다	チョンジカダ
天真爛漫だ	천진난만하다	チョンジンナマナダ
勤勉だ・まめまめしい	부지런하다	ブジロナダ
お人好しだ	어수룩하다	オスルカダ
鈍い／鈍感だ	둔하다 / 둔감하다	トゥナダ／トゥンガマダ
自分勝手だ	이기적이다	イギチョギダ
寛大だ	너그럽다	ノグロプタ

●性格を表す②●

明るい / 暗い	밝다 / 어둡다	パクタ／オドゥプタ
はっきりしている	시원하다	シウォナダ
しっかりしている	야무지다	ヤムジダ
抜け目がない	약다	ヤクタ
ひねくれている	모나다	モナダ
円満だ	원만하다	ウォンマナダ
まぬけだ	멍청하다	モンチョンハダ
生意気だ	건방지다	コンバンジダ
ずる賢い	여우같다	ヨウガッタ
ぶしつけだ・不作法だ	버릇없다	ポルドプタ
傲慢だ	거만하다	コマナダ

関連単語

口が軽い（重い）	입이 가볍다 (무겁다) イビ カピョプタ　ムゴプタ
短気だ	성격이 급하다 ソンキョギ クパダ
怒りっぽい	화를 잘 내다 ファルル チャル ネダ
頑固だ	고집이 세다 コジビ セダ
責任感が強い	책임감이 강하다 チェギムカミ カンハダ
プライドが高い	자존심이 강하다 チャジョンシミ カンハダ
人の話にだまされやすい	귀가 여리다 クィガ ヨリダ

コミュニケーション
尋ねる

何ですか	뭐예요?	ムォエヨ
いくらですか	얼마예요?	オルマエヨ
高いですか/安いですか	비싸요? / 싸요?	ピッサヨ／サヨ
誰ですか/どなたですか	누구예요? / 누구세요?	ヌグエヨ／ヌグセヨ
何時ですか	몇 시예요?	ミョッシエヨ
何時に出発しますか	몇 시에 떠나요?	ミョッシエ トナヨ
何時に会いますか	몇 시에 만나요?	ミョッシエ マンナヨ
何歳ですか	몇 살이에요?	ミョッサリエヨ
何番ですか	몇 번이에요?	ミョッポニエヨ
何号室ですか	몇 호실이에요?	ミョットシリエヨ
どこですか	어디예요?	オディエヨ
どこに行かれますか	어디 가세요?	オディ カセヨ
どこで会いますか	어디서 만나요?	オディソ マンナヨ
いつですか	언제예요?	オンジェエヨ
いつ行きますか	언제 가요?	オンジェ カヨ
いつ来ましたか	언제 왔어요?	オンジェ ワッソヨ
いつ始めますか	언제 시작해요?	オンジェ シジャッケヨ

●尋ねる

いつ終わりますか	언제 끝나요 ?	オンジェ クンナヨ
いつからですか	언제부터예요 ?	オンジェブトエヨ
いつまでですか	언제까지예요 ?	オンジェカジエヨ
いつまでいますか	언제까지 있어요 ?	オンジェカジ イッソヨ
いくらくらいしますか	얼마나 해요 ?	オルマナ ヘヨ
どのくらいかかりますか	얼마나 걸려요 ?	オルマナ コルリョヨ
忙しいですか	바빠요 ?	パッパヨ
最近どうですか	요즘 어때요 ?	ヨジュム オッテヨ
体の調子ははどうですか	몸은 어때요 ?	モムン オッテヨ
おもしろかったですか	재미있었어요 ?	チェミイッソッソヨ
～はありませんか	～은 없어요 ?	ウン オプソヨ

2章 ● コミュニケーション

関連単語

何 / どこ	무엇 (뭐) / 어디 ムオッ ムオ オディ
誰 / いつ	누구 / 언제 ヌグ オンジェ
何時 / 何歳	몇 시 / 몇 살 ミョッシ ミョッサル
何名 / 何個	몇 명 / 몇 개 ミョンミョン ミョッケ
いくら / どのくらい	얼마 / 얼마나 オルマ オルマナ
～てもいいですか	～아 / 어도 돼요 ? ア オド ドェヨ
～しましょうか	～ (으) ㄹ까요 ? ウル カ ヨ

コミュニケーション

お願い・承諾

お願いします	부탁합니다.	プタッカムニダ
教えてください	가르쳐 주세요.	カルチョ ジュセヨ
道を教えてください	길을 가르쳐 주세요.	キルル カルチョ ジュセヨ
貸してください	빌려 주세요.	ピルリョ ジュセヨ
見せてください	보여 주세요.	ポヨ ジュセヨ
待ってください	기다려 주세요.	キダリョ ジュセヨ
止めてください	세워 주세요.	セウォ ジュセヨ
書いてください	써 주세요.	ソ ジュセヨ
略図を描いてください	약도를 그려 주세요.	ヤクトルル クリョ ジュセヨ
手伝ってください	도와 주세요.	トワ ジュセヨ
急いでください	서둘러 주세요.	ソドゥルロ ジュセヨ
紹介してください	소개해 주세요.	ソゲヘ ジュセヨ
もう一度言ってください	다시 한번 말해 주세요.	タシ ハンボン マレ ジュセヨ
ゆっくり話してください	천천히 얘기해 주세요.	チョンチョニ イェギヘ ジュセヨ
見てもいいですか	봐도 돼요?	パド ドェヨ
たばこを吸ってもいいですか	담배 피워도 돼요?	タンベ ピウォド ドェヨ
触ってみてもいいですか	만져 봐도 돼요?	マンジョ パド ドェヨ

●お願い・承諾●

試着してもいいですか	입어봐도 돼요？	イボバド ドェヨ
選んでもいいですか	골라도 돼요？	コルラド ドェヨ
行ってもいいですか	가도 돼요？	カド ドェヨ
読んでみてもいいですか	읽어 봐도 돼요？	イルゴ バド ドェヨ
休んでもいいですか	쉬어도 돼요？	シュイウォド ドェヨ
食べてもいいですか	먹어도 돼요？	モゴド ドェヨ
残してもいいですか	남겨도 돼요？	ナムギョド ドェヨ
座ってもいいですか	앉아도 돼요？	アンジャド ドェヨ
いてもいいですか	있어도 돼요？	イッソド ドェヨ
やめてもいいですか	그만둬도 돼요？	クマンドゥォド ドェヨ
伝えてくださいますか	전해 주시겠어요？	チョネ ジュシゲッソヨ
伝えてください	전해 주세요．	チョネ ジュセヨ
連絡してくださいますか	연락해 주시겠어요？	ヨルラッケ ジュシゲッソヨ
連絡してください	연락해 주세요．	ヨルラッケ ジュセヨ
見せてくださいますか	보여 주시겠어요？	ポヨ ジュシゲッソヨ
ちょっと持ってください	좀 들어 주세요．	チョム トゥロ ジュセヨ
はい、いいです	네, 좋아요．	ネ チョアヨ
はい、大丈夫です	네, 괜찮아요．	ネ クェンチャナヨ
いいえ、今はだめです	아뇨, 지금은 안 돼요．	アニョ チグムン アン ドェヨ

2章●コミュニケーション

コミュニケーション
OK と NO

はい / いいえ	네. / 아니요.	ネ／アニヨ
いいです	좋아요.	チョアヨ
そうします	그럴게요.	クロルケヨ
私がします	제가 할게요.	チェガ ハルケヨ
それがいいです	그게 좋아요.	クゲ チョアヨ
そうしましょう	그렇게 해요.	クロッケ ヘヨ
よかったです	잘 됐어요.	チャル ドェッソヨ
大丈夫です	괜찮아요.	クェンチャナヨ
時間があります	시간이 있어요.	シガニ イッソヨ
考えてみます	생각해 보겠어요.	センガッケ ポゲッソヨ
そうしましょうか	그렇게 할까요.	クロッケ ハルカヨ
わかりました	알았어요. / 알겠어요.	アラッソヨ／アルゲッソヨ
約束します	약속할게요.	ヤクソッカルケヨ
やってみます	해 보겠어요.	ヘ ポゲッソヨ
任せてください	맡겨 주세요.	マッキョ ジュセヨ
お手伝いします	도와 드릴게요.	トワ トゥリルケヨ
だめです / いやです	안돼요. / 싫어요.	アンドェヨ／シロヨ

● OK と NO ●

あまり好きではありません	별로 안 좋아해요.	ピョルロ アン チョアヘヨ
難しそうです	힘들 것같아요.	ヒムドゥル コッカッタヨ
時間がありません	시간이 없어요.	シガニ オプソヨ
ちょっと忙しくて	좀 바빠서요.	チョム パッパソヨ
困ります	곤란해요.	コルラネヨ
難しいです	어려워요.	オリョウォヨ
よくわかりません	잘 몰라요.	チャル モルラヨ
できません	못 하겠어요.	モッタゲッソヨ
私はできません	저는 못해요.	チョヌン モッテヨ
興味がありません	흥미가 없어요.	フンミガ オプソヨ
やめます	그만 두겠어요.	クマン ドゥゲッソヨ

コラム やわらかく断るには

　日本語で NO と断るときは気をつかって表現が曖昧になりがちですが、外国語では簡単で明瞭に言うほうが誤解を招かず、わかりやすくなります。ただ短い言葉で言うと、きつく感じられるのは韓国語でも同じです。表現を幾分やわらげるためには、
「미안하지만 / ミアナジマン」（すみませんが）
「죄송하지만 / チェソンハジマン」
　　　　　　　　　（申し訳ありませんが）
を冒頭に使えばいいでしょう。

コミュニケーション
電話をかける

もしもし	여보세요	ヨボセヨ
～と申しますが	～라고 하는데요.	ラゴ ハヌンデヨ
～さんをお願いします	～씨를 부탁합니다.	シルル ブタッカムニダ
～さんですか	～씨입니까?	シイムニッカ
お待ちください	기다리세요.	キダリセヨ
外出中です	외출중입니다.	ウェチュルジュンイムニダ
ただ今おりませんが	지금 없는데요.	チグム オムヌンデヨ
おかけ間違いです	잘못 거셨습니다.	チャルモッ コショッスムニダ
またお電話します	다시 걸겠습니다.	タシ コルゲッスムニダ
違いますが	아닌데요.	アニンデヨ
そうです	그렇습니다.	クロッスムニダ
私ですが	전데요.	チョンデヨ
どなたですか	누구세요?	ヌグセヨ
話し中	통화중	トンファジュン
留守番電話	부재중 전화	ブジェジュン チョヌァ
電話機／受話器	전화기／수화기	チョヌァギ／スファギ
公衆電話	공중전화	コンジュンジョヌァ

●電話をかける

テレホンカード	전화카드	チョヌァカドゥ
携帯電話	핸드폰・휴대전화	ヘンドゥポン・ヒュデジョヌァ
国際電話	국제전화	ククチェジョヌァ
市外電話 / 市外局番	시외전화 / 지역번호	シウェジョヌァ/チヨクポノ
電話番号	전화번호	チョヌアポノ
内線電話	구내전화	クネジョヌァ
テレビ電話	화상전화	ファサンジョヌァ
インターネット電話	인터넷전화	イントネッチョヌァ
電話帳	전화번호부	チョヌアポノブ
いたずら電話	장난전화	チャンナンジョヌァ
間違い電話	잘못 걸린 전화	チャルモッ コルリン チョヌァ

関連単語

犯罪（事故）通報	범죄신고 (112) _{ポムジェシン ゴ}
火災（救急）通報	화재신고 (119) _{ファジェシン ゴ}
電話番号案内	전화번호안내 (114) _{チョヌァ ポ ノ アンネ}
時報	표준시각안내 (116) _{ピョジュンシ ガ ガンネ}
天気予報案内	기상예보 안내 (131) _{キ サンイェボ アンネ}
女性緊急電話	여성긴급전화 (1366) _{ヨソンキングプチョヌァ}
児童虐待通報	아동학대신고 (1391) _{アドンハクテ シン ゴ}

2章●コミュニケーション

コミュニケーション
つなぎの言葉

そして	**그리고**	クリゴ
だから / それゆえ	**그러니까 / 그러므로**	クロニッカ／クロムロ
それで / それでも	**그래서 / 그래도**	クレソ／クレド
それでは	**그러면**	クロミョン
したがって	**따라서**	タラソ
なぜなら	**왜냐하면**	ウェニャハミョン
すると	**그러자**	クロジャ
ところで	**그런데**	クロンデ
それなのに	**그런데도**	クロンデド
しかし	**그러나**	クロナ
けれども・だが・でも・しかし	**그렇지만・하지만**	クロッチマン・ハジマン
とにかく	**어쨌든**	オチェットゥン
さらに・そのうえ	**더욱이・게다가**	トウギ・ケダガ
また / または	**또 / 또는**	ト／トヌン
あるいは	**혹은**	ホグン
やはり	**역시**	ヨクシ
それはそうと	**그건 그렇고**	クゴン クロッコ

●つなぎの言葉●

要するに	요컨대	ヨコンデ
実は	사실은	サシルン
言ってみれば	말하자면	マラジャミョン
ただ	단・다만	タン・タマン
万一・もし	만약	マニャク
それだから	그렇기 때문에	クロッキ テムネ
たとえば	예를 들면	イェルル トゥルミョン
にもかかわらず	그럼에도 불구하고	クロメド プルグハゴ
案の定	아니나다를까	アニナタルルカ
そうだとしても	그렇다치더라도	クロッタチドラド
いわば・いわゆる	이른바・소위	イルンバ・ソウィ

2章 ● コミュニケーション

関連単語

さあ	글쎄요 クルセヨ
そう（ですか）？	그래（요）？ クレヨ
ほんとう？	정말？ チョンマル
もちろん	물론이야 ムルロニヤ
そうなんだ	그렇구나！ クロックナ
そうじゃない？	안 그래？ アングレ
なんですって？	뭐라고요？ ムォラゴヨ

63

韓国語の早口言葉 [잰말놀이 / チェンマルロリ]

◆ 저 콩깍지는 깐 콩깍지인가 안 깐 콩깍지인가?
   _{チョ コンカッチヌン カン コンカッチインガ アン カン コンカッチインガ}

깐 콩깍지면 어떻고 안 깐 콩깍지면 어떠냐?
_{カン コンカッチミョン オットッコ アン カン コンカッチミョン オットニャ}

깐 콩깍지나 안 깐 콩깍지나 콩깍지는 다
_{カン コンカッチナ アン カン コンカッチナ コンカッチヌン タ}

콩깍지인데.
_{コンカッチインデ}

（あの豆のさやは剥いたさやなのか剥いてないさやなのか、
剥いたさやならどうで剥いてないさやならどうだっていうんだ。
剥いたさやも剥いてないさやもさやはみんな
さやなのに。)

- -

◆ 간장 공장 공장장은 강 공장장이고
   _{カンジャン ゴンジャン コンジャンジャンウン カン ゴンジャンジャンイゴ}

된장 공장 공장장은 공 공장장이다.
_{トェンジャン ゴンジャン コンジャンジャンウン コン ゴンジャンジャンイダ}

（しょうゆ工場工場長はカン工場長で、
みそ工場工場長はコン工場長だ。）

- -

◆ 내가 그린 기린그림은 잘 그린 기린그림이고
   _{ネガ グリン キリングリムン チャル グリン キリングリミゴ}

네가 그린 기린그림은 잘 못 그린 기린그림이다.
_{ネガ グリン キリングリムン チャル モッ クリン キリングリミダ}

（私が描いたキリンの絵はよく描いたキリンの絵で、
君が描いたキリンの絵はうまく描けていないキリンの絵だ。）

3章

身近な言葉

身近な言葉
数字① 漢数詞

ゼロ	**공**	コン
零	**영**	ヨン
一	**일**	イル
二	**이**	イ
三	**삼**	サム
四	**사**	サ
五	**오**	オ
六	**육**	ユク
七	**칠**	チル
八	**팔**	パル
九	**구**	ク
十	**십**	シプ
百	**백**	ペク
千	**천**	チョン
万	**만**	マン
十万	**십만**	シムマン
百万	**백만**	ペンマン

●数字① 漢数詞●

千万	**천만**	チョンマン
億	**억**	オク
兆	**조**	チョ
数	**수**	ス
数字	**숫자**	スッチャ
足し算	**더하기 / 덧셈**	トハギ／トッセム
引き算	**빼기 / 뺄셈**	ペギ／ペルセム
かけ算	**곱하기 / 곱셈**	コパギ／コプセム
割り算	**나누기 / 나눗셈**	ナヌギ／ナヌッセム

コラム 数字のいろいろな言い方

「0」は「영 / ヨン」と「공 / コン」の二とおりの読み方があります。電話番号のように数字が並んでいるときは「공 / コン」と読み、単独で使われる場合は「영 / ヨン」と読みます。

010-4503-0942
공일공에 사오공삼에 공구사이
コンイルゴンエ サオゴンサムエ コングサイ

02-7405-0003
공이에 칠사공오에 공공공삼
コンイエ チルサコンオエ コンゴンゴンサム

5対0： **오대영**／オデヨン

小数点の読み：0.502
영점 오공이／ヨンチョム オゴンイ

分数の読み： $1\frac{3}{5}$
일과 오분의 삼／イルグァ オブンエ サム

身近な言葉
数字② 固有数詞

ひとつ	하나 (한)	ハナ
ふたつ	둘 (두)	トゥル
みっつ	셋 (세)	セッ (セ)
よっつ	넷 (네)	ネッ (ネ)
いつつ	다섯	タソッ
むっつ	여섯	ヨソッ
ななつ	일곱	イルゴプ
やっつ	여덟	ヨドル
ここのつ	아홉	アホプ
とお	열	ヨル
十一	열하나 (열한)	ヨルハナ (ヨルハン)
十二	열둘 (열두)	ヨルトゥル (ヨルトゥ)
十三	열셋 (열세)	ヨルセッ (ヨルセ)
十四	열넷 (열네)	ヨルレッ (ヨルレ)
十五	열다섯	ヨルタソッ
十六	열여섯	ヨルリョソッ
十七	열일곱	ヨルリルゴプ

●数字② 固有数詞●

十八	열여덟	ヨルリョドル
十九	열아홉	ヨルアホプ
二十 / 三十	스물 / 서른	スムル／ソルン
四十 / 五十	마흔 / 쉰	マフン／シュイン
六十 / 七十	예순 / 일흔	イェスン／イルン
八十 / 九十	여든 / 아흔	ヨドゥン／アフン
二つ三つ	두셋	トゥセッ
三つ四つ	서넛	ソノッ
四つ五つ	네다섯	ネダソッ

コラム 漢数詞・固有数詞の特徴

韓国語の数詞も日本語と同じく漢数詞と固有数詞の2種類があります。漢数詞は日本語の「いち、に、さん…」に当たり、年月日、値段、長さ、重さなどを表すときに用います。

固有数詞は日本語の「ひとつ、ふたつ、みっつ…」に当たり、99まで数えられます。時間、年齢、個数、人数などを数えるときに用います。固有数詞の1つ～4つ、20などは後ろにものを数える単位名詞が続く場合、（　　）内の連体形が使われます。11～14、21～24など下1ケタが1～4のものはすべて同じです。

이 리터

세 개

身近な言葉
助数詞

～人 (固)	～사람	サラム
～名 (固)	～명	ミョン
～名様 (固)	～분	ブン
～人分・～人前 (漢)	～인분	インブン
～個 (固)	～개	ケ
～枚 (固)	～장	ジャン
～歳 (固)	～살	サル
～匹 (固)	～마리	マリ
～冊 (固)	～권	クォン
～本 (固)	～자루	ジャル
～皿 (固)	～접시	チョプシ
～杯 (丼・茶碗、固)	～그릇	クルッ
～杯 (コップ・盃、固)	～잔	ジャン
～通 (固)	～통	トン
～瓶・～本 (固)	～병	ビョン
～台 (固)	～대	デ
～隻 (固)	～척	チョク

※ (固)…固有数詞、(漢)…漢数詞

●助数詞●

~軒 (固)	~채	チェ
~階 (漢)	~층	チュン
~着 (固)	~벌	ボル
~足 (固)	~켤레	キョルレ
~番 (固)	~번	ボン
~回 (漢)	~회・번	フェ・ボン
~番目 (固)	~번째	ボンチェ
~週間 (漢)	~주일	チュイル
~周年 (漢)	~주년	チュニョン
~月 / ~日 (漢)	~월 / ~일	ウォル／イル
~時 (固) / ~分 (漢)	~시 / ~분	シ／ブン

コラム 助数詞の注意点

　助数詞とは数を表す言葉の後ろに付けて、その単位を表すもので、韓国語では「単位名詞」と言います。(「1本、2本…」、「1枚、2枚…」の「～本」「～枚」)。

　助数詞には漢数詞につくものと固有数詞につくものがあるので、どちらの数詞につくのかまで含めて覚えなければなりません。同じ時刻を表す場合でも「한 시 삼십 분 / ハンシ サムシプ ブン /1 時30分」、のように「시 / 時」は固有数詞に、「분 / 分」は漢数詞につく、というものもあります。

身近な言葉
単位

大きさ	**크기**	クギ
深さ	**깊이**	キッピ
高さ	**높이**	ノッピ
幅	**폭**	ポク
長さ	**길이**	キリ
重さ	**무게**	ムゲ
面積	**면적**	ミョンジョク
体積	**체적**	チェジョク
かさ	**부피**	プピ
メートル (漢)	**미터 (m)**	ミト
ミリメートル (漢)	**밀리미터 (mm)**	ミルリミト
センチメートル (漢)	**센티미터 (cm)**	センティミト
キロメートル (漢)	**킬로미터 (km)**	キルロミト
立方メートル (漢)	**세제곱미터 (m³)**	セジェゴムミト
インチ (漢)	**인치 (in)**	インチ
マイル (漢)	**마일 (mile)**	マイル
フィート (漢)	**피트 (ft)**	ピトゥ

※ (固)…固有数詞、(漢)…漢数詞

●単位

ヤード (漢)	야드 (yd)	ヤドゥ
海里 (漢)	해리	ヘリ
グラム (漢)	그램 (g)	グレム
キログラム (漢)	킬로그램 (kg)	キルログレム
トン (漢)	톤 (t)	トン
カラット (漢)	캐럿 (ct)	ケロッ
平方メートル (漢)	제곱미터 (㎡)	チェゴムミト
立方キロメートル (漢)	제곱킬로미터 (km²)	チェゴムキルロミト
ヘクタール (漢)	헥타르 (ha)	ヘクタル
アール (漢)	아르 (a)	アル
坪 / 尺 (固)	평 / 자	ピョン／ジャ
シーシー (漢)	시시 (cc)	シシ
リットル (漢)	리터 (ℓ)	リト
キロリットル (漢)	킬로리터 (kℓ)	キルロリト
バーレル (漢)	배럴	ベロル
合 / 升 / 斗 (固)	홉 / 되 / 말	ホプ／トェ／マル
斤 / 貫 (固)	근 / 관	クン／クァン
ワット (漢)	와트 (W)	ワトゥ
ヘルツ (漢)	헤르츠 (Hz)	ヘルチュ

3章 ● 身近な言葉

身近な言葉
月・季節

春	**봄**	ボム
夏	**여름**	ヨルム
秋	**가을**	カウル
冬	**겨울**	キョウル
春夏秋冬	**춘하추동**	チュナチュドン
季節	**계절**	ケジョル
1月	**일월**	イルォル
2月	**이월**	イウォル
3月	**삼월**	サムォル
4月	**사월**	サウォル
5月	**오월**	オウォル
6月	**유월**	ユウォル
7月	**칠월**	チルォル
8月	**팔월**	パルォル
9月	**구월**	クウォル
10月	**시월**	シウォル
11月	**십일월**	シビルォル

●●月・季節●●

12月	십이월	シビウォル
11月（陰暦の）	섣달	ソッタル
12月（陰暦の）	동짓달	トンジッタル
大晦日	섣달그믐	ソッタルクムム
先々月	지지난달	チジナンダル
先月	지난달	チナンダル
今月	이번달	イボンタル
来月	다음달	タウムタル
毎月	매달	メダル
月初め / 月末	월초 / 월말	ウォルチョ／ウォルマル
初旬	초순	チョスン
中旬	중순	チュンスン
下旬	하순	ハスン
早春	이른봄	イルンボム
真夏	한여름	ハンニョルム
梅雨時	장마철	チャンマチョル
キムチを漬ける時期	김장철	キムジャンチョル
季節の変わり目	환절기	ファンジョルギ
カレンダー	달력	タルリョク

3章 ● 身近な言葉

身近な言葉
曜日・日にち

月曜日	월요일	ウォリョイル
火曜日	화요일	ファヨイル
水曜日	수요일	スヨイル
木曜日	목요일	モギョイル
金曜日	금요일	クミョイル
土曜日	토요일	トヨイル
日曜日	일요일	イリョイル
月火水木金土日	월화수목금토일	ウォルファスモククムトイル
先々週	지지난주・전전주	チジナンジュ・チョンジョンチュ
先週	지난주・전주	チナンジュ・チョンチュ
今週	이번주・금주	イボンチュ・クムジュ
来週	다음주・내주	タウムチュ・ネジュ
1週間	일주일	イルチュイル
毎週／隔週	매주／격주	メジュ／キョクチュ
週の初め／週末	주초／주말	チュチョ／チュマル
日	일	イル
毎日	매일	メイル

●曜日・日にち●

さきおととい	그끄저께	ククジョッケ
おととい	그저께・그제	クジョッケ・クジェ
昨日	어제	オジェ
今日	오늘	オヌル
明日	내일	ネイル
あさって	모레	モレ
しあさって	글피	クルピ
4日後	그글피	クグルピ
週休二日制	주 5 일근무제	チュオイルクンムジェ

3章 身近な言葉

コラム 固有語の日にちを表す言葉

日にちを表す言葉は漢字語の他に固有語もあります。
1日：**하루**/ハル、2日：**이틀**/イトゥル、3日：**사흘**/サフル、4日：**나흘**/ナフル、5日：**닷새**/タッセ、6日：**엿새**/ヨッセ、7日：**이레**/イレ、8日：**여드레**/ヨドゥレ、9日：**아흐레**/アフレ、10日：**열흘**/ヨルル、11日：**열하루**/ヨラル、12日：**열이틀**/ヨリトゥル、15日：**열닷새**/ヨルサタッセまたは**보름**/ポルム…、20日：**스무날**/スムナル、21日：**스무하루**/スムハル、…30日：**그믐**/クムム。

暦の上では1～10日までは日にちの名称の前に**초하루**/チョハル、**초이틀**/チョイトゥル、**초사흘**/チョサフル…と「**초**/チョ」をつけます。

また、1、11、12月は固有語ではそれぞれ**정월**/チョンウォル、**동짓달**/トンジッタル、**섣달**/ソッタルと言います。

身近な言葉
祝祭日・法定記念日

新正月 (1・1)	신정	シンジョン
旧正月 (陰暦1・1)	설날	ソルラル
独立運動記念日	3・1절	サミルジョル
子どもの日 (5・5)	어린이날	オリニナル
釈迦誕生日 (陰暦4・8)	석가탄신일	ソッカタンシニル
戦没者慰霊日 (6・6)	현충일	ヒョンチュンイル
独立記念日 (8・15)	광복절	クァンボクチョル
秋夕 (仲秋節、陰暦8・15)	추석	チュソク
建国記念日 (10・3)	개천절	ケチョンジョル
クリスマス (12・25)	크리스마스	クリスマス
植樹の日 (4・5)	식목일	シンモギル
勤労者の日 (5・1)	근로자의 날	クルロジャエ ナル
父母の日 (5・8)	어버이날	オボイナル
先生の日 (5・15)	스승의 날	ススンエ ナル
成人の日 (5月3番目の月曜日)	성년의 날	ソンニョネ ナル
憲法記念日 (7・17)	제헌절	チェホンジョル
国軍の日 (10・1)	국군의 날	ククネ ナル

● 祝祭日・法定記念日 ●

ハングルの日 (10・9)	한글 날	ハングルラル
4・19 学生革命記念日	4・19 혁명기념일	サーイルグヒョンミョンキニョミル
6・25 韓国戦争記念日	6・25 사변일	ユギオサビョニル
小正月 (陰暦 1・15)	정월대보름	チョンウォルデボルム
寒食 (4・5～6ごろ)	한식	ハンシク
端午 (陰暦 5・5)	단오	タノ
七夕 (陰暦 7・7)	칠석	チルソク
冬至 (12・22～23ごろ)	동지	トンジ
年賀状	연하장	ヨナチャン
クリスマスカード	크리스마스카드	クリスマスカドゥ
～周年	～주년	チュニョン

3章 ● 身近な言葉

コラム その他の祝祭日

日本では太陰暦が公式の祝祭日の日にちとして使われることはありませんが、韓国では次の祝日が陰暦で決められています。
설날 / ソルナル / 旧正月：陰暦の 1 月 1 日～ 3 日の三日間休み
추석 / チュソク / 中秋節：
　陰暦の 8 月 15 日を中心に 14 日、
　16 日の 3 日間休み
석가탄신일 / ソッカタンシニル /
　釈迦誕生日：陰暦の 4 月 8 日 
ほかに 1960 年代以前に生まれた韓国の人たちの誕生日は陰暦になっている場合が多いです。

身近な言葉
お祝い・行事

妊娠	**임신**	イムシン
出産	**출산**	チュルサン
誕生日	**생일**	センイル
満1歳の誕生日	**돌**	トル
成人式	**성년식**	ソンニョンシク
結婚式	**결혼식**	キョロンシク
銀婚式	**은혼식**	ウノンシク
金婚式	**금혼식**	クモンシク
還暦	**환갑**	ファンガプ
古希	**고희・칠순**	コヒ・チルスン
誕生日パーティー	**생일파티**	センイルパティ
祝宴	**잔치**	チャンチ
歓迎会	**환영회**	ファニョンフェ
送別会	**송별회**	ソンビョルェ
親睦会	**친목회**	チンモックェ
忘年会	**망년회・송년회**	マンニョヌェ・ソンニョヌェ
運動会	**운동회**	ウンドンフェ

●お祝い・行事●

遠足	소풍	ソプン
家族旅行	가족여행	カジョンニョヘン
入隊 / 除隊	입대 / 제대	イプテ／チェデ
復学	복학	ポッカク
入学式	입학식	イパクシク
新入生歓迎会	신입생환영회	シニプセンファニョンフェ
(大学などの)合宿旅行	엠티 (MT)	エムティ
卒業式	졸업식	チョロプシク
謝恩会	사은회	サウヌェ
祭祀	제사	チェサ
葬式 / 追悼式	장례식 / 추모식	チャンネシク／チュモシク

3章 ● 身近な言葉

コラム 幼児期の最も重要な誕生祝い

韓国人が幼児期の誕生祝いの中で最も重視しているのが誕生から100日目の祝い「백일 / ペギル」と1歳の誕生日「돌 / トル」です。

100日の祝いは親族や親しい友人を招いて赤ちゃんを披露し、祝ってもらいます。1歳の誕生日祝い「トル」は華やかな民族衣装で着飾った子どもの前に祝いの膳を据え、その上に糸や筆、お金などを並べて、どれを取るかでその子の将来を占う風習があり、親戚や知人を大勢招待してにぎやかに祝います。

身近な言葉
結婚

恋愛	연애	ヨネ
仲立ちをする	중매를 하다	チュンメルル ハダ
お見合いする	맞선을 보다	マッソヌル ポダ
プロポーズ	프러포즈・청혼	プロポジュ・チョンホン
恋人	애인	エイン
恋愛結婚	연애결혼	ヨネキョロン
お見合い結婚	중매결혼	チュンメキョロン
婚約者	약혼자	ヤッコンジャ
婚約式	약혼식	ヤッコンシク
結婚する	결혼하다	キョロナダ
新郎／新婦	신랑／신부	シルラン／シンブ
ご結婚おめでとうございます	결혼을 축하합니다.	キョロヌル チュカハムニダ
司式者・司宰者 (主礼)	주례	チュレ
結婚式場	예식장	イェシクチャン
結婚(婚約)指輪	결혼(약혼)반지	キョロン(ヤコン)パンジ
招待状	초대장・청첩장	チョデチャン・チョンチョプチャン
祝電	축전	チュクチョン

● 結婚 ●

披露宴	피로연	ピロヨン
チマチョゴリ	치마저고리	チマチョゴリ
ウェディングドレス	웨딩드레스	ウェディンドゥレス
ブーケ	부케	ブケ
来賓	내빈	ネビン
記念写真	기념사진	キニョムサジン
嫁入り道具	혼수	ホンス
お祝い金	축의금	チュギグム
引き出物	답례품	タムネプム
新婚旅行	신혼여행	シノンニョヘン
婚姻届	혼인신고	ホニンシンゴ
結婚記念日	결혼기념일	キョロンキニョミル
嫁に行く	시집가다	シジプカダ
(男性が)結婚する	장가가다	チャンガカダ
ハネムーン	허니문	ホニムン
初夜	첫날밤	チョンナルバム
新婚	신혼	シノン
再婚	재혼	チェホン
同棲	동거	トンゴ

3章 ● 身近な言葉

身近な言葉
時間①

時間	시간	シガン
時刻	시각	シガク
~時/~分/~秒	시 / 분 / 초	シ/プン/チョ
1時	한 시	ハン シ
2時	두 시	トゥ シ
3時	세 시	セ シ
4時	네 시	ネ シ
5時	다섯 시	タソッ シ
6時	여섯 시	ヨソッ シ
7時	일곱 시	イルゴプ シ
8時	여덟 시	ヨドル シ
9時	아홉 시	アホプ シ
10時	열 시	ヨル シ
11時	열한 시	ヨラン シ
12時	열두 시	ヨルトゥ シ
~時間	~시간	シガン
~時間間隔で	~시간 간격으로	シガン カンギョグロ

●時間①●

1分	일 분	イル ブン
2分	이 분	イ ブン
3分	삼 분	サム ブン
4分	사 분	サ ブン
5分	오 분	オ ブン
6分	육 분	ユク ブン
7分	칠 분	チル ブン
8分	팔 분	パル ブン
9分	구 분	ク ブン
10分	십 분	シプ ブン
30分	삼십 분	サムシップ ブン
～分前	～ 분전	ブンジョン
～分後	～ 분후	ブンフ
～分間隔で	～ 분 간격으로	ブン カンギョグロ
～分おき	～ 분마다	ブンマダ
～時半	～시 반	シ バン
ちょうど1時	정각 한 시	チョンガク ハン シ
5秒	오 초	オ チョ
10秒	십 초	シプ チョ

3章 ● 身近な言葉

身近な言葉
時間②

午前	오전	オジョン
午後	오후	オフ
正午	정오	チョンオ
夜中の12時	자정	チャジョン
零時	영시	ヨンシ
朝	아침	アチム
昼	낮	ナッ
昼時	점심 때	チョムシム テ
夕方	저녁	チョニョク
夜	밤	パム
夜の間・夜来	밤새・밤사이	パムセ・パムサイ
夜中	밤중	パムチュン
真夜中	한밤중	ハンパムチュン
明け方	새벽	セビョク
宵の口	초저녁	チョジョニョク
過去	과거	クァゴ
現在	현재	ヒョンジェ

●時間②●

今	지금	チグム
未来	미래	ミレ
将来	장래	チャンネ
この頃	요즈음・요즘	ヨジュウム・ヨジュム
最近	최근	チェグン
以前	이전	イジョン
以後	이후	イフ
一日中	하루종일	ハルジョンイル
一年中	일년내내	イルリョンネネ
ひと月ずっと	한달내내	ハンダルレネ
1週間	일주일 동안	イルチュイル トンアン
1か月間	한달 동안	ハンダル トンアン
1年間	일년 동안	イルリョン トンアン
1日2日	하루 이틀	ハル イトゥル
3〜4日	사나흘	サナフル
1〜2か月	한두 달	ハントゥ ダル
3〜4か月	서너 달	ソノ ダル
昔	옛날	イェンナル
こんにち(今日)	오늘날	オヌルラル

3章 ● 身近な言葉

身近な言葉
方向

方向	방향	パンヒャン
こっち	이쪽	イッチョク
そっち	그쪽	クッチョク
あっち	저쪽	チョッチョク
どっち	어느 쪽	オヌ チョク
東	동쪽	トンチョク
西	서쪽	ソッチョク
南	남쪽	ナムチョク
北	북쪽	プクチョク
東西南北	동서남북	トンソナムブク
前 / 後ろ	앞 / 뒤	アプ／トゥイ
上	위	ウィ
下	아래・밑	アレ・ミッ
中	안・속	アン・ソク
横・隣	옆	ヨプ
外	밖	パク
上下 / 左右	상하 / 좌우	サンハ／チョアウ

●方向

真ん中	가운데	カウンデ
奥	안쪽	アンチョク
左 / 右	왼쪽 / 오른쪽	ウェンチョク／オルンチョク
左側 / 右側	좌측 / 우측	チョアチュク／ウチュク
向こう側	건너편	コンノピョン
向かい側	맞은편	マジュンピョン
真上	바로 위	パロ ウィ
真下	바로 밑	パロ ミッ
真っ直ぐ	똑바로	トクパロ

コラム 「中」の使い分け方

「안 / アン」と「속 / ソク」はともに「中」という意味ですが、その使い分けでかなり混乱が見られます。いろいろ細かい使い分けがありますが、大まかには次のように覚えておけば便利です。

「안 / アン」：人間が活動できるような
　広い空間の中
　　家の中 / 집 안 / チバン
　　部屋の中 / 방 안 / パンアン
　　教室の中 / 교실 안 / キョシラン

「속 / ソク」：人間が活動できない狭い
　空間、物質の中。狭さの強調
　　引き出しの中 / 서랍 속 / ソラプソク
　　机の中 / 책상 속 / チェクサンソク
　　水の中 / 물 속 / ムルソク

3章 ● 身近な言葉

身近な言葉
順番

~目	~째	チェ
第1	첫째	チョッチェ
第2	둘째	トゥルチェ
第3	셋째	セッチェ
第4	넷째	ネッチェ
第5	다섯째	タソッチェ
~番	~번	ポン
1番	일 번	イル ポン
2番	이 번	イ ポン
3番	삼 번	サム ポン
10番	십 번	シプ ポン
20番	이십 번	イシップ ポン
~番目	~번째	ポンチェ
1番目	첫번째	チョッポンチェ
2番目	두번째	トゥポンチェ
3番目	세번째	セポンチェ
最後に	마지막으로	マジマグロ

●順番●

右から3番目	오른쪽에서 세번째	オルンチョゲソ セボンチェ
左から4番目	왼쪽에서 네번째	ウェンチョゲソ ネボンチェ
一番前	맨 앞	メン アプ
一番後ろ	맨 뒤	メン トゥイ
前列	앞 줄	アプ チュル
後列	뒷 줄	トゥイッ チュル
まず	먼저	モンジョ
初めに	처음에	チョウメ
次に	다음에	タウメ
後で	나중에	ナジュンエ
1等・1番・1位	일 등	イル トゥン
2等・2番・2位	이 등	イ ドゥン
3等・3番・3位	삼 등	サム ドゥン
最下位	꼴등	コル トゥン
中間	중간	チュンガン
上位	상위	サンウィ
中くらい	중위	チュンウィ
下位	하위	ハウィ
びり	꼴찌	コルチ

3章 ●身近な言葉

身近な言葉
色

青い	**파랗다**	パラッタ
黄色い	**노랗다**	ノラッタ
赤い	**빨갛다**	パルガッタ
黒い	**까맣다**	カマッタ
白い	**하얗다**	ハヤッタ
白	**흰색**	ヒンセク
黒色	**까만색**	カマンセク
黒	**검정**	コムジョン
赤色	**빨간색**	パルガンセク
赤	**빨강**	パルガン
青色	**파란색**	パランセク
青	**파랑**	パラン
黄色	**노란색**	ノランセク
黄	**노랑**	ノラン
緑色	**녹색**	ノクセク
ピンク	**분홍색**	プノンセク
紫色	**보라색**	ポラセク

空色	하늘색	ハヌルセク
茶色	갈색	カルセク
灰色	회색	フェセク
カーキ色・薄緑色	국방색	ククバンセク
肌色 / ベージュ	살색 / 베이지색	サルセク／ベイジセク
金色	금색	クムセク
銀色	은색	ウンセク
青緑	청록색	チョンノクセク
柿色	감색	カムセク
原色 / 中間色	원색 / 중간색	ウォンセク／チュンガンセク
オレンジ色	오렌지색	オレンジセク

関連単語

色が濃い	색이 짙다	セギ チッタ
色が薄い	색이 엷다	セギ ヨッタ
色が暗い	색이 어둡다	セギ オドゥプタ
色が明るい	색이 밝다	セギ パクタ
色がくすんでいる	색이 칙칙하다	セギ チッチカダ
色が鮮やかだ	색이 선명하다	セギ ソンミョンハダ
色があせる	색이 바래다	セギ パレダ

身近な言葉
形・模様・大きさ

円形	**원형**	ウォニョン
楕円形	**타원형**	タウォニョン
三角形	**삼각형**	サムガッキョン
四角形	**사각형**	サガッキョン
正方形	**정사각형**	チョンサガッキョン
長方形	**직사각형**	チクサガッキョン
菱形	**마름모꼴**	マルムモコル
梯形（ていけい。平行四辺形や台形のこと）	**사다리꼴**	サダリコル
花柄	**꽃무늬**	コンムニ
まだら模様・迷彩柄	**얼룩무늬**	オルルンムニ
縞模様	**줄무늬**	チュルムニ
チェック	**체크무늬**	チェックムニ
水玉模様	**물방울무늬**	ムルパンウルムニ
ボーダー	**가로줄무늬**	カロチュルムニ
ストライプ	**세로줄무늬**	セロチュルムニ
チェッカー（市松模様）	**바둑판무늬**	パドゥクパンムニ
無地	**무지**	ムジ

●形・模様・大きさ●

大きい	크다	クダ
小さい	작다	チャクタ
長い	길다	キルタ
短い	짧다	チャルタ
太い	굵다	ククタ
細い	가늘다	カヌルダ
丸い	둥글다	トゥングルダ
狭い	좁다	チョプタ
広い	넓다	ノルタ
先がとがっている	뾰죽하다	ピョジュカダ
先が太くて短い	뭉뚝하다	ムントゥカダ
厚い	두껍다	トゥコプタ
薄い	얇다	ヤルタ
直線	직선	チクソン
曲線	곡선	コクソン
大きさ	크기	クギ
長さ / 広さ	길이 / 넓이	キリ／ノルビ
厚さ / 幅	두께 / 폭	トゥケ／ポク
大 / 中 / 小	대(L) / 중(M) / 소(S)	デ／チュン／ソ

3章 ● 身近な言葉

身近な言葉
通貨

元	**위안**	ウィアン
円	**엔**	エン
ウォン	**원**	ウォン
ドル	**달러**	ダルロ
セント	**센트**	セントゥ
ポンド	**파운드**	パウンドゥ
ペニー	**페니**	ペニ
ユーロ	**유로**	ユロ
フラン	**프랑**	プラン
ペソ	**페소**	ペソ
香港ドル	**홍콩달러**	ホンコンダルロ
ルピー	**루피**	ルピ
バーツ	**바트**	バトゥ
為替	**환**	ファン
為替レート	**환율**	ファニュル
両替	**환전**	ファンジョン
為替相場	**환시세**	ファンシセ

●通貨●

外国為替市場	외환시장	ウェファンシジャン
小銭	잔돈	チャンドン
おつり	거스름돈	コスルムトン
コイン	동전	トンジョン
手形	어음	オウム
小切手	수표	スピョ
紙幣	지폐	チペ
硬貨	주화	チュファ
現金	현금・현찰	ヒョングム・ヒョンチャル
クレジットカード	신용카드	シニョンカドゥ
トラベラーズチェック	여행자수표	ヨヘンジャスピョ

コラム 韓国の紙幣と硬貨

韓国の紙幣は千、5千、1万ウォン札の3種類、硬貨は1、5、10、50、100、500ウォンの6種類ですが、1ウォンと5ウォン硬貨は現在はほとんど使われていません。インフレの影響で高額紙幣の必要性が高まり、2009年から5万ウォン札と10万ウォン札の発行が決まっています。

紙幣に登場する人物は、千ウォンと5千ウォン札は朝鮮王朝時代の儒学者李滉(イファン)と李珥(イイ)が、1万ウォン札はハングルを創製した世宗大王がモデルになっています。

身近な言葉
銀行

銀行	은행	ウネン
窓口	창구	チャング
番号札	번호표	ポノピョ
通帳	통장	トンジャン
はんこ / 印鑑	도장 / 인감	トジャン／インガム
サイン	사인	サイン
身分証明証	신분증	シンブンチュン
口座	계좌	ケジャ
口座番号	계좌번호	ケジャボノ
暗証番号	비밀번호	ピミルボノ
キャッシュカード	현금카드	ヒョングムカドゥ
残額 / 残高	잔액 / 잔고	ジャネク／ジャンゴ
引き出し / 出金	인출 / 출금	インチュル／チュルグム
入金	입금	イプクム
送金	송금	ソングム
口座振替	계좌 이체	ケジャ イチェ
自動引き落とし	자동 이체	チャドン イチェ

●銀行●

公共料金	**공과금**	コンクァグム
税金	**세금**	セグム
手数料	**수수료**	ススリョ
元金	**원금**	ウォングム
利子 / 金利	**이자 / 금리**	イジャ／クムニ
預金	**예금**	イェグム
貯金	**저금**	チョグム
積立	**적금**	チョックム
融資	**융자**	ユンジャ
担保	**담보**	タムボ
貸し出し	**대출**	デチュル
抵当	**저당**	チョダン
決済日	**결제일**	キョルチェイル
新規	**신규**	シンギュ
貸金庫	**대여금고**	テヨグムゴ
ATM	**현금지급기**	ヒョングムチグプキ
お金を預ける	**돈을 맡기다**	トヌル マッキダ
お金を下ろす	**돈을 찾다**	トヌル チャッタ
お金を借りる	**돈을 빌리다**	トヌル ピルリダ

3章 ● 身近な言葉

身近な言葉
郵便局

郵便局	우체국	ウチェグク
郵便配達人	우편 집배원 / 우체부	ウピョン チプペウォン/ウチェブ
郵便ポスト	우체통	ウチェトン
郵便物	우편물	ウピョンムル
郵便受け	우편함	ウピョナム
私書箱	사서함	サソハム
手紙	편지	ピョンジ
葉書	엽서	ヨプソ
絵葉書	그림엽서	クリムヨプソ
年賀葉書	연하엽서	ヨナヨプソ
カード	카드	カドゥ
便箋 / 封筒	편지지 / 봉투	ピョンジジ/ポントゥ
小包	소포	ソポ
書留	등기	トゥンギ
速達	속달	ソクタル
電報	전보	チョンボ
祝電 / 弔電	축전 / 조전	チュクチョン/チョジョン

●郵便局●

切手	우표	ウピョ
記念切手	기념우표	キニョムウピョ
郵便番号	우편번호	ウピョンボノ
住所	주소	ジュソ
差出人	보내는 사람	ポネヌン サラム
受取人	받는 사람	パンヌン サラム
宛先	받는 곳(사람)/주소	パンヌン ゴッ(サラム)/ジュソ
~様/~御中	~귀하/~귀중	クィハ/クィジュン
返事・返信	답장	タプチャン
消印	소인	ソイン
航空便/船便	항공편/배편	ハンゴンピョン/ペピョン

3章 ★ 身近な言葉

コラム 手紙の出し方

韓国に送る郵便物の宛名書きと出し方は、❶宛て先には必ず「韓国」か「South Korea」と記入し、❷住所と名前はハングルか漢字かローマ字かのどれかで書いて、❸郵便局に行って重さを量ってもらい、その分の切手を貼って発送します。

韓国から日本への場合も同じ要領です。急ぎの場合、国際スピード郵便（EMS）を利用すると、韓→日、日→韓とも2日で届けられます。

身近な言葉
公共機関

官公署	**관공서**	クァンゴンソ
官庁・役所	**관청**	クァンチョン
市役所	**시청**	シチョン
区役所	**구청**	クチョン
洞役場 (町役場)	**동사무소**	トンサムソ
道庁	**도청**	トチョン
郡庁	**군청**	クンチョン
面事務所 (村役場)	**면사무소**	ミョンサムソ
道知事	**도지사**	トジサ
市長	**시장**	シジャン
区長	**구청장**	クチョンジャン
郡守 (郡の長)	**군수**	クンス
警察署	**경찰서**	キョンチャルソ
交番	**파출소**	パチュルソ
消防署	**소방서**	ソバンソ
税務署	**세무서**	セムソ
保健所	**보건소**	ポゴンソ

● 公共機関 ●

電話局	전화국	チョヌァグク
水道局	수도국	スドグク
文化会館	문화회관	ムヌァフェグァン
体育館	체육관	チェユクグァン
図書館	도서관	トソグァン
博物館	박물관	パンムルグァン
美術館	미술관	ミスルグァン
国会 / 議会	국회 / 의회	クッケ／ウィフェ
市議会	시의회	シウィフェ
道議会	도의회	トウィフェ
町内会	반상회	パンサンフェ
最高裁判所	대법원	デボブォン
高等裁判所	고등법원	コドゥンボブォン
地方裁判所	지방법원	チバンボブォン
家庭裁判所	가정법원	カジョンボブォン
出入国管理局	출입국관리국	チュリプククグァルリグク
外国人登録	외국인등록	ウェグギントゥンノク
転入届	전입신고	チョニプシンゴ
転出届	전출신고	チョンチュルシンゴ

3章 ● 身近な言葉

身近な言葉
国・地域

世界	**세계**	セゲ
国	**나라**	ナラ
先進国	**선진국**	ソンジングゥ
中進国	**중진국**	チュンジングゥ
開発途上国	**개발도상국**	ケバルトサングゥ
後進国	**후진국**	フジングゥ
経済大国	**경제대국**	キョンジェテグゥ
強大国	**강대국**	カンデグゥ
小国	**소국**	ソグゥ
弱小国	**약소국**	ヤクソグゥ
島国	**섬나라**	ソムナラ
王国	**왕국**	ワングゥ
立憲君主制	**입헌군주국**	イプホングンジュグゥ
共和国	**공화국**	コンファグゥ
国家	**국가**	クッカ
法治国家	**법치국가**	ポプチグッカ
連邦国家	**연방국가**	ヨンバンクッカ

●国・地域●

東洋	동양	トンヤン
西洋	서양	ソヤン
アジア	아시아	アシア
アフリカ	아프리카	アプリカ
ヨーロッパ	유럽	ユロプ
北アメリカ / 北米	북아메리카 / 북미	ブガメリカ／ブンミ
南アメリカ / 南米	남아메리카 / 남미	ナマメリカ／ナムミ
オセアニア / 大洋州	오세아니아 / 대양주	オセアニア／テヤンジュ
東南アジア	동남아시아	トンナマシア
中東	중동	チュンドン
太平洋	태평양	テピョンヤン
インド洋	인도양	インドヤン
大西洋	대서양	テソヤン
南極海 / 南氷洋	남극해 / 남빙양	ナムグッケ／ナムビンヤン
北極海 / 北氷洋	북극해 / 북빙양	ブクグッケ／ブクピンヤン
黄海	황해	ファンヘ
地中海	지중해	チジュンヘ
紅海	홍해	ホンヘ
黒海	흑해	フッケ

3章 ● 身近な言葉

身近な言葉
国名・地名

日本	일본	イルボン
韓国	한국	ハングゥ
ソウル	서울	ソウル
釜山	부산	ブサン
中国	중국	チュングゥ
北京	베이징 / 북경	ベイジン／ブクキョン
上海	상하이 / 상해	サンハイ／サンヘ
香港	홍콩	ホンコン
台湾	대만 / 타이완	テマン／タイワン
タイ	타이 / 태국	タイ／テグゥ
インド	인도	インド
トルコ	터키	トキ
オーストラリア / 豪州	오스트레일리아 / 호주	オストゥレイルリア／ホジュ
ニュージーランド	뉴질랜드	ニュジルレンドゥ
イギリス	영국	ヨングゥ
イタリア	이탈리아	イタルリア
フランス	프랑스	プランス

●国名・地名●

ドイツ	독일	トギル
スペイン	스페인	スペイン
ポルトガル	포르투갈	ポルトゥガル
オランダ	네덜란드	ネデルランドゥ
ベルギー	벨기에	ベルギエ
スイス	스위스	スウィス
ハンガリー	헝가리	ホンガリ
ポーランド	폴란드	ポルランドゥ
ロシア	러시아	ロシア
アメリカ	미국	ミグク
ワシントン	워싱턴	ウォシントン
カナダ	캐나다	ケナダ
メキシコ	멕시코	メクシコ
ブラジル	브라질	ブラジル
アルゼンチン	아르헨티나	アルヘンティナ
チリ	칠레	チルレ
エジプト	이집트	イジプト
エチオピア	에티오피아	エティオピア
南アフリカ共和国	남아프리카공화국	ナマプリカコンファグク

3章 ● 身近な言葉

身近な言葉
言語

言語	**언어**	オノ
言葉	**말**	マル
母国語	**모국어**	モグゴ
公用語	**공용어**	コンヨンオ
外国語	**외국어**	ウェグゴ
日本語	**일본어 / 일본말**	イルボノ／イルボンマル
韓国語	**한국어 / 한국말**	ハングゴ／ハングンマル
中国語	**중국어 / 중국말**	チュングゴ／チュングンマル
英語	**영어**	ヨンオ
フランス語	**불어 / 프랑스어**	プロ／プランスオ
ドイツ語	**독어 / 독일어**	トゴ／トギロ
ロシア語	**노어 / 러시아어**	ノオ／ロシアオ
スペイン語	**스페인어**	スペイノ
イタリア語	**이탈리아어 / 이태리어**	イタルリアオ／イテリオ
アラブ語	**아랍어**	アラボ
モンゴル語	**몽골어**	モンゴロ
ラテン語	**라틴어**	ラティノ

● 言語 ●

文字	문자	ムンチャ
ハングル	한글	ハングル
漢字	한자	ハンチャ
仮名文字	가나문자	カナムンチャ
つづり	철자	チョルチャ
正書法	맞춤법	マッチュムポプ
分かち書き	띄어쓰기	ティオスギ
横書き	가로쓰기	カロスギ
縦書き	세로쓰기	セロスギ
聞き取り/リスニング	듣기 / 리스닝	トゥッキ/リスニン
ライティング	쓰기 / 라이팅	スギ/ライティン
スピーキング	말하기 / 스피킹	マラギ/スピキン
読解/リーディング	읽기 / 리딩	イルキ/リディン
書き取り/ディクテーション	받아쓰기 / 딕테이션	パダスギ/ディクテイション
会話	회화	フェファ
発音	발음	パルム
母音/子音	모음 / 자음	モウム/チャウム
標準語/方言	표준어 / 사투리	ピョジュノ/サトゥリ
初級/中級/上級	초급 / 중급 / 고급	チョグプ/チュングプ/コグプ

3章 ● 身近な言葉

身近な言葉
体

頭	머리	モリ
髪	머리・머리털	モリ・モリトル
顔	얼굴	オルグル
額	이마	イマ
耳	귀	クィ
目	눈	ヌン
眉 / まつ毛	눈썹 / 속눈썹	ヌンソプ / ソンヌンソプ
頬	뺨・볼	ピャム・ボル
鼻	코	コ
口 / 唇	입 / 입술	イプ / イプスル
歯 / 舌	이 / 혀	イ / ヒョ
あご	턱	トゥ
えくぼ	보조개	ポジョゲ
首	목	モゥ
肩	어깨	オッケ
わき	겨드랑이	キョドゥランイ
胸	가슴	カスム

●体●

乳房	**유방・젖**	ユバン・チョッ
乳首	**젖꼭지**	チョッコクチ
わき腹	**옆구리**	ヨプクリ
みぞおち	**명치**	ミョンチ
背	**등**	トゥン
おなか	**배**	ペ
へそ	**배꼽**	ペコプ
下腹	**아랫배**	アレッペ
腰	**허리**	ホリ
お尻	**엉덩이**	オンドンイ
腕/肘	**팔/팔꿈치**	パル／パルクムチ
手/手首	**손/손목**	ソン／ソンモク
指	**손가락**	ソンカラク
親指	**엄지손가락**	オムジソンカラク
人差し指	**집게손가락・검지**	チプケソンカラク・コムジ
中指	**가운뎃손가락・중지**	カウンデッソンカラク・チュンジ
薬指	**넷째 손가락・약지**	ネッチェ ソンカラク・ヤクチ
小指	**새끼손가락**	セキソンカラク
爪	**손톱**	ソントプ

3章 ● 身近な言葉

手のひら	**손바닥**	ソンバダク
手の甲	손등	ソンドゥン
太もも	**넓적다리**	ノプチョクタリ
股	**가랑이**	カランイ
脚	**다리**	タリ
膝	무릎	ムルプ
すね	**정강이**	チョンガンイ
足	**발**	バル
足の裏／足の甲	**발바닥／발등**	バルバダク／バルトゥン
かかと	**발꿈치**	バルクムチ
足の指	**발가락**	バルカラク
足の爪	**발톱**	バルトプ
心臓	**심장**	シムジャン
肺	**폐**	ペ
胃／腸	**위／장**	ウィ／ジャン
肝臓／腎臓	**간장／신장**	カンジャン／シンジャン
膀胱	**방광**	バングァン
筋肉	**근육**	クニュク
血管／皮膚	**혈관／피부**	ヒョルグァン／ピブ

4章

日常生活

生活
1日の行動

起きる	일어나다	イロナダ
目が覚める	잠이 깨다	チャミ ケダ
早起きする	일찍 일어나다	イルチク イロナダ
寝坊する	늦잠을 자다	ヌッチャムル チャダ
起こす	깨우다	ケウダ
トイレに行く	화장실에 가다	ファジャンシレ カダ
テレビをつける	텔레비전을 켜다	テルレビジョヌル キョダ
新聞を読む	신문을 보다	シンムヌル ポダ
歯を磨く	이를 닦다	イルル タクタ
顔を洗う	세수를 하다	セスルル ハダ
髪を洗う	머리를 감다	モリルル カムタ
髪をとかす	머리를 빗다	モリルル ピッタ
髪を結ぶ	머리를 따다 (묶다)	モリルル タダ(ムクタ)
ひげを剃る	면도를 하다	ミョンドルル ハダ
朝食を食べる	아침을 먹다	アッチムル モクタ
服を着替える	옷을 갈아입다	オスル カライプタ
出かける	나가다	ナガダ

● [生活] 1日の行動 ●

学校に行く	학교에 가다	ハッキョエ カダ
出勤する	출근하다	チュルグナダ
働く	일하다	イラダ
勉強する	공부하다	コンブハダ
昼食を食べる	점심을 먹다	チョムシムル モクタ
昼寝する	낮잠을 자다	ナッチャムル チャダ
休む / 遊ぶ	쉬다 / 놀다	シュイダ／ノルダ
会議をする	회의를 하다	フェイルル ハダ
仕事を終える	일을 마치다	イルル マッチダ
一杯飲む	한잔하다	ハンジャナダ
友だちに会う	친구를 만나다	チングルル マンナダ
帰宅する	귀가하다	クィガハダ
風呂に入る	목욕을 하다	モギョグル ハダ
シャワーを浴びる	샤워를 하다	シャウォルル ハダ
夕食を食べる	저녁을 먹다	チョニョグル モクタ
テレビを見る	텔레비전을 보다	テルレビジョヌル ポダ
寝る	자다	チャダ
眠る	잠들다	チャムドゥルダ
夢を見る	꿈을 꾸다	クムル クダ

4章・日常生活

生活
家事・育児

家事	가사・집안일	カサ・チバンニル
育児	육아	ユガ
料理する	요리하다	ヨリハダ
台所仕事	부엌일	プオンニル
皿洗いする	설거지를 하다	ソルコジルル ハダ
掃除する	청소하다	チョンソハダ
掃除機	청소기	チョンソギ
雑巾	걸레	コルレ
床を拭く	마루를 닦다	マルルル タクタ
洗濯物	빨랫감	パルレッカム
洗濯物がたまる	빨랫감이 밀리다	パルレッカミ ミルリダ
洗濯機	세탁기	セタッキ
洗濯機をまわす	세탁기를 돌리다	セタッキルル トルリダ
洗濯する	빨래하다	パルレハダ
洗濯物を干す	빨래를 널다	パルレルル ノルダ
洗濯物を取り込む	빨래를 걷다	パルレルル コッタ
洗濯物をたたむ	빨래를 개다	パルレルル ケダ

● [生活] 家事・育児 ●

アイロンをかける	다리미질을 하다	タリミジルル ハダ
針仕事をする	바느질하다	パヌジラダ
妊娠する	임신하다	イムシナダ
子どもを生む	아이를 낳다	アイルル ナッタ
名前をつける	이름을 짓다	イルムル チッタ
子どもを育てる	아이를 키우다	アイルル キウダ
赤ちゃん	갓난아기 / 아기	カンナナギ／アギ
お乳を飲ませる	젖을 먹이다	チョスル モギダ
双子	쌍둥이	サンドゥンイ
粉ミルク	분유	プニュ
離乳食	이유식	イユシク
哺乳びん	젖병	チョッピョン
おむつ	기저귀	キジョグィ
紙おむつ	종이기저귀	ジョンイギジョグィ
よだれかけ	턱받이	トクパジ
乳母車	유모차	ユモチャ
歩行器	보행기	ポヘンギ
抱っこする	안다	アンタ
おんぶする	업다	オプタ

4章　日常生活

生活
衣服

背広・スーツ	양복	ヤンボク
婦人服	숙녀복・여성복	スンニョボク・ヨソンボク
紳士服	신사복	シンサボク
カジュアル	캐주얼	ケジュオル
既製服	기성복	キソンボク
オーダーメイド	맞춤옷	マッチュモッ
制服	교복	キョボク
子ども服	아동복	アドンボク
作業着	작업복	チャゴブボク
喪服	상복	サンボク
寝間着	잠옷	チャモッ
スポーツウェアー	운동복	ウンドンボク
水着 / 水着(男性用)	수영복／수영팬티	スヨンボク／スヨンペンティ
マタニティドレス	임부복・임신복	イムブボク・イムシンボク
古着	헌옷	ホノッ
レインコート・雨がっぱ	비옷	ピオッ
上着	상의・윗옷	サンイ・ウィドッ

● [生活] 衣服 ●

ジャケット	재킷	ジェキッ
ジャンパー	점퍼	ジョムポ
コート	코트	コトゥ
ワイシャツ	와이셔츠	ワイショチュ
セーター	스웨터	スウェト
ズボン	바지	パジ
ジーンズ・ジーパン	청바지	チョンパジ
綿ズボン・綿パン	면바지	ミョンパジ
半ズボン	반바지	パンパジ
スカート	치마	チマ
袖なし / 長袖	민소매 / 긴소매	ミンソメ / キンソメ

コラム 韓国の民族衣装「韓服」

韓国では民族衣装のことを「韓服」(한복/ハンボク)といいます。女性のものは日本でもよく知られている「치마 저고리/チマ チョゴリ」で「チマ」はスカート、「チョゴリ」は上着を、男性用は「바지 저고리/パジ チョゴリ」で、「パジ」はズボンを意味します。

「韓服」は冠婚葬祭など特別な機会を除いて出番は少なくなっています。「チマ チョゴリ」は外出着やパーティー服などとしても着られますが、男性用はふだんはほとんど着る機会はありません。

生活
帽子・下着・履物

帽子	모자	モジャ
登山帽	등산모	トゥンサンモ
野球帽	야구 모자	ヤグ モジャ
麦わら帽子	밀짚모자	ミルチムモジャ
ベレー帽	베레모	ベレモ
サンバイザー	썬캡	ソンケプ
つば	차양	チャヤン
靴下	양말	ヤンマル
肌着	내의・내복	ネイ・ネボク
下着	속옷	ソゴッ
パンツ	팬티 (남)	ペンティ
ブリーフ	브리프・삼각팬티	ブリブ・サムガクペンティ
トランクス	트렁크・사각팬티	トゥロンク・サガクペンティ
ランニング	런닝셔츠	ロンニンショチュ
ブラジャー	브래지어	ブレジオ
ペチコート	속치마	ソクチマ
パンティ (女性用)	팬티	ペンティ

120

● [生活] 帽子・下着・履物 ●

スリップ	슬립	スルリプ
ショートパンツ	쇼트팬츠	ショトゥペンチュ
タンクトップ	탱크탑	テンクタプ
キャミソール	캐미솔	ケミソル
ストッキング	스타킹	スタッキン
タイツ	타이츠	タイチュ
ガードル	거들	ゴドゥル
靴	구두	クドゥ
運動靴	운동화	ウンドンファ
スニーカー	스니커	スニコ
サンダル	샌들	センドゥル
ブーツ	부츠	ブチュ
ハイヒール	하이힐	ハイヒル
スリッパ	슬리퍼	スルリッポ
室内履き	실내화	シルレファ
登山靴	등산화	トゥンサノア
靴を履く	구두를 신다	クドゥルル シンタ
靴を磨く	구두를 닦다	クドゥルル タクタ
伝線する	올이 나가다	オリ ナガダ

4章 日常生活

生活
かばん・小物

かばん	가방	カバン
手さげかばん	손가방	ソンカバン
ハンドバッグ	핸드백	ヘンドゥベク
ショルダーバッグ	숄더백	ショルドベク
ウェストポーチ	웨이스트 포치	ウェイストゥ ポチ
デイパック	백팩	ペクペク
アタッシュケース	공공칠가방	コンゴンチルカバン
トランク	트렁크	トゥロンク
財布 / 小銭入れ	지갑 / 동전지갑	チガプ／トンジョンジガプ
傘	우산	ウサン
手袋	장갑	チャンガプ
ハンカチ	손수건	ソンスゴン
スカーフ	스카프	スカプ
マフラー	머플러	モプルロ
ネクタイ	넥타이	ネクタイ
蝶ネクタイ	나비넥타이	ナビネクタイ
ベルト	벨트 / 혁대 / 허리띠	ベルトゥ／ヒョクテ／ホリティ

● [生活] かばん・小物 ●

サスペンダー	멜빵	メルパン
時計	시계	シゲ
腕時計	손목시계	ソンモクシゲ
卓上時計	탁상시계	タクサンシゲ
眼鏡 (屋)	안경 (집)	アンギョン (チプ)
サングラス	선글라스	ソングルラス
コンタクトレンズ	콘택트렌즈	コンテクトゥレンジュ
老眼鏡	돋보기안경	トッポギアンギョン
フレーム	안경테	アンギョンテ
眼鏡をかける (はずす)	안경을 쓰다 (벗다)	アンギョヌル スダ (ポッタ)
眼鏡を作る(拭く)	안경을 맞추다 (닦다)	アンギョヌル マッチュダ (タクタ)

関連単語

傘をさす	우산을 쓰다 ウ サヌル スダ
帽子をかぶる	모자를 쓰다 モジャルル スダ
コンタクトレンズ をはめる	콘택트렌즈를 끼다 コンテクトゥレンジュルル キダ
手袋をはめる	장갑을 끼다 チャンガブル キダ
ネクタイをしめる	넥타이를 매다 ネクタイルル メダ
時計を合わせる	시계를 맞추다 シゲルル マッチュダ
時計が進んでいる (遅れている)	시계가 빠르다 (느리다) シゲガ パルダ ヌリダ

4章 日常生活

生活
小物・アクセサリー

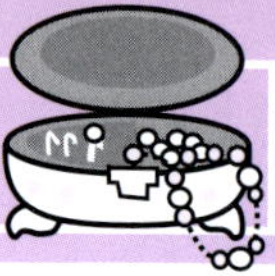

アクセサリー	액세서리	エクセソリ
指輪	반지	バンジ
ペアリング	커플링	コップルリン
ネックレス	목걸이	モッコリ
ピアス	피어싱	ピオシン
イヤリング	귀걸이	クィゴリ
ペンダント	팬던트	ペンドントゥ
ブレスレット	팔찌	パルチ
アンクレット	발찌	パルチ
ブローチ	브로치	ブロチ
ネクタイピン	넥타이핀	ネクタイピン
髪留め・ヘアピン	머리핀	モリピン
ヘアバンド	머리띠	モリティ
カフスボタン	커프스버튼	コプスボトゥン
万年筆	만년필	マンニョンピル
キーホルダー	키홀더	キホルド
携帯ストラップ	핸드폰줄	ヘンドゥポンチュル

● [生活] 小物・アクセサリー ●

ライター	라이터	ライト
爪切り	손톱깎이	ソントプカッキ
くし	빗	ピッ
香水	향수	ヒャンス
宝石	보석	ポソㇰ
宝石箱	보석함	ポソカム
螺鈿（らでん）の宝石箱	자개함	チャゲハム
金	금	クム
プラチナ	백금	ペックム
銀	은	ウン
銀の箸とスプーン	은수저	ウンスジョ
真珠	진주	チンジュ
翡翠（ひすい）	비취	ピチュィ
ダイヤモンド	다이아몬드	ダイアモンドゥ
紫水晶・アメジスト	자수정	チャスジョン
貴金属店・宝石店	금은방	クムンバン
指輪をはめる	반지를 끼다	パンジルル キダ
指輪をはずす	반지를 빼다	パンジルル ペダ
香水をつける	향수를 뿌리다	ヒャンスルル プリダ

4章 日常生活

生活
化粧・身だしなみ

化粧する	화장을 하다	ファジャンウル ハダ
化粧品	화장품	ファジャンプム
ローション	로션	ロション
モイスチャークリーム	모이스처 크림	モイスチョ クリム
日焼け止め	선크림	ソンクリム
クレンジンフォーム	클렌징 폼	クルレンジン ポム
ファンデーション	파운데이션	パウンデイション
アイライナー	아이라이너	アイライノ
アイシャドー	아이섀도	アイシェド
口紅	립스틱	リプスティク
パウダー	파우더	パウド
チーク	볼터치	ポルトチ
マニキュア	매니큐어	メニキュオ
除光液	리무버・제광액	リムボ・チェグァンエク
手鏡	손거울	ソンコウル
油とり紙	얼굴화장지	オルグルファジャンジ
化粧コットン	화장솜	ファジャンソム

● [生活] 化粧・身だしなみ ●

ウェットティッシュ	물티슈	ムルティシュ
せっけん	비누	ピヌ
手ぬぐい・タオル	수건	スゴン
歯ブラシ / 歯磨き	칫솔 / 치약	チッソル / チヤク
かみそり	면도기	ミョンドギ
シェーバー	전기면도기	チョンギミョンドギ
耳かき	귀이개	クィイゲ
眉毛カットはさみ	눈썹가위	ヌンソプ カウィ
鼻毛切りはさみ	콧털가위	コットルガウィ
毛抜き	족집게	チョクチプケ
爪切り / 爪やすり	손톱깎이 / 손톱줄	ソントプカッキ / ソントプチュル

関連単語

鏡を見る	거울을 보다 コウル ボダ
口紅を塗る	립스틱을 바르다 リプスティグル バルダ
眉をかく	눈썹을 그리다 ヌンソブル クリダ
化粧を直す	화장을 고치다 ファジャンウル コチダ
化粧を落とす	화장을 지우다 ファジャンウル チウダ
ひげを剃る	수염을 깎다 スヨムル カクタ
厚(薄)化粧	짙은(옅은) 화장 チットゥン ヨットゥン ファジャン

食

食事をする

食事	식사	シクサ
朝食	아침식사	アッチムシクサ
朝ごはん	아침밥	アッチムパプ
昼食	점심식사	チョムシムシクサ
昼ごはん	점심밥	チョムシムパプ
ランチ	런치	ロンチ
夕食	저녁식사	チョニョクシクサ
夕飯	저녁밥	チョニョクパプ
夜食	밤참 / 야식	パムチャム／ヤシク
おやつ	간식	カンシク
外食	외식	ウェシク
主食／副食	주식 / 부식	チュシク／プシク
総菜・おかず	반찬	パンチャン
おつまみ	안주	アンジュ
弁当	도시락	トシラク
食料品	식료품	シンニョプム
インスタント食品	인스턴트식품	インストントゥシクプム

● [食] 食事をする ●

冷凍食品	냉동식품	ネンドンシクプム
加工食品	가공식품	カゴンシクプム
辛党 / 酒飲み	주당 / 애주가	チュダン / エジュガ
少食	소식	ソシク
大食い / 食いしん坊	대식가 / 먹보	テシクカ / モクポ
テイクアウト	테이크아웃	テイクアウッ
出前	배달	ペダル
飲みすぎる	과음하다	クァウマダ
食べすぎる	과식하다	クァシカダ
おなかがすく	배가 고프다	ペガ コプダ
おなかがいっぱいだ	배가 부르다	ペガ プルダ

4章 日常生活

関連単語

かんで食べる	씹어 먹다 シボ モクタ
出前を取る	시켜 먹다 シッキョ モクタ
食欲	입맛・밥맛・식욕 イムマッ・パムマッ・シギョク
食欲がない	입맛이 없다 イムマシ オプタ
弁当を作る	도시락을 싸다 トシラグル サダ
ご飯をスープに入れて食べる	밥을 국에 말아먹다 パブル クゲ マラモクタ
野菜に包んで食べる	쌈을 싸 먹다 サムル サ モクタ

食
味を表現する

味	맛	マッ
おいしい / まずい	맛있다 / 맛없다	マシッタ / マドプタ
甘い	달다	タルダ
甘味	단맛	タンマッ
酸っぱい	시다	シダ
酸味	신맛	シンマッ
苦い	쓰다	スダ
苦味	쓴맛	スンマッ
辛い	맵다	メプタ
塩辛い	짜다	チャダ
渋い	떫다	トルダ
味が薄い	싱겁다	シンゴプタ
脂っこい	느끼하다	ヌッキハダ
あっさりしている	시원하다	シウォナダ
香ばしい・風味がよい	구수하다・고소하다	クスハダ・コソハダ
生臭い	비리다	ビリダ
淡白だ	담백하다	タムベッカダ

● [食] 味を表現する ●

まろやかだ	**순하다**	スナダ
マイルドだ	**부드럽다**	ブドゥロプタ
固い	**질기다**	チルギダ
ぱりぱりしている	**바삭바삭하다**	パサクパサッカダ
しこしこしている	**쫄깃쫄깃하다**	チョルギッチョルギッタダ
すえる・傷む	**쉬다**	シュイダ
味が濃い	**맛이 진하다**	マシ チナダ
味が落ちる・味が変わる	**맛이 가다**	マシ カダ
味見する	**맛을 보다**	マスル ポダ
味を出す	**맛을 내다**	マスル ネダ
味がつく	**맛이 들다**	マシ トゥルダ

関連単語

塩気がきいている	**짭잘하다** チャプチャラ ダ	
よだれが出る	**군침이 돌다** クン チ ミ トル ダ	
味付けをする、味を締める	**맛을 들이다** マ スル トゥ リ ダ	
口に合う	**입에 맞다** イ ベ マッタ	
こくが出る	**감칠맛이 나다** カムチル マ シ ナ ダ	
二人が食べていて一人が死んでも気づかないほどおいしい	**둘이 먹다가 하나가 죽어도 모르겠다** トゥリ モクタガ ハナガ チュゴ ド モ ル ゲッタ	

4章 日常生活

食
飲食店・食料品店

飲食店	음식점	ウムシクチョム
食堂	식당	シクタン
構内食堂 (社内・院内・学校内)	구내식당	クネシクタン
学生食堂	학생식당	ハクセンシクタン
教職員食堂	교직원식당	キョジグォンシクタン
レストラン	레스토랑	レストラン
ファミリーレストラン	패밀리레스토랑	ペミルリレストラン
バイキング	뷔페	ブィッペ
ファーストフード店	패스트푸드점	ペストゥプドゥジョム
冷めん屋	냉면집	ネンミョンチプ
焼き肉屋	불고기집	プルコギチプ
刺し身専門店	횟집	フェッチプ
うどん屋	칼국숫집	カルククスッチプ
餅屋	떡집	トクチプ
コーヒーショップ	커피숍	コピショプ
飲み屋	술집	スルチプ
屋台	포장마차	ポジャンマチャ

● [食] 飲食店・食料品店 ●

ビアパブ	호프집	ホプチプ
韓国料理店	한식집	ハンシクチプ
日本料理店	일식집	イルシクチプ
中華料理店	중국집	チュングクチプ
洋食店	양식집	ヤンシクチプ
ウェイター	웨이터	ウェイト
飲食店従業員	음식점 종업원	ウムシクチョム チョノボン
料理長	주방장	チュバンジャン
料理人	요리사	ヨリサ
八百屋	채소가게	チェソカゲ
魚屋	생선가게	センソンカゲ
米屋	쌀가게	サルカゲ
油の店 (ごま油など)	기름가게	キルムカゲ
果物屋	과일가게	ファイルカゲ
肉屋	정육점	チョンユクチョム
めん屋	국숫집	ククスッチプ
軽食屋	분식집	プンシクチプ
スーパーマーケット	수퍼마켓	スポマケッ
市場	시장	シジャン

料理名① (韓国料理ほか)

日本料理	일본요리	イルボンニョリ
韓国料理	한국요리	ハングンニョリ
中華料理	중국요리	チュングンニョリ
フランス料理	프랑스요리	プランスヨリ
イタリア料理	이탈리아요리	イタルリアヨリ
韓定食	한정식	ハンジョンシク
ビビンバ	비빔밥	ビビムパプ
ご飯	밥	パプ
麦飯	보리밥	ポリパプ
海苔巻き	김밥	キムパプ
丼物	덮밥	トプパプ
チャーハン	볶음밥	ポックムパプ
おこわ / 赤飯	찰밥 / 팥밥	チャルパプ／パッパプ
キムチ / ナムル	김치 / 나물	キムチ／ナムル
汁物	국	クク
わかめ汁	미역국	ミヨクク
みそ汁	된장국	トェンジャンクク

● [食] 料理名①（韓国料理ほか）●

おかゆ	죽	チュク
うどん	국수	ククス
手打ちうどん	칼국수	カルグクス
冷めん	냉면	ネンミョン
プルコギ	불고기	プルゴギ
豚のばら肉	삼겹살	サムギョプサル
焼き魚	생선구이	センソングイ
チャプチェ (韓国春雨炒め)	잡채	チャプチェ
キムチチゲ	김치찌개	キムチチゲ
参鶏湯	삼계탕	サムゲタン
チヂミ	부침개	ブッチムゲ

4章 日常生活

コラム 韓国料理のいろいろ

韓国料理は大きく分けて「국/クク」「탕/タン」という汁系料理類、「찌개/チゲ」「전골/チョンゴル」というなべ料理類、「찜/チム」という蒸し物類、「조림/チョリム」という煮物類、「구이/クィ」という焼き物類、「면/ミョン」「국수/ククス」という麺類、「전/チョン」という韓国風お好み焼き類、「밥/パプ」というご飯物類などがあります。

肉料理として「불고기/プルゴギ」以外に「삼겹살/サムギョプサル」という豚のバラ肉を使った焼き肉もよく食べられています。

食

料理名 ② (日本料理)

にぎりずし	**생선초밥**	センソンチョバプ
稲荷ずし	**유부초밥**	ユブチョバプ
刺し身	**회・생선회**	フェ・センソンフェ
焼き魚	**생선구이**	センソングイ
うなぎの焼き物	**장어구이**	チャンオグイ
魚の煮つけ	**생선조림**	センソンジョリム
天ぷら	**튀김**	ティギム
牛丼	**소고기덮밥**	ソゴギトプパプ
うな丼	**장어덮밥**	チャンオトプパプ
卵丼	**계란덮밥**	ケラントプパプ
天丼	**튀김덮밥**	ティギムトプパプ
刺し身丼	**회덮밥**	フェドプパプ
すきやき	**스키야키**	スキヤキ
しゃぶしゃぶ	**샤부샤부**	シャブシャブ
茶碗蒸し	**계란찜**	ケランチム
卵焼き	**계란말이**	ケランマリ
目玉焼き	**달걀 프라이**	タルギャル プライ

[食] 料理名② (日本料理)

ゆで卵	**삶은 계란**	サルムン ケラン
生卵	**날계란**	ナルゲラン
和え物	**무침**	ムチム
みそ汁	**된장국**	トェンジャンクク
おでん / かまぼこ	**오뎅 / 어묵**	オデン／オムク
とんかつ	**돈까스**	トンカス
串焼き	**꼬치구이**	コチグイ
おにぎり	**주먹밥**	ジュモクパプ
チャーハン	**볶음밥**	ポックムパプ
カレーライス	**카레라이스**	カレライス
鍋料理	**냄비요리**	ネンビヨリ
うどん	**우동**	ウドン
ラーメン	**라면**	ラミョン
ギョーザ	**만두**	マンドゥ
そば	**메밀국수**	メミルグクス
きつねうどん	**유부국수**	ユブグクス
漬け物	**야채 절임**	ヤチェ ジョリム
たくあん	**단무지**	タンムジ
梅干し	**매실장아찌**	メシルチャンアチ

料理名③(ファーストフード・屋台)

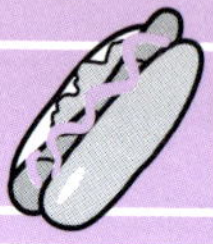

ファーストフード	**패스트푸드**	ペストゥプドゥ
ハンバーガー	**햄버거**	ヘムボゴ
ダブルバーガー	**더블 버거**	ドブル ボゴ
フライドポテト	**감자튀김**	カムジャティギム
フライドチキン	**프라이드 치킨**	プライドゥ チキン
ピザ	**피자**	ピジャ
ドーナツ	**도넛**	ドノッ
パン	**빵**	パン
サンドウィッチ	**샌드위치**	センドゥウィチ
トースト	**토스트**	トストゥ
ホットドッグ	**핫도그**	ハッドグ
パイ	**파이**	パイ
ケーキ	**케이크**	ケイク
グラタン	**그라탕**	グラタン
スパゲティ	**스파게티**	スパゲティ
ステーキ	**스테이크**	ステイク
ホットケーキ	**핫케이크**	ハッケイク

[食] 料理名③（ファーストフード・屋台）

シチュー	시튜	シテュ
サラダ	샐러드	セルロドゥ
ドレッシング	드레싱	ドゥレシン
あずき氷	팥빙수	パッピンス
アイスクリーム	아이스크림	アイスクリム
ポップコーン	팝콘	パプコン
焼き鳥	닭꼬치	タッコチ
豚の腸詰	순대	スンデ
すいとん	수제비	スチェビ
トッポギ（餅炒め）	떡볶이	トクポッキ
たこ焼き	문어빵	ムノパン

関連単語

マクドナルド	맥도널드	メクドナルドゥ
ロッテリア	롯데리아	ロッテリア
ピザハット	피자헛	ピジャホッ
バーガーキング	버거킹	ポゴキン
ダンキンドーナツ	던킨도너츠	ドンキンドノチュ
ウェンディーズ	웬디스	ウェンディス
スターバックス	스타벅스	スタボクス

4章 日常生活

食
飲み物・酒

飲み物	마실 것	マシルコッ
水 / お茶	물 / 차	ムル／チャ
お冷や・冷水	찬물・냉수	チャンムル・ネンス
湯	뜨거운 물	トゥゴウンムル
緑茶 / 紅茶	녹차 / 홍차	ノクチャ／ホンチャ
人参茶	인삼차	インサムチャ
烏龍茶	우롱차	ウロンチャ
麦茶	보리차	ポリチャ
とうもろこし茶	옥수수차	オクススチャ
コーヒー	커피	コピ
アイスコーヒー	아이스커피	アイスコピ
ブラックコーヒー	블랙커피	ブルレクコピ
カフェオレ	카페오레	カペオレ
インスタントコーヒー	인스턴트커피	インストントゥコピ
缶コーヒー	캔커피	ケンコピ
シロップ / 角砂糖	시럽 / 각설탕	シロプ／カクソルタン
クリーム	프림	プリム

● [食] 飲み物・酒 ●

ミネラルウォーター	생수	センス
ジュース	주스	ジュス
果物ジュース	과일주스	クァイルジュス
コーラ	콜라	コルラ
サイダー	사이다	サイダ
炭酸飲料	탄산음료	タンサンウムニョ
スポーツドリンク	스포츠음료	スポチュウムニョ
酒	술	スル
焼酎	소주	ソジュ
洋酒	양주	ヤンジュ
濁り酒・マッコリ	막걸리	マッコルリ
清酒・日本酒	청주	チョンジュ
ビール	맥주	メクチュ
生ビール	생맥주	センメクチュ
瓶ビール	병맥주	ピョンメクチュ
ワイン／葡萄酒	와인／포도주	ワイン／ポドジュ
赤（白）ワイン	적（백）포도주	チョク（ペク）ポドジュ
ウィスキー	위스키	ウィスキ
カクテル	칵테일	カクテイル

4章 日常生活

食
菓子

菓子	과자	クァジャ
洋菓子	양과자	ヤンクァジャ
韓国の伝統菓子	한과	ハングァ
ケーキ	케이크	ケイク
シュークリーム	슈크림	シュクリム
スポンジケーキ	스펀지케이크	スポンジケイク
カステラ	카스텔라	カステルラ
バウムクーヘン	바움쿠헨	バウムクヘン
ワッフル	와플	ワップル
パイ	파이	パイ
アップルパイ	애플파이	エップルパイ
ホットケーキ	핫케이크	ハッケイク
ゼリー	젤리	ジェルリ
プリン	푸딩	プディン
クッキー	쿠키	クキ
ビスケット	비스킷	ビスキッ
クラッカー	크래커	クレコ

● [食] 菓子 ●

ウェハース	웨하스・웨이퍼	ウェハス・ウェイポ
飴	사탕	サタン
チョコレート	초콜릿	チョコルリッ
キャラメル	캐러멜	ケロメル
ガム	껌	コム
スナック菓子	스낵과자	スネックァジャ
駄菓子	막과자	マックァジャ
えびせん	새우깡	セウカン
ポッキー	빼빼로	ペペロ
ポテトチップ	포테이토 칩	ポテイト チプ
ポップコーン	팝콘	パプコン
あられ	쌀과자	サルクァジャ
おこし	밥풀과자	パププルクァジャ
たい焼き	붕어빵	プンオパン
今川焼き	오방떡	オバントク
揚げ菓子(韓国の)	약과	ヤックァ
乾パン	건빵	コンパン
アイスキャンディー	아이스캔디	アイスケンディ
シャーベット	셔벗 / 샤베트	ショベッ／シャベットゥ

4章 日常生活

食 調理法

ご飯を炊く	밥을 짓다	パブル チッタ
蒸らす	뜸을 들이다	トゥムル トゥリダ
ご飯をよそう	밥을 푸다	パブル プダ
焼く	굽다	クプタ
炒める	볶다	ポクタ
揚げる	튀기다	トゥイギダ
湯がく	데치다	デチダ
ゆでる	삶다	サムタ
煮つける	조리다	ジョリダ
蒸す	찌다	チダ
スープを作る	국을 끓이다	クグル クリダ
煮込む	고다	コダ
和える	무치다	ムチダ
混ぜ合わせる	버무리다	ポムリダ
生地をこねる	반죽하다	パンチュッカダ
かきまぜる	젓다	チョッタ
こす	거르다	コルダ

● [食] 調理法 ●

混ぜる	섞다	ソクタ
裏返す	뒤집다	トゥィジプタ
温める	데우다	テウダ
冷ます	식히다	シキダ
おろす・すりおろす	갈다	カルダ
みじん切りにする	다지다	タジダ
細かく切る	잘게 썰다	チャルケ ソルダ
薄く切る	얇게 썰다	ヤルケ ソルダ
大きめに切る	큼직하게 썰다	クムチカゲ ソルダ
斜めに切る	어슷하게 썰다	オスタゲ ソルダ
さいの目切り	네모로 썰다	ネモロ ソルダ
輪切りにする	둥글게 썰다	トゥングルゲ ソルダ
千切りにする	채썰다	チェソルダ
皮をむく	껍질을 벗기다	コプチルル ポッキダ
野菜の下処理をする	야채를 다듬다	ヤチェルル タドゥムタ
野菜を洗う	야채를 씻다	ヤチェルル シッタ
塩漬けにする	소금에 절이다	ソグメ ジョリダ
調味料を入れる	조미료를 넣다	チョミリョルォル ノッタ
盛りつける	담다	タムタ

4章 日常生活

食
野菜

野菜	야채	ヤチェ
なす	가지	カジ
きゅうり	오이	オイ
白菜 / キャベツ	배추 / 양배추	ベチュ／ヤンベチュ
せり	미나리	ミナリ
ほうれん草	시금치	シグムチ
豆もやし	콩나물	コンナムル
ねぎ	파	パ
わけぎ	실파	シルパ
玉ねぎ	양파	ヤンパ
ピーマン	피망	ピマン
にら	부추	ブチュ
大根	무	ム
にんじん	당근	タングン
じゃがいも	감자	カムジャ
かぼちゃ	호박	ホバク
ズッキーニ	애호박	エホバク

● [食] 野菜 ●

きのこ	버섯	ポソッ
しいたけ	표고버섯	ピョゴポソッ
松茸	송이버섯	ソンイポソッ
チシャ	상추	サンチュ
レタス	양상추・레터스	ヤンサンチュ・レトス
春菊	쑥갓	スッカッ
ごまの葉	깻잎	ケンニプ
さつまいも	고구마	コグマ
里いも	토란	トラン
れんこん	연근・연뿌리	ヨングン・ヨンプリ
ブロッコリー	브로컬리	ブロコルリ

関連単語

山菜	산나물 サン ナムル
わらび	고사리 コ サ リ
ぜんまい	고비 コ ビ
たらの芽	두릅 トゥルプ
桔梗の根	도라지 ト ラ ジ
よもぎ	쑥 スク
なずな	냉이 ネン イ

4章 日常生活

食 / 肉類

肉 / 肉類	**고기 / 육류**	コギ／ユンニュ
牛肉	**쇠고기・소고기**	スェコギ・ソコギ
豚肉	**돼지고기**	トェジコギ
羊肉	**양고기**	ヤンコギ
鶏肉	**닭고기**	タッコギ
馬肉	**말고기**	マルコギ
犬肉	**개고기**	ケコギ
生肉	**생고기**	センコギ
カルビ／味つけカルビ	**갈비 / 양념갈비**	カルビ／ヤンニョムカルビ
ばら肉	**삼겹살**	サムギョプサル
挽き肉	**다진고기**	タジンゴギ
ひれ肉	**등심**	トゥンシム
ロース	**안심**	アンシム
ハラミ	**안창살**	アンチャンサル
レバー	**간**	カン
牛の小腸・ホルモン	**곱창**	コプチャン
せんまい	**처녑・천엽**	チョニョプ・チョニョプ

● [食] 肉類 ●

テール	꼬리	コリ
肉の刺し身	육회	ユッケ
干し肉・ビーフジャーキー	육포	ユヶポ
豚の頭	돼지머리	トェジモリ
豚足	족발	チョヶパル
ベーコン	베이컨	ベイコン
ソーセージ	소시지	ソシジ
ハム	햄	ヘム
七面鳥	칠면조	チルミョンジョ
鴨肉	오리고기	オリコギ
地鶏	토종닭	トジョンタヶ
若鶏	영계	ヨンゲ
烏骨鶏（うこっけい）	오골계	オゴルゲ
砂肝	닭똥집	タヶトンチプ
手羽先	닭날개	タンナルゲ
鶏もも肉	닭다리	タヶタリ
ささみ	닭안심	タヶアンシム
鶏胸肉	닭가슴살	タッカスムサル
軟骨	오돌뼈・연골	オドルピョ・ヨンゴル

食

魚介類①

(食べ物としての)魚	생선	センソン
さば	고등어	コドゥンオ
たら	대구	テグ
鮭	연어	ヨノ
すずき	농어	ノンオ
うなぎ	뱀장어	ペムジャンオ
いか	오징어	オジンオ
水だこ	문어	ムノ
平目	광어・넙치	クァンオ・ノプチ
鮎	은어	ウノ
ます	송어	ソンオ
わかさぎ	빙어	ピンオ
しらうお	뱅어	ペンオ
やまめ	산천어	サンチョノ
さんま	꽁치	コンチ
まぐろ	참치・다랑어	チャムチ・タランオ
さわら	삼치	サムチ

150

● [食] 魚介類① ●

たい	도미	トミ
やりいか	한치	ハンチ
いしもち	조기	チョギ
いわし	정어리	チョンオリ
かれい	가자미	カジャミ
かつお	가다랭이	カダレンイ
あんこう	아귀	アグィ
すけとうだら	명태	ミョンテ
なまず	메기	メギ
どじょう	미꾸라지	ミクラジ
いわな	곤들매기	コンドゥルメギ

4章 日常生活

コラム 韓国で人気の魚

韓国でよく食べられている魚に「いしもち」(チョギ)と「すけとうだら」(ミョンテ)があります。いしもちは干したものを「굴비/クルビ」といい、祭事の供え物としても贈り物としても人気があります。すけとうだらは冬のチゲの材料として人気があり、干した「북어/プゴ」は祭事の際の供え物として欠かせません。魚の食べ方は家庭ではふつう焼き魚や刺し身よりは煮魚で食べるのが一般的です。

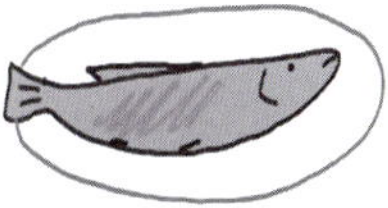

食
魚介類②

海産物	해산물	ヘサンムル
魚介類	어패류	オペリュ
かに	게	ケ
わたりがに	꽃게	コッケ
毛がに	털게	トルケ
えび	새우	セウ
車えび	보리새우	ポリセウ
桜えび	분홍새우	プノンセウ
むきえび	깐새우	カンセウ
大正えび	대하	テハ
ロブスター	바닷가재	パダッカジェ
貝	조개	チョゲ
あわび	전복	チョンボク
ムール貝	홍합	ホンハプ
はまぐり	대합	テハプ
さざえ	소라	ソラ
あげまきがい	가리비	カリビ

● [食] 魚介類② ●

あさり	바지락	バジラク
しじみ	가무락조개 / 재첩	カムラクチョゲ／チェチョプ
赤貝	피조개	ピチョゲ
ほっき貝	개조개	ケチョゲ
鳥貝	새조개	セチョゲ
たにし	우렁이	ウロンイ
なまこ	해삼	ヘサム
ほや	멍게	モンゲ
うに	성게	ソンゲ
くらげ	해파리	ヘパリ
すっぽん	자라	チャラ
明太子	명란	ミョンナン
海苔	김	キム
わかめ	미역	ミヨク
昆布	다시마	タシマ
青海苔	파래	パレ
ひじき	톳	トッ
干物	건어물	コノムル
海草	해초	ヘチョ

食 — 豆・卵・乳製品

豆	콩	コン
小豆	팥	パッ
緑豆	녹두	ノクトゥ
いんげん豆	강낭콩	カンナンコン
ピーナッツ	땅콩	タンコン
えんどう豆	완두콩	ワンドゥコン
グリーンピース	그린피스	グリンピス
豆腐	두부	ドゥブ
豆乳	두유	トゥユ
きなこ	콩가루	コンガル
納豆	생청국장 / 낫토	センチョングクチャン／ナット
油揚げ	유부	ユブ
卵	계란 / 달걀	ケラン／タルギャル
生卵	날달걀	ナルタルギャル
ゆで卵	삶은 계란	サルムンゲラン
半熟卵	계란 반숙	ケラン パンスク
目玉焼き	달걀프라이	タルギャルプライ

● [食] 豆・卵・乳製品 ●

うずらの卵	**메추리알**	メチュリアル
牛乳	**우유**	ウユ
練乳	**연유**	ヨニュ
ヨーグルト	**요구르트**	ヨグルトゥ
チーズ	**치즈**	チジュ
バター	**버터**	ボト
ピーナッツバター	**땅콩버터**	タンコンボト
マヨネーズ	**마요네즈**	マヨネジュ
マーガリン	**마가린**	マガリン
粉ミルク	**분유**	ブニュ
生クリーム	**생크림**	センクリム

4章 日常生活

コラム 韓国にも納豆がある？

納豆は日本的な食べ物の代表格ですが、韓国でも「청국장/チョングクチャン」といって昔から食べられています。食べ方は納豆をチゲのような鍋物に入れて料理する「청국장찌개/チョングクチャンチゲ」が一般的ですが、最近は健康食品ブームの影響もあって日本のような食べ方が広まりつつあります。

大手のスーパーマーケットで納豆は「생청국장/センチョングクチャン」、または日本語そのままの「낫토/ナット」という名前で売られています。

155

食
果物

果物	과일	クァイル
りんご	사과	サグァ
梨	배	ペ
いちご	딸기	タルギ
野いちご	산딸기	サンタルギ
ブルーベリー	블루베리	ブルベリ
桃	복숭아	ポクスンア
ぶどう	포도	ポド
あんず	살구	サルグ
さくらんぼ	앵두	エンドゥ
すもも	자두	チャドゥ
なつめ	대추	テチュ
まくわうり	참외	チャメ
すいか	수박	スバク
メロン	멜론	メルロン
柿	감	カム
甘柿	단감	タンガム

● [食] 果物 ●

干し柿	곶감	コッカム
いちじく	무화과	ムファグァ
かりん	모과	モグァ
ゆず	유자	ユジャ
梅	매실	メシル
みかん	귤	キュル
オレンジ	오렌지	オレンジ
レモン	레몬	レモン
マンゴー	망고	マンゴ
キウィ	키위	キウィ
バナナ	바나나	バナナ
ざくろ	석류	ソンニュ
グレープフルーツ	그레이프프루트 / 자몽	グレイププルトゥ／ジャモン
ココナッツ	코코넛	ココノッ
パイナップル	파인애플	パイネプル
栗	밤	バム
ぎんなん	은행	ウネン
くるみ	호두	ホドゥ
松の実	잣	ジャッ

4章 日常生活

食
調味料

調味料	조미료	チョミリョ
しょうゆ	간장	カンジャン
みそ	된장	トェンジャン
コチュジャン(唐辛子みそ)	고추장	コチュジャン
塩	소금	ソグム
味塩 / ごま塩	맛소금 / 깨소금	マッソグム / ケソグム
砂糖	설탕	ソルタン
黒砂糖	흑설탕	フクソルタン
酢	식초	シクチョ
にんにく	마늘	マヌル
こしょう	후추	フチュ
唐辛子（粉）	고춧 (가루)	コチュ (カル)
しょうが	생강	センガン
ごま	참깨	チャムケ
えごま	들깨	トゥルケ
ごま油	참기름	チャムギルム
えごま油	들기름	トゥルキルム

● [食] 調味料 ●

食用油	식용유	シギョンニュ
大豆油	콩기름	コンギルム
わさび	고추냉이・와사비	コチュネンイ・ワサビ
からし	겨자	ギョジャ
マスタード	머스터드	モストドゥ
ソース	소스	ソス
マヨネーズ	마요네즈	マヨネジュ
ケチャップ	케찹	ケチャプ
ドレッシング	드레싱	ドゥレシン
酢コチュジャン	초고추장	チョゴチュジャン
煮干し	멸치	ミョルチ

4章 日常生活

関連単語

ラー油	라유・고추기름 ラユ コチュギルム
煮干しだしの素	멸치가루 ミョルチ カル
昆布だしの素	다시마가루 タシマ カル
すりエゴマ	들깨가루 トゥルケ カル
かつおぶし	가다랭이포 カダレンイポ
味つけをする	양념을 하다 ヤンニョムル ハダ
化学(天然)調味料	화학 (천연) 조미료 ファハク (チョニョン) チョミリョ

食器・調理器具 (食)

食器	식기	シッキ
器	그릇	クルッ
ご飯茶碗	밥그릇	パプクルッ
汁碗	국그릇	ククックルッ
丼	사발	サバル
皿	접시	チョプシ
小鉢	보시기	ポシギ
コップ	컵	コプ
ティーカップ	찻잔	チャッチャン
コーヒーカップ	커피잔	コピチャン
グラス	유리잔	ユリジャン
ガラスのコップ	유리컵	ユリコプ
ジョッキ	맥주컵	メクチュコプ
さかずき	술잔	スルチャン
土鍋	뚝배기	トゥクペギ
鍋	냄비	ネムビ
やかん	주전자	チュジョンジャ

● [食] 食器・調理器具 ●

お盆	**쟁반**	チェンバン
スプーン	**숟가락**	スッカラク
箸	**젓가락**	チョッカラク
おひつ	**밥통**	パプトン
電気炊飯器	**전기밥솥**	チョンギパプソッ
電子レンジ	**전자레인지**	チョンジャレインジ
フライパン	**프라이팬**	プライペン
蒸し器	**찜통**	チムトン
へら	**주걱**	チュゴク
まな板	**도마**	トマ
お玉	**국자**	ククチャ
焼き網	**석쇠**	ソクスェ
フライ返し	**뒤집개**	トィジプケ
ざる	**소쿠리**	ソクリ
魔法瓶	**보온병**	ポオンビョン
包丁	**식칼**	シッカル
果物ナイフ	**과일칼**	クァイルカル
おろし金	**강판**	カンパン
調理器具	**조리기구**	チョリキグ

4章 日常生活

住 — 家

家	**집**	チプ
住宅	**주택**	ジュテク
一軒家	**단독주택**	タンドクジュテク
平屋建て	**단층집**	タンチュンチプ
二(三)階建て	**이 (삼) 층집**	イ (サム) チュンチプ
韓国伝統家屋	**한옥**	ハノク
洋式の家屋	**양옥**	ヤンオク
マンション	**아파트**	アパトゥ
低層マンション	**연립주택**	ヨルリプジュテク
木造住宅	**목조주택**	モクチョジュテク
田園住宅／別荘	**전원주택 / 별장**	チョヌォンジュテク／ビョルチャン
寮／社宅	**기숙사 / 사택**	キスクサ／サテク
別荘	**별장**	ビョルチャン
ビル	**빌딩**	ビルディン
ワンルーム	**원룸**	ウォンルム
(事務所兼住居仕様の)ワンルームマンション	**오피스텔**	オピステル
賃貸住宅	**임대주택**	イムデジュテク

● [住] 家 ●

店舗(事務室)兼住宅	병용주택	ピョンヨンジュテク
下宿屋	하숙집	ハスクチプ
借家	셋집	セッチプ
家賃 / 月の家賃	집세 / 월세	チプセ／ウォルセ
大家 / 地主	셋집주인 / 땅주인	セッチプチュイン／タンジュイン
保証金	보증금	ポジュングム
管理費	관리비	クァルリビ
引っ越す	이사하다	イサハダ
不動産屋	복덕방 / 부동산	ポクトクパン／プドンサン

コラム 韓国の住宅事情

韓国の住宅には日本のようなアパートとマンションの区別はなく、5階以上の集合住宅はすべて「アパート」といい、3～4階建てぐらいの集合住宅は「連立住宅」(연립주택 /ヨンリプチュテク)、または「多世帯住宅」(다세대주택 /タセデジュテク) といいます。

賃貸住宅の場合、家賃の払い方の一つに「전세 /チョンセ」という独特のやり方があります。「チョンセ」とは契約入居時に一定のまとまった敷金を払うことで毎月の家賃は払わず、退去時には敷金を返してもらえるもので、大家さんは預かった敷金を運用してその利息を得るシステムです。

住 — 家の各部と部屋

門	대문	デムン
表札	문패	ムンペ
郵便受け	우편함	ウピョナム
玄関	현관	ヒョングァン
廊下	복도	ポクト
階段	계단	ケダン
窓	창문	チャンムン
ドア	방문	バンムン
ドアノブ	문손잡이	ムンソンジャビ
床	마루	マル
床暖房	온돌	オンドル
壁	벽	ビョク
天井	천장	チョンジャン
屋根	지붕	チブン
屋上	옥상	オクサン
庭	마당 / 뜰	マダン／トゥル
ガレージ	차고	チャゴ

● [住] 家の各部と部屋 ●

部屋	방	パン
アンパン(居間)	안방	アンパン
居間	거실	コシル
寝室	침실	チムシル
応接間	응접실	ウンジョプシル
書斎	서재	ソジェ
子ども部屋	어린이방	オリニパン
勉強部屋	공부방	コンブパン
屋根裏部屋・ロフト	다락방	タラクパン
オンドル部屋	온돌방	オンドルパン
板の間	마루방	マルパン
角部屋	구석방	クソクパン
台所	주방 / 부엌	チュバン／プオク
風呂場	욕실	ヨクシル
トイレ	화장실	ファジャンシル
地下室	지하실	チハシル
洗面所	세면장	セミョンジャン
物置	헛간	ホッカン
はめ込みの戸棚	벽장	ピョクチャン

4章 日常生活

住 — 家具・寝具

家具	**가구**	カグ
机	**책상**	チェクサン
食卓	**식탁**	シクタク
テーブル	**탁자**	タクチャ
ソファー	**소파**	ソパ
いす	**의자**	ウィジャ
たんす	**장롱**	チャンノン
洋服だんす	**옷장**	オッチャン
ハンガー	**옷걸이**	オッコリ
本棚	**책장**	チェクチャン
ドレッサー	**화장대**	ファジャンデ
鏡台 / 鏡	**경대 / 거울**	キョンデ／コウル
引き出し	**서랍**	ソラプ
食器棚	**식기장**	シッキジャン
下駄箱	**신발장**	シンバルチャン
棚	**선반**	ソンバン
ベッド	**침대**	チムデ

● [住] 家具・寝具 ●

ダブルベッド	더블침대	ドブルチムデ
二段ベッド	이층침대	イチュンチムデ
ベビーベッド	아기침대	アギチムデ
枕 / 枕カバー	베개 / 베갯잇	ペゲ／ペゲンニッ
掛け布団	이불	イブル
毛布	담요	タムニョ
敷布団	요	ヨ
ベッドシーツ	침대시트	チムデシトゥ
ベッドカバー	침대커버	チムデコボ
寝間着	잠옷	チャモッ
パジャマ	파자마	パジャマ

関連単語

寝間着に着替える	잠옷으로 갈아입다 チャモスロ カライプタ
ベッドに横たわる	침대에 눕다 チムデエ ヌプタ
敷布団を敷く	요를 깔다 ヨルル カルダ
布団を広げる	이불을 펴다 イブルル ピョダ
布団をかぶって寝る	이불을 덮고 자다 イブルル トプコ チャダ
布団をたたむ	이불을 개다 イブルル ケダ
枕をする	베개를 베다 ペゲルル ペダ

4章 日常生活

住 インテリア・小物

植木鉢	화분	ファブン
花びん	꽃병	コッピョン
壁掛け時計	벽시계	ピョクシゲ
卓上時計	탁상시계	タクサンシゲ
目覚まし時計	자명종	チャミョンジョン
カレンダー	달력	タルリョク
額縁	액자	エクチャ
カーテン	커튼	コトゥン
ブラインド	블라인드	ブルラインドゥ
クッション	쿠션	クション
座布団	방석	パンソク
敷物	깔개	カルゲ
じゅうたん／カーペット	양탄자／카펫	ヤンタンジャ／カペッ
ござ	돗자리	トッチャリ
掛け軸	족자	チョクチャ
びょうぶ	병풍	ピョンプン
お面	탈	タル

● [住] インテリア・小物 ●

人形	인형	イニョン
壁紙	벽지	ピョクチ
タペストリー	태피스트리	テピストゥリ
飾り皿	장식접시	チャンシクチョプシ
壁掛け	벽걸이	ピョッコリ
オルゴール	오르골	オルゴル
電灯	전등	チョンドゥン
電球	전구	チョング
電灯の笠	전등갓	チョンドゥンガッ
ろうそく立て・燭台	촛대	チョッテ
ごみ箱	휴지통	ヒュジトン
灰皿	재떨이	チェットリ
錠	자물쇠	チャムルスェ
鍵	열쇠	ヨルスェ
障子紙	창호지	チャンホジ
陶磁器	도자기	トジャギ
工芸品	공예품	コンエプム
竹細工	죽공예	チュクコンエ
骨董品	골동품	コルトンプム

4章 日常生活

住 電化製品

家電製品	**가전제품**	カジョンチェプム
テレビ	**텔레비전**	テルレビジョン
冷蔵庫	**냉장고**	ネンジャンゴ
電話機	**전화기**	チョヌァギ
携帯電話	**휴대전화・핸드폰**	ヒュデチョノア・ヘンドゥポン
ファックス	**팩시밀리**	ペクシミルリ
扇風機	**선풍기**	ソンプンギ
エアコン	**에어컨**	エオコン
コンピューター	**컴퓨터**	コムピュト
ビデオ	**비디오**	ビディオ
ラジオ	**라디오**	ラディオ
カメラ	**카메라**	カメラ
ビデオカメラ	**비디오카메라**	ビディオカメラ
インスタントカメラ	**즉석카메라**	チュクソクカメラ
電気炊飯器	**전기밥솥**	チョンギパプソッ
オーブン	**오븐**	オブン
トースター	**토스터**	トスト

● [住] 電化製品 ●

電子レンジ	**전자레인지**	チョンジャレインジ
ガスレンジ	**가스레인지**	ガスレインジ
食器洗い機	**식기세척기**	シッキセチョッキ
アイロン	**다리미**	タリミ
空気清浄機	**공기청정기**	コンギチョンジョンギ
加湿器	**가습기**	カスプキ
除湿機	**제습기**	チェスプキ
乾燥機	**건조기**	コンジョギ
浄水器	**정수기**	チョンスギ
電気カミソリ・シェーバー	**전기면도기**	チョンギミョンドギ
電気スタンド	**전기스탠드**	チョンギステンドゥ

関連単語

ラジカセ	**카세트라디오** カセットゥラディオ
CDプレイヤー	**CD 플레이어** シディプルレイオ
イヤホン	**이어폰** イオポン
コンセント	**콘센트** コンセントゥ
プラグ	**플러그** プルログ
充電器	**충전기** チュンジョンギ
電圧	**전압** チョナプ

4章 日常生活

住
掃除

掃除機	청소기	チョンソギ
ほうき	비・빗자루	ピ・ピッチャル
ちり取り	쓰레받기	スレバッキ
雑巾	걸레	コルレ
ぬれ雑巾	물걸레	ムルコルレ
雑巾がけ	걸레질	コルレジル
からぶき	마른걸레질	マルンコルレジル
ふきん	행주	ヘンジュ
バケツ	양동이	ヤンドンイ
ブラシ	솔・브러시	ソル・ブロシ
モップ	대걸레・마포걸레	テコルレ・マポコルレ
はたき	먼지떨이・총채	モンジトリ・チョンチェ
ごみ	쓰레기	スレギ
生ごみ	음식물 쓰레기	ウムシンムル スレギ
可燃ごみ	타는 쓰레기	タヌン スレギ
不燃ごみ	안 타는 쓰레기	アン タヌン スレギ
リサイクル	재활용	チェファリョン

● [住] 掃除 ●

粗大ごみ	대형폐기물	テヒョンペギムル
ごみ袋	쓰레기봉투	スレギボントゥ
従量制袋 (ごみ量による課金用)	종량제봉투	チョンニャンジェボントゥ
ごみ箱	쓰레기통	スレギトン
ごみ分別収集	쓰레기 분리수거	スレギ ブルリスゴ
掃除する	청소하다	チョンソハダ
トイレ掃除	화장실 청소	ファジャンシル チョンソ
風呂掃除	욕실 청소	ヨクシル チョンソ
窓ふき	유리창 청소	ユリチャン チョンソ
掃く	쓸다	スルダ
磨く・拭く	닦다	タクタ
水気をふく	물기를 닦다	ムルキルル タクタ
ほこりをはらう	먼지를 털다	モンジルル トルダ
散らかす	어질러 놓다	オジルロ ノッタ
片づける	정리하다	チョンニハダ
油汚れ	기름때	キルムテ
雑巾を洗う	걸레를 빨다	コルレルル パルダ
ごみを捨てる	쓰레기를 버리다	スレギルル ポリダ
大掃除	대청소	テチョンソ

4章 日常生活

住 — 洗濯・浴室

洗濯機	세탁기	セタッキ
物干し台	건조대	コンジョデ
洗濯ひも	빨래줄	パルレチュル
洗濯ばさみ	빨래집게	パルレチプケ
洗濯物	세탁물・빨래	セタンムル・パルレ
洗剤	세제	セジェ
粉末せっけん	가루비누	カルビヌ
洗濯せっけん	빨래비누	パルレビヌ
漂白剤	표백제	ピョベクチェ
柔軟剤	섬유유연제	ソミュユヨンジェ
アイロン	다리미	タリミ
霧吹き	분무기	ブンムギ
のり	풀	プル
洗濯する	세탁하다	セタッカダ
絞る	짜다	チャダ
洗濯物を干す	빨래를 널다(말리다)	パルレルル ノルダ（マルリダ）
洗濯物を取り込む	빨래를 걷다	パルレルル コッタ

● [住] 洗濯・浴室 ●

たたむ	개다	ケダ
アイロンをかける	다리미질을 하다	タリミチルル ハダ
風呂場/湯船	욕실 / 욕조	ヨクシル／ヨクチョ
蛇口	샤워꼭지	シャウォコクチ
水道水	수돗물	スドンムル
冷水/湯	찬물 / 더운 물	チャンムル／トウン ムル
洗面器	세면기	セミョンギ
洗顔せっけん	세숫비누	セスッピヌ
手ぬぐい	수건	スゴン
あかすりタオル	때수건	テスゴン
ヘアドライヤー	헤어드라이기	ヘオドゥライギ

関連単語

シャンプー／リンス	삼푸 / 린스 シャンプ／リンス
ボディーローション	보디로션 ボディロション
銭湯	공중목욕탕 コンジュンモギョクタン
岩盤温熱式の低温サウナ	찜질방 チムジルバン
ドーム型の遠赤外線高温サウナ	한증막 ハンジュンマク
風呂に入る	목욕을 하다 モギョグル ハダ
あかをする	때를 밀다 テルル ミルダ

4章 日常生活

学ぶ
学校①

学校	학교	ハッキョ
幼稚園	유치원	ユチウォン
託児所	탁아소	タガソ
保育園	보육원	ポユグォン
小学校	초등학교	チョドゥンハッキョ
中学校	중학교	チュンハッキョ
高等学校	고등학교	コドゥンハッキョ
専門大学(短期大学)	전문대학	チョンムンデハク
大学	대학교	テハッキョ
大学院	대학원	テハグォン
学年	학년	ハンニョン
学期	학기	ハッキ
1学期	1학기	イラッキ
2学期	2학기	イハッキ
教室	교실	キョシル
教卓	교탁	キョタク
教壇	교단	キョダン

● [学ぶ] 学校① ●

講堂	강당	カンダン
体育館	체육관	チェユックァン
図書館	도서관	トソグァン
寮	기숙사	キスクサ
運動場	운동장	ウンドンジャン
食堂	식당	シクタン
職員室	교무실	キョムシル
講師室 / 教授室	강사실 / 교수실	カンサシル/キョスシル
研究室	연구실	ヨングシル
保健室	양호실	ヤンホシル
音楽室	음악실	ウマクシル
時間割	시간표	シガンピョ
授業	수업	スオプ
講義	강의	カンイ
出席 / 欠席	출석 / 결석	チュルソク/キョルソク
遅刻 / 早退	지각 / 조퇴	チガク/チョトェ
休み時間	쉬는 시간	シュイヌン シガン
開校記念日	개교 기념일	ケギョ キニョミル
創立記念日	창립 기념일	チャンニプ キニョミル

4章 日常生活

学ぶ
学校②

カリキュラム	커리큘럼	コリキュルロム
制服	교복	キョボク
学生かばん	책가방	チェッカバン
リュック	백팩 / 배낭	ペクペク / ペナン
弁当	도시락	トシラク
学生証	학생증	ハクセンチュン
教材	교재	キョジェ
教科書	교과서	キョグァソ
宿題	숙제	スクチェ
レポート	리포트	リポトゥ
予習 / 復習	예습 / 복습	イェスプ / ポクスプ
自習	자습	ジャスプ
試験	시험	シホム
問題集 / 参考書	문제집 / 참고서	ムンジェチプ / チャムゴソ
辞書	사전	サジョン
電子辞書	전자사전	チョンジャサジョン
百科事典	백과사전	ペックァサジョン

● [学ぶ] 学校②

入学する	입학하다	イパカダ
卒業する	졸업하다	チョロパダ
停学	정학	チョンハク
中退	중퇴	チュントェ
退学	퇴학	トェハク
勉強する	공부하다	コンブハダ
学ぶ	배우다	ペウダ
教える	가르치다	カルチダ
講義する	강의하다	カンイハダ
授業が始まる	수업이 시작되다	スオビ シジャクトェダ
授業を終える	수업을 마치다	スオブル マチダ

関連単語

登校 / 下校	등교 / 하교	トゥンギョ / ハギョ
休講になる	휴강하다	ヒュガンハダ
放課後	방과후	パングァフ
休みに入る	방학하다	パンハカダ
学校が始まる (始業)	개학하다	ケハカダ
(授業や仕事を) さぼる	땡땡이치다	テンテンイチダ
欠席届を出す	결석계를 내다	キョルソクケルル ネダ

4章 日常生活

学ぶ
教科

国語	국어	クゴ
算数	산수	サンス
英語	영어	ヨンオ
数学	수학	スハク
物理	물리	ムルリ
生物	생물	センムル
化学	화학	ファハク
科学	과학	クァハク
社会	사회	サフェ
政治社会	정치사회	チョンチ サフェ
歴史	역사	ヨクサ
国史	국사	ククサ
韓国史	한국사	ハングクサ
世界史	세계사	セゲサ
音楽	음악	ウマク
体育	체육	チェユク
美術	미술	ミスル

● [学ぶ] 教科 ●

道徳	**도덕**	トドク
家庭	**가정**	カジョン
技術	**기술**	キスル
情報処理	**정보처리**	チョンボチョリ
外国語	**외국어**	ウェグゴ
文系	**문과**	ムンクァ
理系	**이과**	イクァ
学科	**학과**	ハククァ
専攻	**전공**	チョンゴン
副専攻	**부전공**	ブジョンゴン
専攻科目	**전공과목**	チョンゴングァモク
必修科目	**필수과목**	ピルスグァモク
選択科目	**선택과목**	ソンテクァモク
履修届	**수강신청**	スガンシンチョン
再履修	**재수강**	チェスガン
転科	**전과**	チョンクァ
教養課程	**교양과정**	キョヤングァジョン
単位	**학점**	ハクチョム
卒業論文	**졸업논문**	チョロムノンムン

学ぶ
学部・専攻

大学 / 学部	**대학 / 학부**	テハク／ハクブ
文学部	**문과대학**	ムンクァデハク
教育学部	**사범대학 / 교육대학**	サボムデハク／キョユクテハク
外国語学部	**외국어대학**	ウェグゴデハク
商学部	**상과대학**	サンクァデハク
法学部	**법과대학**	ポプクァデハク
医学部	**의과대학**	ウィクァデハク
漢方医科大学	**한의과대학**	ハニクァデハク
歯学部	**치과대학**	チクァデハク
看護学部	**간호대학**	カノデハク
薬学部	**약학대학**	ヤッカクテハク
理学部	**이과대학**	イクァデハク
農学部	**농과대학**	ノンクァデハク
工学部	**공과대학**	コンクァデハク
体育学部	**체육대학**	チェユクテハク
美術学部	**미술대학**	ミスルデハク
音楽学部	**음악대학**	ウマクテハク

● [学ぶ] 学部・専攻 ●

文学	**문학**	ムナク
言語学	**언어학**	オノハク
教育学	**교육학**	キョユッカク
哲学	**철학**	チョラク
経済学	**경제학**	キョンジェハク
社会学	**사회학**	サフェハク
心理学	**심리학**	シムニハク
歴史学 / 考古学	**역사학 / 고고학**	ヨクサハク／コゴハク
建築学	**건축학**	コンチュッカク
物理学	**물리학**	ムルリハク
基礎医学	**기초의학**	キチョイハク

コラム 韓国の学制

　韓国の学制も日本と同じく小学校、中学校、高校、大学の6-3-3-4制が基幹学制になっています。大学は教育の目的や授業年数によって大学、教育大学、専門大学、産業大学に分けられています。教育大学は小学校の教員を養成する大学で、専門大学は日本の短期大学に該当します。産業大学は授業や在学年限を制限しない単位制大学です。総合大学は「大学校」(대학교 /テハッキョ) といい、総合大学に属した「○○学部」は、韓国では「○○大学」というので注意が必要です。

学ぶ
学生・教員

学生	**학생**	ハクセン
男子学生	**남학생**	ナマクセン
女子学生	**여학생**	ヨハクセン
幼稚園児	**유치원생**	ユチウォンセン
小学生	**초등학생**	チョドゥンハクセン
中学生	**중학생**	チュンハクセン
高校生	**고등학생**	コドゥンハクセン
大学生	**대학생**	テハクセン
学部生	**학부생**	ハクプセン
大学院生	**대학원생**	テハグォンセン
新入生	**신입생**	シニプセン
編入生	**편입생**	ピョニプセン
復学生	**복학생**	ポッカクセン
留学生	**유학생**	ユハクセン
卒業生	**졸업생**	チョロプセン
同窓生	**동창생**	ドンチャンセン
クラスメート・同級生	**급우**	クブ

● [学ぶ] 学生・教員 ●

先輩 / 後輩	선배／후배	ソンベ／フベ
女子高生 / 女子大生	여고생／여대생	ヨゴセン／ヨデセン
先生	선생님	ソンセンニム
教員	교원	キョウォン
総長 / 学長	총장／학장	チョンジャン／ハクチャン
教授	교수	キョス
准教授	부교수	プギョス
助教授	조교수	チョギョス
講師	강사	カンサ
非常勤講師	시간강사	シガンカンサ
助教・助手	조교	チョギョ
校長	교장	キョジャン
教頭	교감	キョガム
副校長	부교장	プギョジャン
教師・教諭	교사	キョサ
保育士	보모	ポモ
担任教師	담임교사	タミムギョサ
養護教諭	양호교사	ヤンホギョサ
師匠・師	스승	ススン

4章 日常生活

学ぶ
試験・成績

入学試験	**입학시험**	イパクシホム
筆記試験	**필기시험**	ピルギシホム
面接試験	**면접시험**	ミョンジョプシホム
口述試験	**구술시험**	クスルシホム
聞き取りテスト	**듣기시험**	トゥッキシホム
書き取り	**받아쓰기**	パダスギ
模擬試験	**모의고사**	モイゴサ
中間考査	**중간고사**	チュンガンゴサ
期末考査	**기말고사**	キマルゴサ
問題用紙	**문제지**	ムンジェジ
解答用紙	**해답지**	ヘダプチ
カンニングペーパー	**컨닝페이퍼**	コンニンペイポ
試験会場	**시험장**	シホムジャン
試験監督	**시험 감독**	シホムガムドク
受験票	**수험표**	スホムピョ
合格ライン	**커트라인**	コトゥライン
合格通知書	**합격통지서**	ハプキョクトンジソ

● [学ぶ] 試験・成績 ●

点数	점수	チョムス
0点	빵점・영점	パンチョム・ヨンチョム
満点	만점	マンチョム
成績 / 成績表	성적 / 성적표	ソンジョク／ソンジョクピョ
単位	학점	ハクチョム
落第 / 科目落第	낙제 / 과락	ナクチェ／クァラク
再履修	재수강	チェスガン
一夜漬け	벼락치기 (공부)	ピョラクチギ(コンブ)
試験を受ける	시험을 보다	シホムル ポダ
出題される	출제되다	チュルチェドェダ
採点する	채점하다	チェチョマダ

関連単語

山勘 (で答えを書く)	시험을 찍다	シ ホ ムル チクタ
再試験を受ける	재시험을 보다	チェ シ ホムル ポダ
単位を取る	학점을 따다	ハクチョム ムル タダ
単位が足りない	학점이 모자라다	ハクチョ ミ モジャラダ
点が辛い	학점이 짜다	ハクチョ ミ チャダ
卒論を書く	졸업논문을 쓰다	チョロムノンムヌル スダ
浪人する	재수하다	チェス ハダ

4章 日常生活

学ぶ
文房具

文具 / 文房具	문구 / 문방구	ムング／ムンバング
筆箱	필통	ピルトン
消しゴム	지우개	チウゲ
筆記道具	필기도구	ピルギドグ
鉛筆	연필	ヨンピル
ボールペン	볼펜	ボルペン
万年筆	만년필	マンニョンピル
シャープペンシル	샤프	シャプ
色鉛筆	색연필	センニョンピル
蛍光ペン	형광펜	ヒョングァンペン
筆	붓	プッ
すずり	벼루	ピョル
墨	먹	モク
カッターナイフ	커터칼	コトカル
はさみ	가위	カウィ
鉛筆削り	연필깎이	ヨンピルカッキ
ものさし	자	ジャ

● [学ぶ] 文房具 ●

コンパス	콤파스	コムパス
のり	풀	プル
接着剤	접착제	チョプチャクチェ
セロハンテープ	스카치테이프	スカチテイプ
両面テープ	양면테이프	ヤンミョンテイプ
絵の具	물감	ムルカム
クリップ	클립	クルリプ
ホチキス	호치키스	ホチキス
穴開け	펀치	ポンチ
画びょう	압정	アプチョン
黒板	칠판	チルパン
黒板消し	칠판지우개	チルパンチウゲ
チョーク/白墨	분필/백묵	ブンピル/ペンムク
手帳	수첩	スチョプ
ノート	노트/공책	ノトゥ/コンチェク
下敷き	책받침	チェクパッチム
ファイル	파일	パイル
地図	지도	チド
地球儀	지구본	チグボン

4章 日常生活

学ぶ
パソコン用語

コンピューター	**컴퓨터**	コムピュト
ノートパソコン	**노트북**	ノトゥブク
デスクトップ	**데스크탑**	デスクタプ
モバイル	**모바일**	モバイル
本体	**본체**	ポンチェ
モニター	**모니터**	モニト
モデム	**모뎀**	モデム
ハードディスク	**하드디스크**	ハドゥディスク
キーボード	**키보드**	キボドゥ
マウス(パッド)	**마우스 (패드)**	マウス (ペド)
スキャナー	**스캐너**	スケノ
プリンター	**프린터**	プリント
インクカートリッジ	**잉크 카트리지**	インク カトゥリジ
トナー	**토너**	トノ
バージョン	**버전**	ポジョン
ソフトウェア	**소프트웨어**	ソプトゥウェオ
ウィルス対策プログラム	**백신프로그램**	ペクシンプログレム

● [学ぶ] パソコン用語 ●

壁紙	바탕화면	パタンファミョン
カーソル	커서	コソ
アイコン	아이콘	アイコン
フォルダ	폴더	ポルド
テキストファイル	텍스트파일	テクストゥパイル
圧縮ファイル	압축파일	アプチュクパイル
メニュー	메뉴	メニュ
ヘルプ	도움말	トウムマル
ごみ箱	휴지통	ヒュジトン
バックアップ	백업	ペゴプ
初期化	초기화	チョギファ
電源	파워버튼	パウォボトゥン
解像度	해상도	ヘサンド
開く / 閉じる	열기 / 닫기	ヨルギ／タッキ
保存 / 削除	저장 / 삭제	チョジャン／サクチェ
取り消し	취소	チュイソ
文字入力	문자입력	ムンチャイムニョク
切り取り	오려두기	オリョトゥギ
コピー	복사하다	ポクサハギ

4章 日常生活

貼りつけ	**붙여넣기**	プッチョノッキ
ドラッグ	**드래그**	ドゥレグ
改行する	**줄을 바꾸다**	チュルル パックダ
文字化け	**문자 깨짐**	ムンチャ ケジム
フォント	**글 모양・글꼴・폰트**	クル モヤン・クルコル・ポントゥ
圧縮	**압축**	アプチュク
圧縮解凍	**압축풀기**	アプチュクプルギ
起動する	**부팅하다**	ブティンハダ
終了する	**종료하다**	チョンニョハダ
パソコンを立ち上げる	**컴퓨터를 켜다**	コムピュトルル キョダ
フリーズする	**다운되다**	ダウントェダ

関連単語

ダウンロードする	다운받다 ダウンパッタ	
インストールする	설치하다 ソルチハダ	
メールを送る	메일을 보내다 メイルル ポネダ	
ファイルを添付する	파일을 첨부하다 パイルル チョムブハダ	
転送する	전송하다 チョンソンハダ	
CDに焼く	CD를 굽다 シディルル クプタ	
ウィルスに感染する	바이러스에 걸리다 パイロスエ コルリダ	

5章
行動・趣味・文化

乗り物
車で

車	차	チャ
乗用車	승용차	スンヨンチャ
救急車	구급차・앰뷸런스	クグプチャ・エムビュルロンス
パトカー	순찰차	スンチャルチャ
消防車	소방차	ソバンチャ
ごみ収集車・清掃車	쓰레기차	スレギチャ
自動車教習所	운전학원	ウンジョナグォン
運転免許	운전면허	ウンジョンミョノ
初心者運転	초보운전	チョボウンジョン
シートベルト	안전벨트	アンジョンベルトゥ
駐車場	주차장	チュチャジャン
ガソリンスタンド	주유소	ジュユソ
サービスエリア	휴게소	ヒュゲソ
高速道路	고속도로	コソクドロ
高架道路	고가도로	コガドロ
有料道路	유료도로	ユリョドロ
横断歩道	횡단보도	フェンダンポド

● [乗り物] 車で ●

ロータリー	로터리	ロトリ
踏み切り	건널목	コンノルモク
信号	신호등	シノドゥン
青信号	파란 불	パラン プル
赤信号	빨간 불	パルガン プル
時速	시속	シソク
速度制限	속도제한	ソクドチェハン
駐車禁止	주차금지	チュチャクムジ
右折	우회전	ウフェジョン
左折	좌회전	チョァフェジョン
直進	직진	チクチン
バック	후진	フジン
Uターン	유턴	ユトン
追い越し	추월	チュウォル
停車	정차	チョンチャ
運転する	운전하다	ウンジョナダ
エンジンをかける	시동을 걸다	シドンウル コルダ
スピードを出す (落とす)	속도를 내다 (줄이다)	ソクトルル ネダ (チュリダ)
ブレーキを踏む	브레이크를 밟다	ブレイクルル パプタ

5章 行動・趣味・文化

乗り物
バス・タクシーで

バス	버스	ボス
市内バス	시내버스	シネボス
市外バス	시외버스	シウェボス
空港バス	공항버스	コンハンボス
高速バス	고속버스	コソクボス
観光バス	관광버스	クァングァンボス
貸切バス	전세버스	チョンセボス
バス路線	버스노선	ボスノソン
路線番号	노선번호	ノソンボノ
バス停留所	버스정류장	ボスジョンニュジャン
運転手	운전기사	ウンジョンギサ
乗客	승객	スンゲク
料金	요금	ヨグム
交通（バス）カード	교통카드	キョトンカドゥ
座席	좌석	チョアソク
運転席	운전석	ウンジョンソク
優先席	노약자석	ノヤクチャソク

● [乗り物] バス・タクシーで ●

タクシー	택시	テクシ
個人タクシー	개인택시	ケインテクシ
法人タクシー	회사 (법인) 택시	フェサ(ポビン)テクシ
コールタクシー(呼び出しタクシー)	콜택시	コルテクシ
大型タクシー(5～9人乗り)	점보택시	チョムボテクシ
模範(高級)タクシー	모범택시	モボムテクシ
タクシー乗り場	택시 타는 곳	テクシ タヌン ゴッ
タクシー料金	택시요금	テクシヨグム
料金メーター	요금미터기	ヨグムミトギ
タクシーを拾う	택시를 잡다	テクシルル チャプタ
乗る / 降りる	타다 / 내리다	タダ / ネリダ

関連単語

相乗りする	합승을 하다	ハプスンウル ハ ダ
乗車拒否する	승차거부하다	スンチャ コ ブ ハ ダ
メーターを落とす	미터기를 꺾다	ミ ト ギルル コクタ
領収書を出す	영수증을 끊다	ヨンス ジュンウル クンタ
ここまで行ってください	여기까지 가 주세요	ヨ ギ カジ カ ジュセ ヨ
ここで止めてください	여기서 세워 주세요	ヨ ギ ソ セウォ ジュセ ヨ
トランクを開けてください	트렁크 열어 주세요	トゥロンク ヨ ロ ジュセ ヨ

5章 ● 行動・趣味・文化

乗り物
電車で

電車	전철	チョンチョル
地下鉄	지하철	チハチョル
汽車	기차	キチャ
列車	열차	ヨルチャ
KTX／韓国高速鉄道	KTX / 한국고속철도	ケイティエクス／ハングクコソクチョルト
通勤電車	통근열차	トングンニョルチャ
鈍行	완행	ワンヘン
急行	급행	クッペン
特急	특급	トゥックプ
始発電車	첫차	チョッチャ
終電	막차	マクチャ
切符売場	매표소	メピョソ
待合室	대합실	テハプシル
改札口	개찰구	ケチャルグ
切符	기차표	キチャピョ
時刻表	열차시간표	ヨルチャシガンピョ
乗車券	승차권	スンチャクォン

● [乗り物] 電車で ●

座席番号	**좌석번호**	チョアソクボノ
禁煙席 / 喫煙席	**금연석 / 흡연석**	クミョンソク／フビョンソク
網棚	**선반**	ソンバン
手すり	**손잡이**	ソンチャビ
駅	**역**	ヨク
乗換駅	**환승역**	ファンスンニョク
駅長	**역장**	ヨクチャン
駅員	**역무원**	ヨンムウォン
乗務員	**승무원**	スンムウォン
発車時間	**발차시간**	パルチャシガン
到着時間	**도착시간**	トチャクシガン

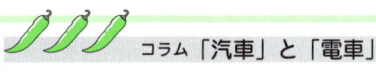

コラム 「汽車」と「電車」

昔からのなごりで長距離列車をふつう「汽車」(기차／キチャ) と言い、いまだによく使われています。2004年3月にソウル〜釜山間に開通された韓国高速鉄道 (한국고속철도／Korea Train eXpress) はKTX (ケイティエクス)、ソウル市内、または近郊の都市までを結ぶ電車は「電鉄／전철／チョンチョル」と言って区別しています。

路面電車は1960年代にすべて廃止され、現在は運行されていません。

5章 ● 行動・趣味・文化

乗り物
飛行機で

飛行機	비행기	ピヘンギ
旅客機	여객기	ヨゲッキ
空港	공항	コンハン
出発ロビー	출발 로비	チュルバル ロビ
到着ロビー	도착 로비	トチャク ロビ
航空会社	항공사	ハンゴンサ
飛行機の便名	비행기 편명	ピヘンギ ピョンミョン
予約確認	예약확인	イェヤックァギン
出発時間	출발시간	チュルバルシガン
到着時間	도착시간	トチャクシガン
搭乗券	탑승권	タプスンクォン
パスポート	여권	ヨクォン
搭乗口	탑승구	タプスング
手荷物検査	짐검사	チムコムサ
ボディーチェック	몸검색	モムコムセク
入国カード	입국카드	イプクッカドゥ
入国審査	입국심사	イプククシムサ

● [乗り物] 飛行機で ●

税関申告	세관신고	セグァンシンゴ
手荷物受取所	수하물 찾는 곳	スハムル チャンヌン ゴッ
滞在期間	체류기간	チェリュキガン
観光 / 親戚訪問	관광 / 친척방문	クァングァン／チンチョクパンムン
両替	환전	ファンジョン
座席番号	좌석번호	チョアソクボノ
非常口	비상구	ピサング
機内食	기내식	キネシク
毛布	모포	モポ
国際線	국제선	ククチェソン
国内線	국내선	クンネソン
予約する	예약하다	イェヤッカダ
取り消す	취소하다	チュイソハダ
荷物を預ける	짐을 맡기다	チムル マッキダ
搭乗する	탑승하다	タプスンハダ
離陸する	이륙하다	イリュッカダ
シートベルトをしめる	안전벨트를 매다	アンジョンベルトゥルル メダ
揺れる	흔들리다	フンドゥルリダ
着陸する	착륙하다	チャンニュッカダ

5章・行動・趣味・文化

乗り物
船で

船	배	ペ
旅客船	여객선	ヨゲクソン
貨物船	화물선	ファムルソン
漁船	어선	オソン
商船	상선	サンソン
遊覧船	유람선	ユラムソン
ヨット	요트	ヨトゥ
船舶	선박	ソンバク
港	항구	ハング
埠頭	부두	プドゥ
船着場	선착장	ソンチャクチャン
待合室	대합실	テハプシル
乗船する	승선하다	スンソナダ
下船する	하선하다	ハソナダ
出航する	출항하다	チュランハダ
入港する	입항하다	イッパンハダ
停泊する	정박하다	チョンバカダ

● [乗り物] 船で ●

船室	선실	ソンシル
スイート	특실	トゥクシル
一等船室	1등실	イルトゥンシル
灯台	등대	トゥンデ
防波堤	방파제	パンパジェ
船長	선장	ソンジャン
航海士	항해사	ハンヘサ
船員	선원	ソヌォン
舵を取る	키를 잡다	キルル チャプタ
いかりを下ろす	닻을 내리다	タチュル ネリダ
櫓(ろ)を漕ぐ	노를 젓다	ノルル チョッタ

コラム フェリーの国際航路

日本と韓国の間にはいくつかの国際航路があります。釜山と下関、博多、広島、大阪の間にはフェリー航路が、釜山と博多、対馬の間、蔚山と小倉の間には高速船が運航されています。高速船は博多〜釜山間を約3時間程度で結び、韓国の南部と九州地域が一日生活圏になりつつあります。

韓国からの国際航路はほかに束草とロシアのザルビノ間、仁川、平沢、木浦、釜山と中国の各都市の間に韓露、韓中フェリー路線があります。

行動
街を歩く

住宅街	**주택가**	ジュテッカ
繁華街	**번화가**	ボノァガ
風俗街	**유흥가**	ユフンガ
歓楽街	**환락가**	ファルラッカ
商店街	**상점가**	サンジョムガ
公園	**공원**	コンウォン
広場	**광장**	クァンジャン
噴水	**분수**	プンス
地下道	**지하도**	チハド
路地	**골목**	コルモク
裏通り	**뒷골목**	ティッコルモク
道	**길**	キル
車道 / 人道	**차도 / 인도**	チャド／インド
歩道橋	**육교**	ユッキョ
橋	**다리**	タリ
三叉路	**삼거리**	サムゴリ
交差点	**사거리**	サゴリ

● [行動] 街を歩く ●

横断歩道	횡단보도	フェンダンボド
坂道	언덕길 / 비탈길	オンドクキル／ピタルキル
近道	지름길	チルムキル
抜け道	샛길	セッキル
大通り	큰 길	クン ギル
街路樹	가로수	カロス
街灯	가로등	カロドゥン
公衆トイレ	공중화장실	コンジュンファジャンシル
有料トイレ	유료화장실	ユリョファジャンシル
公衆電話	공중전화	コンジュンチョノア
自販機	자판기	ジャパンギ
ごみ箱	휴지통	ヒュジトン
ベンチ	벤치	ベンチ
電信柱	전봇대	チョンボッテ
駐車場	주차장	チュチャジャン
ガソリンスタンド	주유소	チュユソ
看板	간판	カンパン
垂れ幕	현수막	ヒョンスマク
ネオンサイン	네온 사인	ネオン サイン

5章 ● 行動・趣味・文化

行動
店の名前

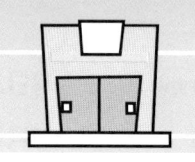

店	가게	カゲ
売店	매점	メジョム
商店街	상가	サンガ
地下街	지하상가	チハサンガ
コンビニエンスストア	편의점	ピョニジョム
ディスカウントストア	할인점	ハリンジョム
スーパーマーケット	슈퍼마켓	シュポマケッ
デパート	백화점	ペックァジョム
市場	시장	シジャン
免税店	면세점	ミョンセジョム
八百屋	채소 가게	チェソ カゲ
果物屋	과일 가게	クァイル カゲ
魚屋	생선 가게	センソン カゲ
たばこ屋	담배 가게	タムベ カゲ
靴屋	구두 가게	クドゥ カゲ
衣服店・洋服店	옷 가게	オッ カゲ
化粧品店	화장품 가게	ファジャンプム カゲ

● [行動] 店の名前 ●

酒屋	**주류 판매점**	チュリュ パンメジョム
肉屋	**정육점**	チョンユクチョム
ケーキ屋	**제과점**	チェグァジョム
文房具屋	**문구점**	ムングジョム
金物屋	**철물점**	チョルムルジョム
家具屋	**가구점**	カグジョム
書店 / 本屋	**서점 / 책방**	ソジョム／チェクパン
古本屋	**헌책방**	ホンチェクパン
花屋	**꽃집**	コッチプ
電気屋	**전파상**	チョンパサン
貴金属店・宝石店	**금은방**	クムンパン

関連単語

おもちゃ屋	장난감 가게 チャンナンカム カ ゲ
ギフトショップ	선물가게 ソンムル カ ゲ
骨董品屋	골동품점 コル トンプムジョム
洋品店 / 紳士服店	양품점 / 양복점 ヤンプムジョム ヤンボクチョム
小売店 / 卸売店	소매점 / 도매점 ソメジョム トメジョム
蚤の市	벼룩 시장 ピョルク シジャン
葬儀社	장의사 チャンイ サ

5章 ● 行動・趣味・文化

行動
ショッピング①

オーナー	가게 주인	カゲ ジュイン
販売員	판매원	パンメウォン
店員	점원	チョムォン
従業員	종업원	ジョンオブォン
顧客	고객	コゲク
お客様	손님	ソンニム
常連客	단골손님	タンゴルソンニム
商人	상인	サンイン
定休日	정기휴일	チョンギヒュイル
年中無休	연중무휴	ヨンジュンムヒュ
営業時間	영업시간	ヨンオプシガン
営業中	영업중	ヨンオプチュン
開店時間	개점 시간	ケジョム シガン
閉店時間	폐점 시간	ペジョム シガン
バーゲンセール	바겐 세일	バゲン セイル
売り切れ	매진	メジン
ウィンドーショッピング	아이쇼핑	アイショピン

● [行動] ショッピング①●

買い物かご	장바구니	ジャンバグニ
ショッピングバッグ	쇼핑백	ショピンベク
レジ袋	비닐봉지	ビニルボンジ
紙袋	종이봉투	ジョンイボントゥ
包装	포장	ポジャン
試着室	시착실	シチャクシル
商品	상품	サンプム
国産品	국산품	ククサンプム
輸入品	수입품	スイップム
有名ブランド	유명 브랜드・명품	ユミョン ブレンドゥ・ミョンプム
免税品	면세품	ミョンセプム
衣類	의류	ウィリュ
雑貨	잡화	チャプァ
家電製品	가전제품	カジョンチェプム
食品	식품	シクプム
偽物	짝퉁	チャクトゥン
不良品	불량품	プルリャンプム
安物	싸구려	サグリョ
人気商品	인기 상품	インキ サンプム

5章 行動・趣味・文化

行動
ショッピング②

値段 / 価格	**값 / 가격**	カプ/カギョク
定価	**정가**	チョンカ
定価販売	**정찰제**	チョンチャルチェ
値引き販売	**할인 판매**	ハリン パンメ
ぼったくり	**바가지**	バガジ
レジ	**계산대**	ケサンデ
勘定する	**계산하다**	ケサナダ
現金	**현찰**	ヒョンチャル
小銭	**잔돈**	チャンドン
おつり	**거스름돈**	コスルムトン
クレジットカード	**신용카드**	シニョンカドゥ
デビットカード	**직불카드**	チクプルカドゥ
分割払い	**할부**	ハルブ
先払い / 後払い	**선불 / 후불**	ソンブル/フブル
手数料	**수수료**	ススリョ
一括払い	**일시불**	イルシブル
つけ	**외상**	ウェサン

210

● 「行動」ショッピング②●

消費税	**소비세**	ソビセ
税込	**세금포함**	セグムポハム
税別	**세금별도**	セグムビョルト
送料	**배송료**	ペソンニョ
領収書(をください)	**영수증 (을 주세요)**	ヨンスジュン (ウル ジュセヨ)
売る / 買う	**팔다 / 사다**	パルダ／サダ
安い / 高い	**싸다 / 비싸다**	サダ／ピサダ
選ぶ	**고르다**	コルダ
ぼられる	**바가지를 쓰다**	パガジルル スダ
まける	**값을 깎다**	カプスル カクタ
支払う	**지불하다**	チブラダ

関連単語

試着する	입어보다 イボボダ
注文する	주문하다 チュムナダ
取りかえる	교환하다 キョファナダ
返品する	반품하다 パンプマダ
値上げする	값을 올리다 カプスル オルリダ
値下げする	값을 내리다 カプスル ネリダ
買い占める	사재기하다 サジェギハダ

行動
美容・エステ

化粧する	화장을 하다	ファジャンウル ハダ
薄化粧	연한 화장	ヨナン ファジャン
厚化粧	진한 화장	チナン ファジャン
眉をかく	눈썹을 그리다	ヌンソブル クリダ
口紅を塗る	립스틱을 바르다	リプスティグル バルダ
ローションをつける	로션을 바르다	ロショヌル バルダ
マッサージする	마사지를 하다	マサジルル ハダ
マッサージを受ける	마사지를 받다	マサジルル パッタ
足つぼマッサージ	발마사지	パルマサジ
肌	피부	ピブ
肌が弱い	피부가 약하다	ピブガ ヤッカダ
肌が滑らかだ	피부가 부드럽다	ピブガ ブドゥロプタ
肌が突っ張る	피부가 당긴다	ピブガ タンギダ
肌がきれいだ	피부가 깨끗하다	ピブガ ケックタダ
しみ	기미	キミ
そばかす	주근깨	チュグンケ
にきび	여드름	ヨドゥルム

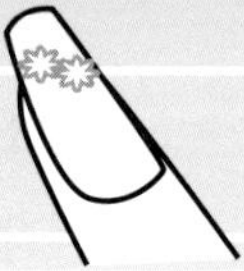

● [行動] 美容・エステ ●

ほくろ	점	チョム
しわ	주름	チュルム
小じわ	잔주름	チャンジュルム
毛穴	모공	モゴン
うぶ毛	잔털	チャントル
除毛	제모	ジェモ
エステ	에스테틱	エステティク
メイク	메이크업	メイクオプ
ネイルアート	네일아트	ネイルアトゥ
マニキュア	매니큐어	メニキュオ
ペティキュア	패티큐어	ペティキュオ
爪の手入れ	손톱손질	ソントプソンジル
パック	팩	ペク
あかすり	때밀이	テミリ
肩をもむ	어깨를 주무르다	オッケルル ジュムルダ
肩を叩く	어깨를 두드리다	オッケルル トゥドゥリダ
つぼマッサージ	경락 마사지	キョンナク マサジ
全身マッサージ	전신마사지	チョンシンマサジ
角質除去	굳은 살 제거	クドゥン サル ジェゴ

5章 行動・趣味・文化

行動
美容院・理容院

美容院 / 床屋	미장원 / 이발소	ミジャンウォン/イバルソ
美容師 / 理容師	미용사 / 이발사	ミヨンサ/イバルサ
ヘアデザイナー	헤어디자이너	ヘオディジャイノ
ヘアスタイル	헤어스타일	ヘオスタイル
パーマ	파마	パマ
カット	커트	コトゥ
おかっぱ	단발머리	タンバルモリ
ロングヘア	롱 헤어	ロン ヘオ
ショートヘア	쇼트 헤어	ショトゥ ヘオ
ショートカット	쇼트 커트	ショトゥ コトゥ
三つ編み	땋은 머리	タウン モリ
おだんご・まとめ髪・アップヘア	올림머리	オルリムモリ
ポニーテール	포니테일	ポニテイル
坊主刈り	민머리	ミンモリ
角刈り	상고머리	サンゴモリ
オールバック	올백	オルベク
くせ毛・縮れ毛	곱슬머리	コプスルモリ

● [行動] 美容院・理容院 ●

はげ頭	대머리	テモリ
バリカン	바리캉	バリカン
はさみ	가위	カウィ
くし	빗	ピッ
カーラー	헤어롤	ヘオロル
ヘアアイロン	전기머리인두	チョンギモリインドゥ
ひげそり	면도	ミョンド
カラーリング	염색	ヨムセク
かつら	가발	カバル
もみあげ	살쩍	サルチョク
襟足	목덜미	モクトルミ

関連単語

散髪する	머리를 깎다 モ リ ルル カク タ
髪を切る	머리를 자르다 モ リ ルル チャル ダ
髪を洗う	머리를 감다 モ リ ルル カム タ
髪をとかす	머리를 빗다 モ リ ルル ピッ タ
髪を整える	머리를 다듬다 モ リ ルル タ ドゥム タ
髪を結ぶ	머리를 묶다 モ リ ルル ムク タ
分け目をつける	가르마를 타다 カル マ ルル タ ダ

行動
レジャー施設

遊園地	유원지	ユウォンチ
テーマパーク	테마파크	テマパク
施設	시설	シソル
チケット売場	매표소	メピョソ
入場券	입장권	イプチャンクォン
チケット	티켓	ティケッ
割引券	할인권	ハリンクォン
優待クーポン	우대 쿠폰	ウデ クポン
入場料	입장료	イプチャンニョ
無料	무료	ムリョ
大人 / 成人	어른 / 성인	オルン／ソンイン
子ども	어린이	オリニ
中高生	중고생	チュンゴセン
開園時間	개원 시간	ケウォン シガン
閉園時間	폐원 시간	ペウォン シガン
ジェットコースター	제트코스타	チェトゥコスト
ローラーコースター	롤러코스터	ロルロコスト

● [行動] レジャー施設 ●

バンジージャンプ	번지 점프	ポンジ ジョムプ
お化け屋敷	도깨비집	トケビチプ
観覧車	관람차	クァルラムチャ
メリーゴーラウンド	회전목마	フェジョンモンマ
回転ブランコ	회전그네	フェジョングネ
バイキング	바이킹	バイキン
迷路	미로	ミロ
滑り台	미끄럼틀	ミクロムトゥル
遊具	놀이기구	ノリギグ
案内カウンター	안내데스크	アンネデスク
待ち合わせ場所	만남의 장소	マンナメ チャンソ
幼児休憩室	유아 휴게실	ユア ヒュゲシル
おむつ交換台	기저귀교환대	キジョグイキョファンデ
遺失物センター	분실물 신고소	ブンシルムル シンゴソ
迷子預かり所	미아보호소	ミアボホソ
車いす貸出所	휠체어 대여소	フィルチェオ テヨソ
土産物店	기념품숍 (점)	キニョムプムショプ (ジョム)
おみやげ	선물	ソンムル
キャラクター	캐릭터 상품	ケリクト サンプム

5章 ● 行動 趣味・文化

行動
アウトドア

遠足	**소풍**	ソプン
ハイキング	**하이킹**	ハイキン
ツーリング	**투어링**	トゥオリン
サイクリング	**사이클링**	サイクルリン
ドライブ	**드라이브**	ドゥライブ
日光浴	**일광욕**	イルグァンニョク
森林浴	**삼림욕**	サムニムニョク
花見	**벚꽃놀이**	ポッコンノリ
花火	**불꽃놀이**	プルコンノリ
水遊び	**물놀이**	ムルノリ
海水浴	**해수욕**	ヘスヨク
ウィンドサーフィン	**윈드서핑**	ウィンドゥソピン
サーフボード	**서프보드**	ソプボドゥ
スキューバダイビング	**스쿠버 다이빙**	スクボ ダイビン
スキンダイビング	**스킨 다이빙**	スキン ダイビン
シュノーケル	**스노클**	スノクル
オリエンテーリング	**오리엔테어링**	オリエンテオリン

● [行動] アウトドア ●

キャンプ（場）	캠핑 (장)・야영 (장)	ケムピン(ジャン)・ヤヨン(ジャン)
キャンプファイヤー	캠프파이어	ケムプパイオ
たき火	모닥불	モダクブル
テント	텐트・천막	テントゥ・チョンマク
日よけテント	그늘막	クヌルマク
炊事 / 飯ごう	취사 / 반합	チュイサ／パナプ
コッヘル	코펠	コペル
バーナー	버너	ボノ
バーベキュー	바비큐	バビキュ
寝袋	침낭	チムナン
蚊取り線香	모기향	モギヒャン

関連単語

キャンプに行く	캠핑을 가다 (ケムピンウル カダ)
遠足に行く	소풍을 가다 (ソプンウル カダ)
オートキャンプ	오토캠프 (オトケムプ)
テントを張る	텐트를 치다 (テントゥルル チダ)
キャンプをする	야영을 하다 (ヤヨンウル ハダ)
アイスボックス	아이스박스 (アイスバクス)
レジャーマットを敷く	돗자리를 깔다 (トッチャリルル カルダ)

行動
登山・釣り

山登りに行く	등산을 가다	トゥンサヌル カダ
登山シーズン	등산철	トゥンサンチョル
登山道	등산로	トゥンサルロ
トレッキング	트레킹	トゥレキン
ロッククライミング	암벽등반	アムビョクトゥンバン
頂上	정상	チョンサン
峠	고개	コゲ
ふもと	산기슭	サンキスク
岩場	암벽	アムビョク
山荘	산장	サンジャン
リュックサック	배낭	ペナン
背負子 (しょいこ)	지게	チゲ
登山靴	등산화	トゥンサヌァ
雨具	우의・비옷	ウイ・ピオッ
ウィンドジャケット	윈드자켓	ウィンドゥジャケッ
手袋	장갑	チャンガプ
地図	지도	チド

● [行動] 登山・釣り ●

水筒	수통	ストン
非常食	비상식	ピサンシク
懐中電灯	회중전등	フェジュンチョンドゥン
釣り	낚시 / 낚시질	ナクシ／ナクシジル
海釣り	바다낚시	パダナクシ
川釣り	민물낚시	ミンムルナクシ
夜釣り	밤낚시	パムナクシ
釣りに行く	낚시를 가다	ナクシルル カダ
釣り場	낚시터	ナクシト
釣りざお	낚싯대	ナクシッテ
釣り糸	낚싯줄	ナクシッチュル
重り	낚싯봉	ナクシッポン
釣り針	낚싯바늘	ナクシッパヌル
浮き	낚시찌	ナクシチ
えさをつける	미끼를 끼우다	ミキルル キウダ
魚を釣る	고기를 낚다	コギルル ナクタ
リールを巻く	릴을 감다	リルル カムタ
網を張る	그물을 치다	クムルル チダ
魚拓を取る	어탁을 뜨다	オタグル トゥダ

5章 行動・趣味・文化

行動
スポーツ① (競技名)

球技	**구기경기**	クギキョンギ
陸上競技	**육상경기**	ユクサンキョンギ
トラック競技	**트랙경기**	トゥレッキョンギ
フィールド競技	**필드경기**	ピルドゥキョンギ
サッカー	**축구**	チュック
野球	**야구**	ヤグ
バレーボール	**배구**	ペグ
バスケットボール	**농구**	ノング
ハンドボール	**핸드볼**	ヘンドゥボル
ラグビー	**럭비**	ロクビ
アメリカンフットボール	**미식축구**	ミシクチュック
ソフトボール	**소프트볼**	ソプトゥボル
テニス	**테니스**	テニス
バドミントン	**배드민턴**	ベドゥミントン
ボーリング	**볼링**	ボルリン
ビリヤード	**당구**	タング
マラソン	**마라톤**	マラトン

● [行動] スポーツ① (競技名) ●

競歩	경보	キョンボ
競走	달리기・경주	タルリギ・キョンジュ
水泳	수영	スヨン
ダイビング	다이빙	ダイビン
スキー／スケート	스키 / 스케이팅	スキ／スケイティン
アーチェリー	양궁	ヤングン
射撃	사격	サギョク
重量挙げ	역도	ヨクト
レスリング	레슬링	レスルリン
ボクシング	권투	クォントゥ
柔道	유도	ユド

関連単語

シンクロナイズドスイミング	싱크로나이즈 シンクロナイジュ
ボート競技	보트경기 ポトゥキョンギ
体操／新体操	체조 / 리듬체조 チェジョ／リドゥムチェジョ
スノーボード	스노우보드 スノウボドゥ
スキージャンプ	스키점프 スキジョムプ
テコンドー	태권도 テクォンド
ボディービルディング	보디빌딩 ポディビルディン

5章 ● 行動・趣味・文化

行動
スポーツ② (競技用語)

選手	선수	ソンス
コーチ / 監督	코치 / 감독	コチ / カムドク
キャプテン	주장	チュジャン
審判 / 主審 / 副審	심판 / 주심 / 부심	シムパン / チュシム / ブシム
選抜チーム	선발팀	ソンバルティム
国家代表チーム	국가대표팀	クッカデピョティム
競技ルール	경기규칙	キョンギキュチク
フェアプレイ	페어플레이	ペオプルレイ
得点 / スコア	득점 / 스코어	トゥクチョム / スコオ
トーナメント	토너먼트	トノモントゥ
決勝	결승전	キョルスンジョン
準決勝	준결승전・4강전	ジュンキョルスンジョン・サガンジョン
準々決勝	준준결승전・8강전	ジュンジュンキョルスンジョン・パルガンジョン
前半戦 / 後半戦	전반전 / 후반전	チョンバンジョン / フバンジョン
延長戦	연장전	ヨンジャンジョン
ハーフタイム	하프타임	ハプタイム
タイムアウト	타임아웃 / 타임	タイムアウッ / タイム

● [行動] スポーツ②（競技用語） ●

誤審	오심 / 오판	オシム／オパン
1対0	1 대 0	イルテヨン
3戦2勝1敗	3 전 2 승 1 패	サムジョンイスンイルペ
引き分け / 引き分ける	무승부 / 비기다	ムスンブ／ピギダ
同点	동점	ドンチョム
優勝 / 準優勝	우승 / 준우승	ウスン／ジュヌスン
3位	3 위	サムィ
金(銀・銅)メダル	금（은・동）메달	クム（ウン・トン）メダル
優勝カップ	우승컵	ウスンコプ
応援する	응원하다	ウンウォナダ
実況中継	중계방송	チュンゲパンソン

コラム 応援の言葉

　国際競技で自国のチームを応援するとき、韓国では、「대~한민국‼/ 大韓民国 /テ～ハンミングク‼」と言ってから「チャチャンチャッ・チャッ・チャッ」と拍手で調子を合わせます。ほかにスポーツに限らず応援や激励の「よっしゃ！がんばれっ！」、「行け！行け！ファイト！」の意として若者の間では「아자아자！파이팅！/アジャアジャ！パイティン！」という言葉もよく使われています。

225

行動
スポーツ③（運動会・体育授業）

運動会	운동회	ウンドンフェ
運動着 / 体育着	운동복 / 체육복	ウンドンボク／チェユクッポク
トレーナー	트레이닝복 / 츄리닝	トゥレイニンボク／チュリニン
はち巻きを巻く	머리띠를 두르다	モリティルル トゥルダ
たすきをかける	어깨띠를 두르다	オッケティルル トゥルダ
笛を吹く	휘슬을 불다	フィスルル ブルダ
ストップウォッチ	스톱워치	ストプウォチ
本部	본부	ポンブ
来賓席	내빈석	ネビンソク
青組 / 赤組	청군 / 백군	チョングン／ペックン
入場 / 退場	입장 / 퇴장	イプチャン／トェジャン
準備体操	준비체조	ジュンビチェジョ
かけっこ	달리기	タルリギ
二人三脚	발묶고 달리기	パルムッコ タルリギ
パン食い競争	빵 따먹기	パン タモッキ
綱引き	줄다리기	チュルタリギ
大玉転がし	공굴리기	コングルリギ

● [行動] スポーツ③（運動会・体育授業）●

騎馬戦	기마전	キマジョン
リレー	이어달리기	イオタルリギ
バトン	배턴	ベトン
くす玉割り	박 터뜨리기	パク トトゥリギ
一等／びり	일등／꼴찌	イルトゥン／コルチ
気をつけ	차려	チャリョ
休め	열중 쉬어	ヨルチュン シュイオ
左向け左	좌향좌	チョアヒャンチョア
右向け右	우향우	ウヒャンウ
回れ右	뒤로 돌아	トゥイロ トラ
全体、止まれ	제자리 서	チェジャリ ソ

関連単語

縄跳び	줄넘기 チュルロムキ
懸垂	턱걸이 トッコリ
腹筋	윗몸 일으키기 ウィンモム イル キ ギ
腕立て伏せ	엎드려 팔굽혀펴기 オプトゥリョ パルクッピョピョ ギ
跳び箱を飛ぶ	뜀틀을 뛰어넘다 トゥイムトゥルル トゥイ オ ノムタ
うさぎ跳びをする	토끼 뜀을 뛰다 ト キ トゥイムルル トゥイダ
逆立ち	물구나무서기 ムルグ ナ ム ソ ギ

旅行

旅行をする

旅行する	여행하다	ヨヘンハダ
観光旅行	관광여행	クァングァンニョヘン
日帰り旅行	당일치기 여행	タンイルチギ ヨヘン
ツアー旅行	패키지 여행	ペキジ ヨヘン
自由旅行	자유여행	ジャユヨヘン
バックパッカー	배낭여행	ペナンニョヘン
ヒッチハイク	히치하이크	ヒチハイク
市内観光	시내관광	シネクァングァン
ツアー	투어	トゥオ
旅費	여비	ヨビ
旅行会社	여행사	ヨヘンサ
ガイド	가이드	ガイドゥ
ガイドブック	가이드북	ガイドゥブク
旅行案内書	여행안내서	ヨヘンアンネソ
パンフレット	팸플릿	ペムプルリッ
旅行客	여행객	ヨヘンゲク
旅行日程	여행 일정	ヨヘン イルチョン

●● [旅行] 旅行をする ●●

日程を組む	일정을 짜다	イルチョンウル チャダ
ピークシーズン	성수기	ソンスキ
オフシーズン	비수기	ピスギ
パスポートを携帯する	여권을 휴대하다	ヨクォヌル ヒュデハダ
観光コース	관광코스	クァングァンコス
観光する	관광하다	クァングァンハダ
見学する	견학하다	キョナカダ
出発時間	출발시간	チュルバルシガン
集合時間	집합시간	チッパプシガン
ツアーコンダクター	여행인솔자	ヨヘンインソルチャ
観光地	관광지	クァングァンジ
リゾート地	행락지	ヘンナクチ
避暑地	피서지	ピソジ
名所	명소	ミョンソ
景勝地	경승지	キョンスンジ
遺跡	유적	ユジョク
古墳	고분	コブン
国立公園	국립공원	クンニプコンウォン
世界遺産	세계유산	セゲユサン

5章・行動・趣味・文化

旅行
宿泊

ホテル	호텔	ホテル
旅館	여관	ヨグァン
モーテル	모텔	モテル
民宿	민박	ミンバク
ペンション	펜션	ペンション
ユースホステル	유스호스텔	ユスホステル
コンドミニアム	콘도	コンド
部屋を予約する	방을 예약하다	バンル イェヤッカダ
キャンセルする	취소하다	チュイソハダ
パスポート / ビザ	여권 / 비자	ヨクォン／ビジャ
滞在日数	체재일수	チェジェイルス
1泊 / 2泊 / 3泊	1박 / 2박 / 3박	イルバク／イバク／サムバク
朝食込み	아침식사 포함	アッチムシクサ ポハム
宿泊料	숙박료	スクパンニョ
フロント	프런트	プロントゥ
案内デスク	안내 데스크	アンネ デスク
客室 / 部屋	객실 / 방	ケクシル／バン

[旅行] 宿泊

ルームナンバー	룸넘버	ルムノムボ
シングル	싱글	シングル
ツイン	트윈	トゥウィン
ダブル	더블	ドブル
エクストラベッド	엑스트라 침대	エクストゥラ チムデ
チェックイン	체크인	チェクイン
チェックアウト	체크아웃	チェクアウッ
宿泊者名簿	숙박부	スクパクブ
チップ	팁	ティプ
貴重品 / 金庫	귀중품 / 금고	クィジュンプム／クムゴ
モーニングコール	모닝콜	モニンコル

関連単語

部屋の鍵 / カードキー	방 열쇠 / 카드 키 パン ヨルスェ カドゥ キ
部屋の掃除	방 청소 パン チョンソ
ルームサービス	룸 서비스 ルム ソビス
クリーニングサービス	세탁 서비스 セタク ソビス
ホテル従業員	호텔 종업원 ホテル チョンオブォン
ホテルに泊まる	호텔에 묵다 ホテレ ムクタ
荷物をまとめる	짐을 싸다 チムル サダ

働く
職業①

職業 / 職種	직업 / 직종	チゴプ/チクチョン
教師	교사	キョサ
教授	교수	キョス
公務員	공무원	コンムウォン
会社員	회사원	フェサウォン
自営業	자영업	チャヨンオプ
事務員	사무원	サムウォン
販売員	판매원	パンメウォン
従業員	종업원	チョンオブォン
セールスマン	세일즈맨	セイルジュメン
警備員	경비원	キョンビウォン
運転手	운전사	ウンジョンサ
コック	요리사	ヨリサ
カメラマン	사진사	サジンサ
薬剤師	약사	ヤクサ
医者	의사	ウィサ
獣医	수의사	スイサ

[働く] 職業①

看護師	간호사	カノサ
軍人	군인	クニン
警察	경찰	キョンチャル
消防士	소방관	ソバンクァン
郵便配達員	우편집배원	ウピョンチッペウォン
検事	검사	コムサ
弁護士	변호사	ピョノサ
司法書士	법무사	ポムムサ
行政書士	행정서사	ヘンジョンソサ
税理士	세무사	セムサ
公認会計士	공인회계사	コンインフェゲサ
弁理士	변리사	ピョルリサ
歌手	가수	カス
俳優	배우	ペウ
声優	성우	ソンウ
モデル	모델	モデル
記者	기자	キジャ
アナウンサー	아나운서	アナウンソ
レポーター	리포터	リポト

職業 ②
働く

農夫 / 農民	농부 / 농민	ノンブ／ノンミン
漁師 / 漁民	어부 / 어민	オブ／オミン
主婦	가정주부	カジョンチュブ
家政婦	가정부	カジョンブ
庭師	정원사	チョンウォンサ
大工 / 左官	목수 / 미장이	モクス／ミジャンイ
配管工	배관공	ペグァンゴン
ボイラー工	보일러공	ボイルロゴン
工員	공원	コンウォン
作業員	작업원	チャゴブォン
建築設計士	건축 설계사	コンチュク ソルゲサ
建築家	건축가	コンチュッカ
生保営業職員	보험설계사	ポホムソルゲサ
ファイナンシャルプランナー	금융설계사	クミュンソルゲサ
便利屋	심부름센터	シムブルムセント
職人	직공 / 장인	チッコン／チャンイン
技術者	기술자	キスルジャ

[働く] 職業②

エンジニア	**엔지니어**	エンジニオ
研究員	**연구원**	ヨングウォン
技能工	**기능공**	ギヌンゴン
自動車整備工	**자동차 정비공**	チャドンチャ チョンビゴン
秘書	**비서**	ピソ
作家	**작가**	チャッカ
芸術家	**예술가**	イェスルガ
声楽家	**성악가**	ソンアッカ
演奏家	**연주가**	ヨンジュガ
画家	**화가**	ファガ
漫画家	**만화가**	マノァガ

関連単語

サラリーマン	**월급쟁이**	ウォルグプチェンイ
清掃員	**환경미화원**	ファンギョンミファウォン
派遣社員	**파견직사원**	パギョンジク サウォン
通訳 / 翻訳	**통역 / 번역**	トンヨク / ポニョク
理髪師 / 美容師	**이발사 / 미용사**	イバルサ / ミヨンサ
接客業 / 水商売	**접객업 / 물장사**	チョプケゴァ / ムルチャンサ
雑役の肉体労働	**막노동**	マンノドン

働く
職務・職位

職務	직무	チンム
職位	직위	チグィ
肩書き	직함	チッカム
管理職	관리직	クァルリチク
営業職	영업직	ヨンオプチク
生産職	생산직	センサンチク
研究職	연구직	ヨングチク
最高経営責任者	최고경영책임자	チェゴキョンヨンチェギムジャ
会長	회장	フェジャン
社長	사장	サジャン
代表	대표	デピョ
代表取締役	대표이사	デピョイサ
取締役	이사	イサ
理事長	이사장	イサジャン
役員	임원	イムォン
重役	중역	チュンヨク
顧問	고문	コムン

● [働く] 職務・職位 ●

専務	**전무**	チョンム
常務	**상무**	サンム
部長	**부장**	プジャン
次長	**차장**	チャジャン
課長	**과장**	クァジャン
代理	**대리**	デリ
係長	**계장**	ケジャン
主任	**주임**	チュイム
幹部	**간부**	カンブ
平社員	**평사원**	ピョンサウォン
新入社員	**신입사원**	シニプサウォン
社員	**사원**	サウォン
職員	**직원**	チグォン
従業員	**종업원**	チョンオブォン
所長	**소장**	ソジャン
工場長	**공장장**	コンジャンジャン
室長	**실장**	シルチャン
上司	**상사**	サンサ
部下	**부하**	プハ

働く
職場で ①

職場	직장	チクチャン
勤務時間	근무시간	クンムシガン
週休二日制	주 5 일 근무제	チュオイル クンムジェ
交代勤務	교대 근무	キョデ クンム
夜間勤務	야간 근무	ヤガン クンム
当直	당직	タンジク
在宅勤務	재택 근무	ジェテク クンム
月給 / 給与	월급 / 급여	ウォルグプ／クビョ
初任給	초봉	チョボン
年俸	연봉	ヨンボン
ボーナス / 手当	보너스 / 수당	ボノス／スダン
給料日	월급날	ウォルグムナル
休暇	휴가	ヒュガ
顧客	고객	コゲク
取引先	거래처	コレチョ
働く	일하다	イラダ
勤務する	근무하다	クンムハダ

● [働く] 職場で①

出勤する・出社する	출근하다	チュルグナダ
退社する	퇴근하다	トェグナダ
遅刻する	지각하다	チガッカダ
欠勤する	결근하다	キョルグナダ
早退する	조퇴하다	チョトェハダ
夜勤する	야근하다	ヤグナダ
残業する	잔업하다	ジャノパダ
赴任する	부임하다	ブイマダ
転勤する	전근을 가다	チョングヌル カダ
出張に行く	출장을 가다	チュルチャンウル カダ
会議をする	회의를 하다	フェイルル ハダ

関連単語

有給休暇	유급휴가 ユグッピュガ
引継ぎ	인수인계 インス インゲ
共働き	맞벌이 マッポリ
名刺を交換する	명함을 교환하다 ミョンハムル キョファナダ
タイムカードを押す	타임카드를 찍다 タイムカドゥルル チクタ
報告書を作成する	보고서를 작성하다 ポゴソルル チャクソンハダ
決済をあげる	결재를 올리다 キョルチェルルオルリダ

働く
職場で②

求職	**구직**	クジク
求人	**구인**	クイン
職員募集	**직원 모집**	チグォン モチプ
就職情報	**취업정보**	チュイオプチョンボ
職業紹介所	**직업소개소**	チゴプソゲソ
ワークネット(求人求職ネット)	**워크넷**	ウォクネッ
面接	**면접**	ミョンジョプ
履歴書	**이력서**	イリョクソ
自己紹介書	**자기소개서**	チャギソゲソ
高卒	**고졸**	コジョル
大卒	**대졸**	テジョル
志願する	**지원하다**	チウォナダ
就職する	**취직하다**	チュイジッカダ
雇用する	**고용하다**	コヨンハダ
採用する	**채용하다**	チェヨンハダ
見習い期間	**수습기간**	ススプキガン
研修	**연수**	ヨンス

● [働く] 職場で②●

昇進する	승진하다	スンジナダ
辞職する	사직하다	サジッカダ
退職する	퇴직하다	トェジッカダ
リストラ	구조조정	クジョジョジョン
解雇される	해고되다	ヘゴドェダ
首を切られる	목이 잘리다	モギ チャルリダ
人員削減する	감원하다	カムォナダ
職を失う	실직하다	シルチッカダ
辞表を出す	사표를 내다	サピョルル レダ
早期退職	명예 퇴직・명퇴	ミョンエ トェジク・ミョントェ
定年	정년	チョンニョン
退職金	퇴직금	トェジックム
年金	연금	ヨングム
無職	무직	ムジク
安定した職業	안정된 직업	アンジョンドェン チゴブ
不安定な職業	불안정한 직업	プランジョンハン チゴブ
失業者	실업자	シロブチャ
失業手当	실업수당	シロブスダン
ニート・プータロー	백수	ペクス

文化
映画・演劇

映画	영화	ヨンファ
映画館	극장	クッチャン
韓国映画 / 邦画	한국영화 / 방화	ハングンニョンファ／バンファ
外国映画 / 洋画	외국영화 / 외화	ウェグンニョンファ／ウェファ
時代劇	사극	サグク
アクション映画	액션영화	エクションニョンファ
恋愛（メロ）映画	멜로영화	メルロヨンファ
ホラー映画	괴기영화	クェギヨンファ
成人映画	성인영화	ソンインニョンファ
封切 (上映館)	개봉 (관)	ケボン(クァン)
チケット売り場	매표소	メピョソ
チケット	표	ピョ
前売り券	예매권	イェメクォン
立見席	입석	イプソク
上映時間	상영시간	サンヨンシガン
スクリーン	스크린	スクリン
字幕 / 吹き替え	자막 / 더빙	チャマク／ドビン

242

● [文化] 映画・演劇 ●

俳優 / 女優	**배우 / 여배우**	ペウ／ヨベウ
映画監督	**영화감독**	ヨンファカムドク
主演 / わき役	**주연 / 조연**	チュヨン／ジョヨン
映画タイトル	**영화 제목**	ヨンファ チェモク
演劇	**연극**	ヨングク
劇場	**극장**	ククチャン
舞台	**무대**	ムデ
演技	**연기**	ヨンギ
演出家	**연출가**	ヨンチュルガ
セリフ	**대사**	デサ
台本	**대본**	デボン

関連単語

R指定（R18）	미성년자 관람불가 ミソンニョンジャクァルラムブルガ
シナリオ作家	시나리오 작가 シ ナ リ オ チャッカ
早朝割引	조조할인 チョジョ ハ リン
シネコン	멀티플렉스 영화관 モルティプルレクス ヨンファグァン
映画を撮影する	영화를 촬영하다 ヨンファルル チュアリョンハダ
カンヌ映画祭	칸느 영화제 カン ヌ ヨンファジェ
芸能界	연예계 ヨ ネ ゲ

5章 行動・趣味・文化

文化
音楽①

音楽	음악	ウマク
歌	노래	ノレ
オーケストラ	오케스트라	オケストゥラ
交響楽団	교향악단	キョヒャンアクタン
管弦楽団	관현악단	クァニョナクタン
合奏	합주	ハプチュ
二重奏	이중주	イジュンジュ
三重奏	삼중주	サムジュンジュ
交響曲	교향곡	キョヒャンゴク
協奏曲	협주곡	ヒョプチュゴク
行進曲	행진곡	ヘンジンゴク
ソナタ	소나타	ソナタ
楽譜	악보	アクポ
歌詞	가사	カサ
作詞 / 作曲	작사 / 작곡	チャクサ／チャッコク
編曲	편곡	ピョンゴク
曲目	곡목	コンモク

● [文化] 音楽①●

音楽家	**음악가**	ウマッカ
作曲家	**작곡가**	チャッコッカ
指揮者	**지휘자**	チフィジャ
声楽家	**성악가**	ソンアッカ
歌手	**가수**	カス
ボーカル	**보컬**	ポコル
独唱 / 合唱	**독창 / 합창**	ドクチャン／ハプチャン
ソプラノ	**소프라노**	ソプラノ
アルト	**알토**	アルト
テノール	**테너**	テノ
バリトン	**바리톤**	パリトン
バイオリニスト	**바이올리니스트**	パイオルリニストゥ
ピアニスト	**피아니스트**	ピアニストゥ
太鼓を叩く	**북을 치다**	プグル チダ
ピアノを弾く	**피아노를 치다**	ピアノルル チダ
音楽会	**음악회**	ウマックエ
ライブコンサート	**라이브 콘서트**	ライブ コンソトゥ
公演	**공연**	コンヨン
演奏会	**연주회**	ヨンジュフェ

5章 行動・趣味・文化

文化
音楽②

クラシック	**클래식**	クルレシク
歌謡曲	**가요**	カヨ
民謡	**민요**	ミニョ
フォークソング	**포크송**	ポクソン
ジャズ	**재즈**	ジェジュ
ポップス	**팝송**	パプソン
ゴスペル	**가스펠송**	ガスペルソン
バラード	**발라드**	バルラドゥ
ブルース	**블루스**	ブルス
ヨーデル	**요들송**	ヨドゥルソン
ラップ音楽	**랩 뮤직**	レム ミュジク
ロック音楽	**록 음악**	ロ グマク
ヒップホップ	**힙합**	ヒッパプ
アカペラ	**아카펠라**	アカペルラ
メドレー	**메들리**	メドゥルリ
楽器	**악기**	アッキ
オルガン	**오르간**	オルガン

● [文化] 音楽②●

バイオリン	바이올린	バイオルリン
サックス	색소폰	セクソボン
トランペット	트럼펫	トゥロムペッ
フルート	플루트	プルルトゥ
クラリネット	클라리넷	クルラリネッ
木琴	실로폰	シルロポン
タンバリン	탬버린	テムボリン
シンバル	심벌즈	シムボルジュ
琴(韓国の)	거문고	コムンゴ
尺八(韓国の)	퉁소	トゥンソ
音痴	음치	ウムチ

関連単語

音楽を聞く	음악을 듣다 ウ マ グル トゥッタ
歌を歌う	노래를 부르다 ノ レ ルル プ ル ダ
演奏する	연주하다 ヨンジュ ハ ダ
ギターを弾く	기타를 치다 ギ タ ルル チ ダ
笛を吹く	피리를 불다 ピ リ ルル プルダ
パンソリ (伝統芸能歌唱劇)	판소리 パン ソ リ
トロット (韓国演歌)	트로트 トゥ ロ トゥ

文化
文学・出版

文学	문학	ムハク
現代音楽	현대 문학	ヒョンデ ムナク
古典文学	고전 문학	コジョン ムナク
児童文学	아동 문학	アドン ムナク
翻訳文学	번역 문학	ボニョン ムナク
小説(長編/短編)	소설 (장편 / 단편)	ソソル (チャンピョン/タンピョン)
詩	시	シ
随筆	수필	スピル
童話	동화	トンファ
自叙伝	자서전	チャソジョン
ノンフィクション	논픽션	ノンピクション
伝記	전기	チョンギ
評論	평론	ピョンノン
民話	민화	ミヌァ
神話	신화	シヌァ
漫画	만화	マヌァ
絵本	그림책	クリムチェク

● [文化] 文学・出版 ●

題名	제목	チェモク
登場人物	등장인물	トゥンジャンインムル
主人公	주인공	チュインゴン
あらすじ	줄거리	チュルゴリ
詩人	시인	シイン
小説家	소설가	ソソルガ
随筆家	수필가	スピルガ
作家	작가	チャッカ
著者	저자	チョジャ
読者	독자	トクチャ
本 / 書籍	책 / 서적	チェク／ソジョク
原稿（締切り）	원고 (마감)	ウォンゴ（マガム）
編集	편집	ピョンチプ
校正	교정	キョジョン
印刷	인쇄	インスェ
出版	출판	チュルパン
新刊	신간	シンガン
目次	차례・목차	チャレ・モクチャ
索引	찾아보기	チャジャボギ

5章 ● 行動 趣味 文化

文化
絵画

絵 / 絵画	**그림 / 회화**	クリム／フェファ
西洋画	**서양화**	ソヤンファ
東洋画	**동양화**	トンヤンファ
韓国画	**한국화**	ハングックァ
伝統絵画	**전통회화**	チョントンフェファ
人物画	**인물화**	インムルァ
山水画	**산수화**	サンスファ
風俗画	**풍속화**	プンソックァ
抽象画	**추상화**	チュサンファ
具象画	**구상화**	グサンファ
風景画	**풍경화**	プンギョンファ
静物画	**정물화**	チョンムルァ
素描	**소묘**	ソミョ
油絵	**유화・유채화**	ユファ・ユチェファ
水彩画	**수채화**	スチェファ
水墨画	**수묵화**	スムックァ
版画	**판화**	パノァ

250

● [文化] 絵画

画家	화가	ファガ
アトリエ	아틀리에	アトゥルリエ
スケッチブック	스케치북	スケチブク
絵筆	화필	ファピル
絵の具	물감	ムルカム
パレット	팔레트	パルレトゥ
イーゼル	이젤	イジェル
キャンバス	캔버스	ケンボス
個人展	개인전	ケインジョン
画廊／ギャラリー	화랑／갤러리	ファラン／ゲルロリ
美術館	미술관	ミスルグァン

5章・行動・趣味・文化

関連単語

絵を描く	그림을 그리다 クリムル クリダ
版画を彫る	판화를 새기다 パヌァルル セギダ
印象派	인상파 インサンパ
笛を吹く少年（マネ）	피리 부는 소년 (마네) ピリ プヌン ソニョン マネ
種をまく人（ミレー）	씨 뿌리는 사람 (밀레) シ プリヌン サラム ミルレ
ひまわり（ゴッホ）	해바라기 (고흐) ヘバラギ コフ
最後の晩餐（レオナルド・ダ・ビンチ）	최후의 만찬 (다 빈치) チョエフエ マンチャンダ ビンチ

251

趣味
写真

デジタルカメラ	**디지털 카메라**	ディジトル カメラ
使い捨てカメラ	**일회용 카메라**	イルェヨン カメラ
ビデオカメラ	**비디오 카메라**	ビディオ カメラ
ポラロイドカメラ	**폴라로이드 카메라**	ポルラロイドゥ カメラ
レンズ	**렌즈**	レンジュ
望遠レンズ	**망원렌즈**	マンウォンレンジュ
フラッシュ	**플래시**	プルレシ
フィルター	**필터**	ピルト
セルフタイマー	**셀프타이머**	セルプタイモ
絞り	**조리개**	チョリゲ
三脚	**삼각대**	サムガクテ
白黒フィルム	**흑백필름**	フクペクピルルム
カラーフィルム	**컬러필름**	コルロピルルム
画素	**화소**	ファソ
逆光	**역광**	ヨックァン
焦点	**초점**	チョチョム
露出	**노출**	ノチュル

● [趣味] 写真 ●

スナップ写真	스냅사진	スネプサジン
記念写真	기념사진	キニョムサジン
証明写真	증명사진	チュンミョンサジン
結婚写真	결혼사진	キョロンサジン
家族写真	가족사진	カジョクサジン
白黒写真	흑백사진	フクペクサジン
光沢	광택	クァンテク
光沢なし	무광택	ムグァンテク
アルバム	앨범	エルボム
写真展	사진전	サジンジョン
写真館	사진관	サジングァン
フィルムを入れる	필름을 넣다	ピルルムル ノッタ
焦点を合わせる	초점을 맞추다	チョチョムル マッチュダ
シャッターを切る	셔터를 누르다	ショトルル ヌルダ
写真を撮る	사진을 찍다	サジヌル チクタ
現像する	현상하다	ヒョンサンハダ
引き伸ばす	확대하다	ファクテハダ
写真写りがよい	사진이 잘 받다	サジニ チャル パッタ
写真写りが悪い	사진이 잘 안 받다	サジニ チャル アン パッタ

5章 ● 行動・趣味・文化

趣味

趣味・娯楽・遊び①

趣味	취미	チュイミ
読書	독서	ドクソ
旅行	여행	ヨヘン
山登り	등산	トゥンサン
釣り	낚시	ナクシ
音楽鑑賞	음악 감상	ウマク カムサン
映画鑑賞	영화 감상	ヨンファ カムサン
歌 / 踊り	노래 / 춤추기	ノレ／チュムチュギ
切手収集	우표 수집	ウピョ スジプ
スポーツ観戦	스포츠 관전	スポチュ クァンジョン
オンラインゲーム	온라인 게임	オルライン ゲイム
碁 / 将棋	바둑 / 장기	パドゥク／チャンギ
写真	사진	サジン
料理	요리	ヨリ
茶道	다도	タド
絵	그림	クリム
習字	서예	ソエ

● [趣味] 趣味・娯楽・遊び①●

陶芸	도예	ドエ
生け花・お花	꽃꽂이	コッコジ
庭いじり	정원 가꾸기	チョンウォン カックギ
かくれんぼ	숨바꼭질	スムバコクチル
ままごと	소꿉장난	ソクプチャンナン
風車	바람개비	パラムケビ
しりとり	끝말잇기	クンマリッキ
プリクラ	스티커사진	スティコサジン
カラオケ	노래방	ノレバン
ゲームセンター	오락실	オラクシル
同好会	동호회	トンホフェ

関連単語

碁を打つ	바둑을 두다 パ ドゥグル トゥ ダ
将棋をさす	장기를 두다 チャンギルル トゥ ダ
トランプをする	카드놀이를 하다 カ ドゥノ リルル ハ ダ
凧を上げる	연을 날리다 ヨ ヌル ナルリ ダ
こまを回す	팽이를 돌리다 ペン イルル トル リ ダ
にらめっこする	눈싸움을 하다 ヌン サ ウムル ハ ダ
なぞなぞを当てる	수수께끼를 맞추다 ス ス ケ キルル マッチュ ダ

255

趣味

趣味・娯楽・遊び②

花札	화투	ファトゥ
麻雀	마작	マジャク
競輪	경륜	キョンニュン
競馬	경마	キョンマ
競艇	경정	キョンジョン
カジノ	카지노	カジノ
スロットマシーン	슬롯머신	スロッモシン
宝くじ	복권	ポックォン
ロト	로또	ロト
スポーツ toto	스포츠토토	スポチュトト
当せん金	당첨금	タンチョムグム
宝くじが当たる	복권이 당첨되다	ポックォニ タンチョムドェダ
花札を打つ	화투를 치다	ファトゥルル チダ
くじを引く	제비를 뽑다	チェビルル ポプタ
あみだくじを引く	사다리를 타다	サダリルル タダ
さいころを振る	주사위를 던지다	ジュサウィルル トンジダ
賭けをする	내기를 걸다	ネギルル コルダ

6章

自然と環境

自然と環境
天気①

天気 / 気候	날씨 / 기후	ナルシ / キフ
天気予報	일기예보	イルギイェボ
気象庁	기상청	キサンチョン
気温(高い / 低い)	기온(높다 / 낮다)	キオン(ノプタ / ナッタ)
度	도	ト
摂氏 / 華氏	섭씨 / 화씨	ソプシ / ファシ
零下	영하	ヨンハ
湿度(高い / 低い)	습도(높다 / 낮다)	スプド(ノプタ / ナッタ)
最高気温	최고기온	チェゴキオン
最低気温	최저기온	チェジョキオン
降水確率	강수확률	カンスファンニュル
降水量	강수량	カンスリャン
積雪量	적설량	チョクソルリャン
低気圧 / 高気圧	저기압 / 고기압	チョギアプ / コギアプ
風向	풍향	プンヒャン
風速	풍속	プンソク
晴れ / 曇り	맑음 / 흐림	マルグム / フリム

●天気①

風	바람	パラム
霧	안개	アンゲ
雨	비	ピ
雷（鳴る）	천둥 (치다)	チョンドゥン (チダ)
稲妻	번개	ポンゲ
雷雨	뇌우	ノェウ
ひょう	우박	ウバク
雪 / 吹雪	눈 / 눈보라	ヌン / ヌンボラ
みぞれ	진눈깨비	チンヌンケビ
あられ	싸라기눈	サラギヌン
霜（下りる）	서리 (내리다)	ソリ (ネリダ)

コラム 韓国の天気予報

韓国の気象庁やマスコミから提供される生活気象情報としては「봄꽃 (개나리・진달래・벚꽃) 개화시기 / ポムコッ (ケナリ・チンダルレ・ボッコッ) ケファシギ / 初春の花（レンギョウ・ツツジ・桜）の開花予測」、「단풍시기 / タンプンシギ / 紅葉予測」、「황사정보 / ファンサジョンボ / 黄砂情報」などや「불쾌지수 / ブルクェジス / 不快指数」、「자외선지수 / チャウェソンジス / 紫外線指数」、「세차지수 / セチャジス / 洗車指数」、「빨래지수 / パルレジス / 洗濯指数」、「나들이지수 / ナドゥリジス / お出かけ指数」などがあります。

自然と環境
天気②

温帯	온대	オンデ
熱帯	열대	ヨルテ
亜熱帯	아열대	アヨルテ
寒帯	한대	ハンデ
季節の変わり目	환절기	ファンジョルギ
天気図 / 気象図	일기도 / 기상도	イルギド / キサンド
大雨注意報	호우 주의보	ホウジュイボ
濃霧注意報	안개 주의보	アンゲジュイボ
大雪注意報	대설 주의보	デソルジュイボ
乾燥注意報	건조 주의보	コンジョジュイボ
波浪注意報	파랑 주의보	パランジュイボ
黄砂注意報(警報)	황사 주의보 (경보)	ファンサジュイボ(キョンボ)
熱帯低気圧	열대 저기압	ヨルテ チョギアプ
温帯低気圧	온대 저기압	オンデ チョギアプ
気圧の谷	기압골	キアプコル
季節風 / 貿易風	계절풍 / 무역풍	ケジョルプン / ムヨクプン
竜巻	회오리바람	フェオリバラム

●天気②●

集中豪雨	**집중호우**	チプチュンホウ
雨量計	**우량계**	ウリャンゲ
百葉箱	**백엽상**	ペギョプサン
温度計	**온도계**	オンドゲ
湿度計	**습도계**	スプトゲ
気圧計	**기압계**	キアプケ
風向計	**풍향계**	プンヒャンゲ
大雨	**큰비**	クンビ
豪雨（注意報）	**호우(주의보)**	ホウ（チュイボ）
小雨	**가랑비**	カランビ
にわか雨	**소나기**	ソナギ
雲	**구름**	クルム
入道雲	**뭉게구름**	ムンゲグルム
雨雲	**비구름**	ピグルム
暑い / 寒い	**덥다 / 춥다**	トプタ / チュプタ
暖かい	**따뜻하다**	タットゥタダ
肌寒い	**쌀쌀하다**	サルサラダ
涼しい	**시원하다**	シウォナダ
花冷え	**꽃샘추위**	コッセムチュウィ

6章 ● 自然と環境

自然と環境
自然①

山	**산**	サン
森	**숲**	スフ
森林	**삼림**	サムニム
渓谷	**계곡**	ケゴク
川	**강**	カン
河川	**하천**	ハチョン
小川	**시내**	シネ
池	**연못**	ヨンモッ
湖	**호수**	ホス
海	**바다**	パダ
陸地	**육지**	ユクチ
島	**섬**	ソム
海流	**해류**	ヘリュ
暖流 / 寒流	**난류 / 한류**	ナルリュ / ハルリュ
波	**파도**	パド
海岸	**해안**	ヘアン
砂浜	**모래사장**	モレサジャン

●自然①

平野	평야	ピョンヤ
高原	고원	コウォン
砂漠	사막	サマク
草原 / 野原	초원 / 들	チョウォン / トゥル
田んぼ / 畑	논 / 밭	ノン / パッ
火山	화산	ファサン
温泉	온천	オンチョン
石 / 岩	돌 / 바위	トル / パウィ
砂	모래	モレ
土	흙	フク
空 / 空気	하늘 / 공기	ハヌル / コンギ

関連単語

自然災害	자연재해 チャヨンジェヘ
寒さ / 暑さ	추위 / 더위 チュウィ / トウィ
梅雨 / 日照り	장마 / 가뭄 チャンマ / カムム
洪水 / 水害	홍수 / 수해 ホンス / スヘ
台風 / 暴風	태풍 / 폭풍 テプン / ポクプン
地震 / 火山爆発	지진 / 화산폭발 ジジン / ファサンポクパル
黄砂現象	황사 현상 ファンサヒョンサン

自然と環境
自然②

鉱物	광물	クァンムル
金属	쇠	スェ
金	금	クム
銀	은	ウン
銅	구리・동	クリ・トン
鉄	철・쇠	チョル・スェ
鉛	납	ナプ
真鍮（しんちゅう）	놋쇠	ノッスェ
アルミニウム	알루미늄	アルルミニュム
石英	석영	ソギョン
蜃気楼	신기루	シンギル
かげろう	아지랑이	アジランイ
オーロラ	오로라	オロラ
白夜	백야	ペギャ
虹	무지개	ムジゲ
夕日	석양	ソギャン
夕焼け	저녁노을	チョニョンノウル

黄昏	황혼	ファンホン
潮流	조류	チョリュ
満ち潮 / 満潮	밀물 / 만조	ミルムル / マンジョ
引き潮 / 干潮	썰물 / 간조	ソルムル / カンジョ
大波	큰 파도	クン パド
高波	높은 파도	ノップン パド
山脈	산맥	サンメク
峡谷	협곡	ヒョプコク
洞窟	동굴	トングル
滝	폭포	ポクポ
沼	늪	ヌプ
三角州	삼각주	サムガクチュ
盆地	분지	プンジ
死火山	사화산	サファサン
休火山	휴화산	ヒュファサン
活火山	활화산	ファルァサン
水平線 / 地平線	수평선 / 지평선	スピョンソン / チピョンソン
自然	자연	チャヨン
丘	언덕	オンドク

自然と環境
環境問題

環境問題	**환경문제**	ファンギョンムンジェ
地球温暖化	**지구 온난화**	チグ オンナヌァ
環境破壊	**환경파괴**	ファンギョンパグェ
環境汚染	**환경오염**	ファンギョンオヨム
大気汚染	**대기오염**	テギオヨム
水質汚染	**수질오염**	スジルオヨム
土壌汚染	**토양오염**	トヤンオヨム
海洋汚染	**해양오염**	ヘヤンオヨム
放射能汚染	**방사능 오염**	パンサヌン オヨム
異常気象	**기상이변**	キサンイビョン
公害	**공해**	コンヘ
排気ガス	**배기가스**	ペギガス
スモッグ現象	**스모그현상**	スモグヒョンサン
酸性雨	**산성비**	サンソンビ
温室ガス	**온실가스**	オンシルガス
オゾン層	**오존층**	オジョンチュン
紫外線	**자외선**	チャウェソン

●環境問題

生活排水	생활하수	センファラス
有機物	유기물	ユギムル
赤潮	적조	チョクチョ
重金属	중금속	チュンクムソク
騒音	소음	ソウム
原子炉	원자로	ウォンジャロ
核廃棄物	핵 폐기물	ヘク ペギムル
農薬	농약	ノンヤク
肥料	비료	ピリョ
除草剤	제초제	ジェチョジェ
合成洗剤	합성세제	ハプソンセジェ
環境ホルモン	환경호르몬	ファンギョンホルモン
生態系	생태계	センテゲ
生活ごみ	생활쓰레기	センファルスレギ
リサイクル	재활용	チェファリョン
焼却 / 埋め立て	소각 / 매립	ソガク / メリプ
産業廃棄物	산업폐기물	サノプペギムル
ごみ焼却場	쓰레기 소각장	スレギ ソガクチャン
ごみ埋立地	쓰레기 매립장	スレギ メリプチャン

6章・自然と環境

自然と環境
宇宙

宇宙	**우주**	ウジュ
地球	**지구**	チグ
太陽 / 太陽系	**태양 / 태양계**	テヤン / テヤンゲ
水星	**수성**	スソン
金星	**금성**	クムソン
火星	**화성**	ファソン
木星	**목성**	モクソン
土星	**토성**	トソン
惑星	**행성**	ヘンソン
衛星	**위성**	ウィソン
彗星	**혜성**	ヘソン
月 / 星	**달 / 별**	タル / ピョル
日食 / 月食	**일식 / 월식**	イルシク / ウォルシク
天の川	**은하수**	ウナス
隕石	**운석**	ウンソク
星座	**별자리**	ピョルジャリ
おひつじ座	**양자리**	ヤンジャリ

●宇宙

おうし座	황소자리	ファンソジャリ
ふたご座	쌍둥이자리	サンドゥンイジャリ
かに座	게자리	ケジャリ
しし座	사자자리	サジャジャリ
おとめ座	처녀자리	チョニョジャリ
てんびん座	천칭자리	チョンチンジャリ
さそり座	전갈자리	チョンガルジャリ
いて座	궁수자리	クンスジャリ
やぎ座	염소자리	ヨムソジャリ
みずがめ座	물병자리	ムルビョンジャリ
うお座	물고기자리	ムルコギジャリ

6章●自然と環境

関連単語

流れ星	유성・별똥별 ユ ソン ビョルトンビョル
北斗七星	북두칠성 プクトゥチルソン
光年 / 惑星	광년 / 혹성 クァンニョン ホクソン
人工衛星	인공위성 インゴンウィソン
スペースシャトル	우주왕복선 ウ ジュワンボクソン
宇宙ステーション	우주정거장 ウ ジュチョンゴジャン
宇宙飛行士	우주비행사 ウ ジュ ビ ヘン サ

自然と環境
動物①

動物	동물	トンムル
犬	개	ケ
子犬	강아지	カンアジ
猫	고양이	コヤンイ
豚	돼지	トェジ
いのしし	멧돼지	メットェジ
牛 / 子牛	소 / 송아지	ソ / ソンアジ
雄牛	숫소	スッソ
牝牛	암소	アムソ
乳牛	젖소	チョッソ
馬 / 子馬	말 / 망아지	マル / マンアジ
しまうま	얼룩말	オルルンマル
ポニー	조랑말	チョランマル
ろば	당나귀 / 나귀	タンナグィ / ナグィ
羊	양	ヤン
やぎ	염소	ヨムソ
うさぎ	토끼	トッキ

●動物①

象	코끼리	コキリ
さい	코뿔소	コップルソ
水牛	물소	ムルソ
となかい	순록	スルロク
鹿	사슴	サスム
らくだ	낙타	ナクタ
きりん	기린	キリン
りす	다람쥐	タラムチュィ
ねずみ	쥐	チュィ
はりねずみ	고슴도치	コスムドチ
もぐら	두더지	トゥドジ
きつね	여우	ヨウ
たぬき	너구리	ノグリ
くま	곰	コム
白くま	백곰	ペッコム
ひぐま	불곰	プルゴム
月の輪ぐま	반달곰	パンダルゴム
北極ぐま	북극곰	プックッコム
パンダ	팬더	ペンド

6章 ● 自然と環境

自然と環境
動物②

猿	**원숭이**	ウォンスンイ
ゴリラ	**고릴라**	ゴリルラ
オランウータン	**오랑우탄**	オランウタン
チンパンジー	**침팬지**	チムペンジ
スカンク	**스컹크**	スコンク
コアラ	**코알라**	コアルラ
カンガルー	**캥거루**	ケンゴル
こうもり	**박쥐**	パクチュィ
虎	**호랑이 / 범**	ホランイ / ボム
ライオン	**사자**	サジャ
ヒョウ	**표범**	ピョボム
チーター	**치타**	チタ
狼	**늑대**	ヌクテ
山猫	**살쾡이**	サルクェンイ
いたち	**족제비**	チョクチェビ
てん	**담비**	タムビ
かわうそ	**수달**	スダル

●動物②

くじら	**고래**	コレ
いるか	**돌고래**	トルゴレ
しゃち	**범고래**	ポムゴレ
あしか	**물개**	ムルケ
かば	**하마**	ハマ
とど	**바다사자**	パダサジャ
あざらし	**바다표범**	パダピョボム
ぞうあざらし	**바다코끼리**	パダコキリ
らっこ	**해달**	ヘダル
ペンギン	**펭귄**	ペングィン
恐竜	**공룡**	コンニョン

関連単語

草食動物	초식동물	チョシクトン ムル
肉食動物	육식동물	ユクシクトン ムル
愛玩動物・ペット	애완동물	エワンドンムル
泥棒猫	도둑고양이	トドゥッコ ヤンイ
野良犬 / 猟犬	들개 / 사냥개	トゥルケ / サニャンケ
動物園	동물원	トンムルォン
水族館	수족관	スジョッグァン

6章 ● 自然と環境

自然と環境
魚

(生き物としての)魚	물고기	ムルコギ
淡水魚	민물고기 · 담수어	ミンムルコギ・タムスオ
海水魚	바닷물고기	パダンムルコギ
にしき鯉	비단잉어	ビダンインオ
金魚	금붕어	クムブンオ
熱帯魚	열대어	ヨルテオ
うろこ	비늘	ピヌル
えら	아가미	アガミ
ひれ	지느러미	ジヌロミ
浮き袋	부레	ブレ
にしん	청어	チョンオ
さより	공미리 / 학꽁치 / 침어	コンミリ / ハッコンチ / チモ
こはだ	전어	チョノ
あじ	전갱이	チョンゲンイ
ぶり	방어	パンオ
がんぎえい	홍어	ホンオ
くろそい	우럭	ウロク

● 魚

とびうお	날치	ナルチ
太刀魚	갈치	カルチ
雷魚	가물치	カムルチ
まんぼう	개복치	ケボクチ
はも	갯장어	ケッチャンオ
きす	보리멸	ポリミョル
はたはた	도루묵	トルムク
ほっけ	이면수	イミョンス
ぼら	숭어	スンオ
えい	가오리	カオリ
にじます	무지개송어	ムジゲソンオ
鯉	잉어	インオ
ふな	붕어	プンオ
キジキジ	동자개	トンジャゲ
高麗あかざ	퉁가리	トンガリ
めだか	송사리	ソンサリ
おいかわ	피라미	ピラミ
ひとで	불가사리	プルガサリ
いそぎんちゃく	말미잘	マルミジャル

6章 ● 自然と環境

自然と環境
虫

虫 / 昆虫	벌레 / 곤충	ポルレ / コンチュン
せみ	매미	メミ
とんぼ	잠자리	チャムジャリ
ちょう / 蛾(が)	나비 / 나방	ナビ / ナバン
あげはちょう	호랑나비	ホランナビ
かげろう	하루살이	ハルサリ
はち	벌	ポル
みつばち	꿀벌	クルポル
働きばち	일벌	イルポル
女王ばち	여왕벌	ヨワンポル
すずめばち	말벌	マルポル
あり	개미	ケミ
くも	거미	コミ
はえ	파리	パリ
蚊	모기	モギ
のみ	벼룩	ピョルク
南京虫	빈대	ピンデ

虫

だに	진드기	チンドゥギ
ごきぶり	바퀴벌레	パクィボルレ
てんとうむし	무당벌레	ムダンボルレ
まつけむし	송충이	ソンチュンイ
かまきり	사마귀	サマグィ
ばった	메뚜기	メットゥギ
こがねむし	풍뎅이	プンデンイ
きりぎりす	여치	ヨチ
さそり	전갈	チョンガル
みみず	지렁이	ジロンイ
むかで	지네	ジネ

関連単語

幼虫 / 成虫 / さなぎ	유충 / 성충 / 번데기 ユチュン ソンチュン ボンデギ
こおろぎ	귀뚜라미 クィトゥラミ
かぶとむし	딱정벌레 タッチョンボルレ
蛍	개똥벌레 / 반딧불 ケットンボルレ バンディップル
はちの巣 / くもの巣	벌집 / 거미줄 ポルチプ コミジュル
はちに刺される	벌에 쏘이다 ポレ ソイダ
蚊に刺される	모기에 물리다 モギエ ムルリダ

自然と環境
両生類・爬虫類

かえる	**개구리**	ケグリ
あまがえる	**청개구리**	チョンケグリ
とのさまがえる	**참개구리**	チャムケグリ
あかがえる	**송장개구리**	ソンジャンケグリ
うしがえる	**황소개구리**	ファンソケグリ
がまがえる	**두꺼비**	トゥコビ
おたまじゃくし	**올챙이**	オルチェンイ
いもり	**영원**	ヨンウォン
朝鮮さんしょううお	**도롱뇽**	トリョンニョン
おおさんしょううお	**장수도롱뇽**	チャンストリョンニョン
ウーパールーパー	**우파루파**	ウパルパ
かめ / 海がめ	**거북 / 바다거북**	コブク / パダコブク
わにがめ	**악어거북**	アゴコブク
こうら	**등딱지**	トゥンタクチ
すっぽん	**자라**	チャラ
とかげ	**도마뱀**	トマペム
イグアナ	**이구아나**	イグアナ

●両生類・爬虫類●

6章 ● 自然と環境

カメレオン	카멜레온	カメルレオン
わに	악어	アゴ
蛇 / 海へび	뱀 / 바다뱀	ペム / パダペム
がらがらへび	방울뱀	パンウルペム
青大将	구렁이	クロンイ
にしきへび	비단구렁이	ビダンクロンイ
毒蛇	독사	ドクサ
まむし / はぶ	살무사 / 하브	サルムサ / ハブ
コブラ	코브라	コブラ
蛇にかまれる	뱀에 물리다	ペメ ムルリダ
蛇がとぐろを巻く	뱀이 똬리를 틀다	ペミ トァリルル トゥルダ

コラム 動物が登場することわざ

우물 안 개구리 /ウムラン ケグリ / 井の中の蛙
구렁이 /クロンイ / 大蛇、青大将
 ：転じて腹黒い人（を皮肉る言葉）
호랑이도 제 말 하면 온다 /ホランイド チェマラ ミョン オンダ/ 虎も自分の話をすればやってくる：うわさをすれば影が差す。
호랑이 담배 피울 적에 /ホランイ タムベ ピウル チョゲ/ 虎がタバコを吸っていたころに：大昔、昔々大昔
쇠귀에 경 읽기 /スェグィエ キョン イルキ / 牛の耳に経を読む：馬の耳に念仏

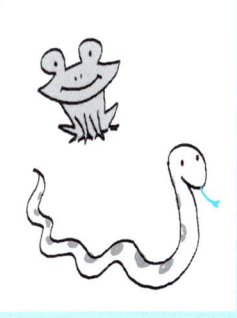

自然と環境
鳥

鳥	새	セ
渡り鳥 / 留鳥	철새 / 텃새	チョルセ / トッセ
水鳥	물새	ムルセ
すずめ	참새	チャムセ
つばめ	제비	チェビ
かささぎ	까치	カチ
からす	까마귀	カマグィ
はと	비둘기	ピドゥルギ
きじ	꿩	クォン
七面鳥	칠면조	チルミョンジョ
ひばり	종달새	チョンダルセ
おしどり	원앙새	ウォナンセ
うぐいす	휘파람새	フィパラムセ
高麗うぐいす	꾀꼬리	クェッコリ
きつつき	딱따구리	タクタグリ
うずら	메추리	メチュリ
雁	기러기	キロギ

●鳥●

くじゃく	공작	コンジャク
おうむ	앵무새	エンムセ
白鳥	백조	ペクチョ
とき	따오기	タオギ
こうのとり	황새	ファンセ
さぎ	백로	ペンノ
鶴	학・두루미	ハク・トゥルミ
フラミンゴ	홍학・플라밍고	ホンハク・プルラミンゴ
かもめ	갈매기	カルメギ
みみずく /ふくろう	부엉이 / 올빼미	プオンイ / オルペミ
たか / わし	매 / 독수리	メ / トクスリ

6章 ● 自然と環境

関連単語

鶏 / ひよこ	닭 / 병아리 タッ ピョンアリ	
鴨 / あひる	오리 / 집오리 オリ チボリ	
巣を作る	둥지를 치다 トゥンジルル チダ	
卵を抱く	알을 품다 アルル プムタ	
卵をかえす	알을 까다 アルル カダ	
卵からかえる	알에서 깨나다 アレソ ケナダ	
ひなを育てる	새끼를 기르다 セキルル キルダ	

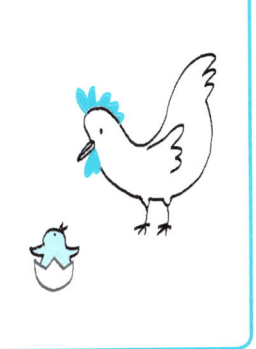

自然と環境
木

木	**나무**	ナム
松	**소나무**	ソナム
もみ	**전나무**	チョンナム
落葉松 (からまつ)	**낙엽송**	ナギョプソン
朝鮮五葉松	**잣나무**	チャンナム
ひのき	**노송나무・편백**	ノソンナム・ピョンベク
杉	**삼나무**	サムナム
白樺	**자작나무**	チャジャンナム
かしわ	**떡갈나무**	トクカルラム
くすのき	**녹나무**	ノンナム
いちょう	**은행나무**	ウネンナム
柳	**버드나무**	ポドゥナム
くぬぎ	**참나무**	チャムナム
けやき	**느티나무**	ヌティナム
竹	**대나무**	テナム
桐	**오동나무**	オドンナム
もみじ・かえで	**단풍나무**	タンプンナム

桑	뽕나무	ポンナム
ポプラ	미루나무・포플러	ミルナム・ポプルロ
桜	벚나무	ポンナム
梅	매화나무	メファナム
椿	동백나무	トンベンナム
藤	등나무	トゥンナム
あんず	살구나무	サルグナム
梨	배나무	ペナム
りんご	사과나무	サグァナム
栗	밤나무	パムナム
すもも	자두나무	チャドゥナム
くるみ	호두나무	ホドゥナム
柿	감나무	カムナム
種をまく	씨를 뿌리다	シルル プリダ
芽が出る	싹이 트다	サギ トゥダ
根をおろす	뿌리를 내리다	プリルル レリダ
剪定する	가지를 치다	カジルル チダ
木を切る	나무를 베다	ナムルル ペダ
実がなる	열매가 열리다	ヨルメガ ヨルリダ

自然と環境
花

花	**꽃**	コッ
ばら	**장미**	チャンミ
ゆり	**백합**	ペッカプ
つつじ	**진달래**	チンダルレ
れんぎょう	**개나리**	ケナリ
菊	**국화**	クックァ
あじさい	**수국・자양화**	スグク・チャヤンファ
むくげ	**무궁화**	ムグンファ
椿	**동백꽃**	トンベッコッ
はまなす	**해당화**	ヘダンファ
桜	**벚꽃**	ポッコッ
梅	**매화**	メファ
水仙	**수선화**	スソナァ
チューリップ	**튤립**	テュルリプ
カーネーション	**카네이션**	カネイション
ほうせんか	**봉선화**	ポンソナァ
朝顔	**나팔꽃**	ナッパルコッ

おきなぐさ	**할미꽃**	ハルミコッ
松葉ぼたん	**채송화**	チェソンファ
ひまわり	**해바라기**	ヘバラギ
月見草	**달맞이꽃**	タルマジコッ
すみれ	**제비꽃**	チェビコッ
あやめ / しょうぶ	**붓꽃 / 창포**	プッコッ / チャンポ
すいれん / はす	**수련 / 연꽃**	スリョン / ヨンコッ
ぼたん	**모란**	モラン
しゃくやく	**작약**	チャギャク
たんぽぽ	**민들레**	ミンドゥルレ
忘れな草	**물망초**	ムルマンチョ

関連単語

生花 / 造花	생화 / 조화 センファ ジョファ	
花を育てる	꽃을 가꾸다 コッチュルカック ダ	
花が咲く	꽃이 피다 コッチ ピダ	
花を折る（摘む）	꽃을 꺾다 (따다) コッチュルコクタ タダ	
生け花をする	꽃꽂이하다 コッコジ ハダ	
花束を作る	꽃다발을 만들다 コッ タ バル ル マンドゥルダ	
花がしおれる	꽃이 시들다 コッチ シドゥルダ	

自然と環境
遺跡・遺産

遺跡	유적	ユジョク
遺産	유산	ユサン
自然遺産	자연유산	チャヨンユサン
文化遺産	문화유산	ムヌァユサン
無形遺産	무형유산	ムヒョンユサン
記録遺産	기록유산	キロンニュサン
世界遺産	세계유산	セゲユサン
遺物	유물	ユムル
洞窟	동굴	トングル
貝塚	조개더미	チョゲトミ
墓	무덤	ムドム
寺の跡	절터	チョルト
石窟庵	석굴암	ソックラム
仏国寺	불국사	プルグクサ
八万大蔵経	팔만대장경	パルマンデジャンギョン
宗廟（そうびょう）	종묘	チョンミョ
昌徳宮	창덕궁	チャンドックン

水原華城	**수원화성**	スウォンファソン
江華支石墓	**강화 고인돌**	カンファ コインドル
済州火山島	**제주 화산섬**	チェジュ ファサンソム
済州溶岩洞窟	**제주 용암동굴**	チェジュ ヨンアムトングル
パンソリ	**판소리**	パンソリ
宗廟祭礼楽	**종묘제례악**	チョンミョジェレアㇰ
訓民正音	**훈민정음**	フンミンジョンウㇺ
朝鮮王朝実録	**조선왕조실록**	チョソンワンジョシㇽロㇰ
アンコールワット	**앙코르 와트**	アンコㇽ ワトゥ
ガラパゴス島	**갈라파고스섬**	ガㇽラパゴスソㇺ
万里の長城	**만리장성**	マㇽリジャンソン
始皇帝陵	**진시황릉**	チンシファンヌン
法隆寺仏教遺跡	**호류지불교유적**	ホリュジブㇽギョユジョㇰ
姫路城	**히메지성**	ヒメジソン
京都記念物群	**교토기념물군**	キョトキニョㇺムㇽグン
アルタミラ洞窟	**알타미라동굴**	アㇽタミラドングㇽ
アユタヤ遺跡	**아유타야유적**	アユタヤユジョㇰ
ポンペイ遺跡	**폼페이유적**	ポㇺペイユジョㇰ
タージマハール	**타지마할**	タジマハㇽ

韓国のユネスコ世界文化遺産・世界自然遺産

1　종묘　　　　　　　　　　宗廟（1995）

宗廟は朝鮮王朝の歴代王と王妃の位牌（神位）を祀り、祭祀を行っていた位牌堂です。1395年に建てられて以降600年間行われてきた祭礼儀式と朝鮮時代の代表的な建築物としての価値が評価を受けています。

2　불국사와 석굴암　　　　仏国寺と石窟庵（1995）

仏国寺は新羅時代の528年慶州に創建されたお寺で、多宝塔、三層石塔、白雲橋、蓮華橋などの新羅仏教芸術の貴重な遺跡があります。
石窟庵は新羅時代の751年に創建された石窟寺院です。慶州の吐含山の中腹に位置し、仏教芸術の粋を見せてくれています。

3　해인사 장경판전　　　　海印寺・蔵経板殿（1995）

新羅時代の802年に建てられた海印寺には、高麗時代にモンゴルの侵入から国を守ろうと祈願して作られた仏教の経典の経板が八万枚以上保管されています。この八万枚の蔵経板が保管されている建物、「蔵経板殿」がその建築様式が優れていることから世界文化遺産に指定されています。

4　창덕궁　　　　　　　　　昌徳宮（1997）

昌徳宮は1405年、正宮である景福宮の離宮として建造された宮殿で、約260年間に渡って朝鮮王朝の政務が行われてきたところです。宮内に自然をそのまま生かして造った美しい庭園「秘苑」があります。

5　수원화성　　　　　　　　水原華城（1997）

水原華城は華城行宮を中心に、全長5.4kmに及ぶ城壁で囲まれている朝鮮王朝時代の城郭です。城郭と城内に整然と建てられた建物を通して当時の城郭築城様式がすべて見られることで評価されています。

6　경주역사유적지구　　　　慶州歴史遺跡地区（2000）

新羅の都であった古都慶州の歴史と文化を伝えるさまざまな仏教、王宮、古墳群、山城遺跡が保存されている遺跡地区が指定を受けています。

7　고창 화순 강화 고인돌유적　高敞・和順・江華の支石墓遺跡（2000）

コインドル（支石墓）は韓国の青銅器時代を代表する墓の一つとして、全国に約30000基余りが分布しています。その中でも高敞・和順・江華の3か所の密集分布地区の遺跡が世界文化遺産として指定されています。

8　제주화산섬과 용암동굴　　済州火山島と溶岩洞窟群（2007）

正式な登録範囲は「漢挐山国立公園」「コムンオルム溶岩洞窟群」「城山日出峰」の3か所で構成されています。火山島と溶岩洞窟の美しい風景と火山活動に対する地質学的な研究価値の高さが評価され、世界自然遺産として指定されています。

7章
病気・トラブル

病気
病院①

病院	**병원**	ピョンウォン
総合病院	**종합병원**	チョンハプビョンウォン
大学病院	**대학병원**	テハクピョンウォン
国公立病院	**국공립병원**	クッコンニッピョンウォン
医院 / 診療所	**의원 / 진료소**	ウィウォン／チルリョソ
クリニック	**클리닉**	クルリニク
保健所	**보건소**	ボゴンソ
内科 / 外科	**내과 / 외과**	ネクァ／ウェクァ
産婦人科 / 小児科	**산부인과 / 소아과**	サンブインクァ／ソアクァ
皮膚科	**피부과**	ピブクァ
耳鼻科	**이비인후과**	イビイヌクァ
泌尿器科	**비뇨기과**	ビニョギクァ
眼科 / 歯科	**안과 / 치과**	アンクァ／チクァ
整形外科 / 成形外科	**정형외과 / 성형외과**	チョンヒョンウェクァ／ソンヒョンウェクァ
神経外科	**신경외과**	シンギョンウェクァ
循環器内科	**순환기 내과**	スヌァンギ ネクァ
精神科	**정신과**	チョンシンクァ

●●[病気]病院①●●

放射線科	**방사선과**	パンサソンクァ
リハビリテーション医学科	**재활의학과**	チェファリハックァ
受付	**접수**	チョプス
会計	**회계・수납**	フェゲ・スナプ
待合室	**대기실**	テギシル
診察室	**진찰실**	チンチャルシル
応急室	**응급실**	ウングプシル
手術室	**수술실**	ススルシル
ICU	**중환자실**	ジュンファンジャシル
ナースステーション	**간호사실**	カノサシル
病室／病棟	**병실／병동**	ピョンシル／ピョンドン

7章 ● 病気・トラブル

コラム どうなさいましたか

医者にかかったとき、最初に「どうなさいましたか」と聞かれますが、韓国語ではこの場合「어떻게 오셨어요?／オトケ オショッソヨ」と言われます。

医者に症状を伝えるときは次のように言います。

「~가／이 아파요 ガ／イ アパヨ」(~が痛いです)、「~를／을 다쳤어요 ルル／ウル タチョッソヨ」(~をけがしました)、~가／이 안 좋아요 ガ／イ アン ジョアヨ」(~の調子が悪いです)、「열이 나고 몸이 나른해요 ヨリ ナゴ モミ ナルネヨ」(熱っぽくて体がだるいです)。

病気
病院②

医者・医師	의사	ウィサ
歯科医師	치과의사	チクァウィサ
漢方医	한의사	ハニサ
女医	여의사	ヨイサ
主治医	주치의	チュチイ
専門医	전문의	チョンムニ
救急隊 (員)	구급대 (원)	クグプテ (ウォン)
インターン	인턴	イントン
薬剤師	약사	ヤクサ
看護師 / 婦長	간호사 / 수간호사	カノサ／スカノサ
助産師	조산사	チョサンサ
放射線技師	방사선기사	パンサソンギサ
臨床検査技師	임상병리사	イムサンピョンニサ
歯科衛生士	치과위생사	チクァウィセンサ
鍼灸師	침구사	チムグサ
接骨師	접골사	チョプコルサ
栄養士	영양사	ヨンヤンサ

● [病気] 病院②●

患者	환자	ファンジャ
救急患者	응급환자	ウングァファンジャ
外来患者	외래환자	ウェレファンジャ
診察券	진찰권	チンチャルクォン
健康保険証	의료보험카드	ウィリョボホムカドゥ
初診 / 再診	초진 / 재진	チョジン／チェジン
回診	회진	フェジン
病歴	병력	ピョンニョク
診断書	진단서	チンダンソ
入院 / 退院	입원 / 퇴원	イブォン／トェウォン
付き添い人（婦）	간병인	カンビョンイン

7章 ● 病気・トラブル

関連単語

インフォームド コンセント	설명의무 ソルミョンイム
外来 / 通院治療	외래 / 통원 치료 ウェ レ トンウォン チ リョ
カルテ	진료기록카드 チルリョキ ロッカ ドゥ
入院手続き	입원수속 イブォンス ソク
入院費	입원비 イブォンビ
見舞いに行く	문병가다 ムンビョンカダ
やぶ医者	돌팔이 의사 トルパ リ ウィ サ

病気
診察・治療

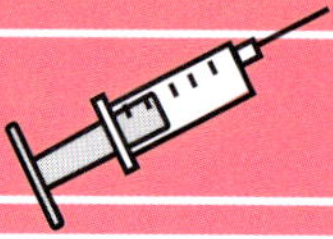

診察する	진찰하다	チンチャラダ
聴診器をあてる	청진기를 대다	チョンジンギルル テダ
脈を測る	맥을 짚다	メグル チプタ
検査する	검사하다	コムサハダ
健康診断	건강진단	コンガンジンダン
人間ドック	종합검진	チョンハプゴムジン
身体検査	신체 검사	シンチェ ゴムサ
血圧を測る	혈압을 재다	ヒョラブル チェダ
体温を測る	체온을 재다	チェオヌル チェダ
脈拍を測る	맥박을 재다	メッパグル チェダ
背を測る	키를 재다	キルル チェダ
体重を量る	몸무게를 재다	モムムゲルル チェダ
血液検査	혈액 검사	ヒョレッ コムサ
検尿	소변 검사	ソビョン ゴムサ
検便	대변 검사	デビョン ゴムサ
レントゲンを撮る	엑스레이를 찍다	エクスレイルル チクタ
ＣＴ撮影	시티(CT) 촬영	シティ チョアリョン

● [病気] 診察・治療 ●

治療する	치료하다	チリョハダ
治療を受ける	치료를 받다	チリョルル パッタ
応急処置	응급처치	ウングプチョチ
消毒する	소독하다	ソドカダ
注射を打つ	주사를 놓다	チュサルル ノッタ
注射を打たれる	주사를 맞다	チュサルル マッタ
鍼を打たれる	침을 맞다	チムル マッタ
麻酔(全身 / 局部)	마취(전신 / 국부)	マチュイ(チョンシン／ククブ)
手術	수술	ススル
輸血	수혈	スヒョル
血液型	혈액형	ヒョレッキョン
透析をする	투석을 하다	トゥソグル ハダ
ギプスをする	깁스를 하다	ギプスルル ハダ
処方箋	처방전	チョバンジョン
薬を飲む	약을 먹다	ヤグル モクタ
療養する	요양하다	ヨヤンハダ
車いすに乗る	휠체어를 타다	フィルチェオルル タダ
病気が治る	병이 낫다	ピョンイ ナッタ
全快する	완쾌되다	ワンクェトェダ

7章 ● 病気・トラブル

病気

病気①

病気	병	ピョン
ウィルス	바이러스	バイロス
腫瘍（悪性 / 良性）	종양 (악성 / 양성)	チョンヤン(アクソン／ヤンソン)
急性 / 慢性	급성 / 만성	クプソン／マンソン
胃炎	위염	ウィヨム
胃潰瘍	위궤양	ウィグェヤン
消化不良	소화불량	ソファブルリャン
食中毒	식중독	シクチュンドク
腹痛	복통	ポクトン
下痢する	배탈이 나다	ペッタリ ナダ
腸炎	장염	チャンニョム
十二指腸潰瘍	십이지장궤양	シビジジャングェヤン
盲腸	맹장염	メンジャンニョム
肝炎	간염	カニョム
B型肝炎	B 형간염	ビーヒョンカニョム
脂肪肝	지방간	チバンカン
黄疸	황달	ファンダル

● [病気] 病気①●

肝硬変	**간경화**	カンギョンファ
胆石症	**담석증**	タムソクチュン
高脂血症	**고지혈증**	コジヒョルチュン
動脈硬化症	**동맥경화증**	トンメクキョンファチュン
糖尿病	**당뇨병**	タンニョッピョン
心臓病	**심장병**	シムジャンビョン
白血病	**백혈병**	ペッキョルビョン
統合失調症	**정신병**	チョンシンビョン
高血圧 / 低血圧	**고혈압 / 저혈압**	コヒョラプ/チョヒョラプ
不整脈	**부정맥**	プジョンメク
肥満	**비만**	ピマン

関連単語

ポリープ	폴립 (용종) ポルリプ (ヨンジョン)
胃がん / 肝がん	위암 / 간암 ウィアム / カナム
肺がん / 脳がん	폐암 / 뇌암 ペアム / ノェアム
大腸がん	대장암 デジャンアム
直腸がん	직장암 チクチャンアム
すい臓がん	췌장암 チェジャンアム
乳がん / 子宮がん	유방암 / 자궁암 ユバンアム / チャグンアム

病気②

神経痛	신경통	シンギョントン
リューマチ	류머티즘	リュモティジュム
鳥目	야맹증	ヤメンチュン
緑内障	녹내장	ノンネジャン
白内障	백내장	ペンネジャン
結膜炎	결막염	キョルマンニョム
認知症	치매	チメ
うつ病	우울증	ウウルチュン
躁うつ病	조울증	チョウルチュン
自閉症	자폐증	ジャッペチュン
アルツハイマー	알츠하이머	アルチュハイモ
過食症	과식증	クァシクチュン
拒食症	거식증	コシクチュン
皮膚病	피부병	ピブピョン
皮膚炎	피부염	ピブヨム
湿疹	습진	スプチン
水虫	무좀	ムジョム

[病気] 病気②

やけど	화상	ファサン
はたけ	버짐	ポジム
おでき	종기	チョンギ
性病	성병	ソンビョン
膀胱炎	방광염	パングァンニョム
尿道炎	요도염	ヨドヨム
腎臓結石	신장결석	シンジャンギョルソク
乳腺症	유선증	ユソンチュン
伝染病	전염병	チョニョムビョン
麻疹 (はしか)	홍역	ホニョク
インフルエンザ	독감	トッカム
水ぼうそう	수두	スドゥ
腸チフス	장티푸스	チャンティプス
痔 (じ)	치질	チジル
コレラ	콜레라	コルレラ
マラリア	말라리아	マルラリア
狂牛病	광우병	クァンウッピョン
エイズ	에이즈	エイジュ
天然痘	천연두	チョニョンドゥ

7章 ● 病気・トラブル

病気
けが

救急箱	구급상자	クグプサンジャ
担架	들것	トゥルコッ
傷	상처	サンチョ
切る	베다	ペダ
血 / 血液	피 / 혈액	ピ／ヒョレク
血が出る	피가 나다	ピガ ナダ
血を流す	피를 흘리다	ピルル フルリダ
けがをする / けが	다치다 / 부상	タッチダ／プサン
くじく	삐다	ピダ
折る	부러지다	プロジダ
すりむく	까지다	カジダ
ぶつかる	부딪히다	プディチダ
膿(う)む	곪다	コムタ
麻痺する	마비되다	マビドェダ
炎症	염증	ヨムチュン
すり傷	찰과상	チャルクァサン
打撲	타박상	タバクサン

● [病気] けが ●

筋肉痛	근육통	クニュクトン
ねんざ	염좌	ヨムジョア
脱臼	탈구	タルグ
刺し傷	자상	チャサン
傷跡	흉터	ヒュント
メス	메스	メス
ピンセット	핀셋	ピンセッ
包帯	붕대	プンデ
ばんそうこう	반창고	パンチャンコ
ガーゼ	거즈	コジュ
ギプス	석고붕대 / 깁스	ソッコプンデ／ギプス
松葉杖をつく	목발을 짚다	モクパルル チプタ

関連単語

傷ができる	상처가 생기다 サンチョ ガ センギダ
傷が膿む	상처가 곪다 サンチョ ガ コムタ
傷が治る	상처가 아물다 サンチョ ガ アムルダ
手を切る	손을 베다 ソヌル ベダ
けがをする	부상을 당하다 プサンウル タンハダ
肩が外れる	어깨가 빠지다 オッケガ パジダ
足首をひねる	발목을 삐다 パル モグル ピダ

病気
症状①

せき(が出る)	기침(이 나다)	キチ (イ ナダ)
くしゃみ(が出る)	재채기(가 나다)	ジェチェギ (ガ ナダ)
頭が痛い	머리가 아프다	モリガ アップダ
顔色(がよくない)	안색(이 안 좋다)	アンセ (イ アン チョッタ)
鼻が詰まる	코가 막히다	コガ マッキダ
鼻水(が出る)	콧물(이 나오다)	コンム (イ ナオダ)
鼻血(が出る)	코피(가 나다)	コピ (ガ ナダ)
声が枯れる	목이 쉬다	モギ シュイダ
のどが痛い	목이 아프다	モギ アップダ
たん(が出る)	가래(가 나오다)	カレ (ガ ナオダ)
熱(が出る) / 微熱	열(이 나다) / 미열	ヨ (イ ナダ) / ミヨル
汗(が出る)	땀(이 나다)	タ (イ ナダ)
悪寒(がする)	오한(이 나다)	オハ (イ ナダ)
おなかが痛い	배가 아프다	ペガ アップダ
おなかが張る	배가 땡기다	ペガ テンギダ
吐き気(がする)	구역질(이 나다)	クヨクチ (イ ナダ)
むかむかする・むかつく	메스껍다	メスコプタ

302

● [病気] 症状①●

胃酸過多	위산과다	ウィサンクァダ
胃がもたれる	위가 더부룩하다	ウィガ トブルカダ
吐く	토하다	トハダ
胸焼けがする	속이 쓰리다	ソギ スリダ
下痢する / 便秘	설사하다 / 변비	ソルサハダ／ピョンビ
食欲がない	식욕이 없다	シギョギ オプタ
だるい	나른하다	ナルナダ
息が切れる	숨이 차다	スミ チャダ
目まいがする	어지럽다	オジロプタ
目まい	현기증	ヒョンギチュン
腫れる	붓다	プッタ
ずきずきする	지끈지끈하다	チクンチクナダ
夏ばてする	더위를 먹다	トウィルル モクタ
あくび(をする)	하품 (을 하다)	ハプム（ウル ハダ）
不眠症	불면증	プルミョンチュン
健忘症	건망증	コンマンチュン
ものもらいができる	다래끼가 나다	タレキガ ナダ
目がかゆい	눈이 가렵다	ヌニ カリョプタ
目が疲れる	눈이 피로하다	ヌニ ピロハダ

7章 ● 病気・トラブル

病気
症状②

目が悪い	눈이 나쁘다	ヌニ ナップダ
近視 / 遠視	근시 / 원시	クンシ／ウォンシ
乱視 / 老眼	난시 / 노안	ナンシ／ノアン
弱視 / 色盲	약시 / 색맹	ヤクシ／センメン
虫に刺される	벌레에 물리다	ボルレエ ムルリダ
痛い	아프다	アップダ
かゆい	가렵다	カリョプタ
しびれる	저리다	チョリダ
斑点が出る	반점이 생기다	バンジョミ センギダ
水ぶくれ	물집	ムルチプ
魚の目	티눈	ティヌン
凍傷になる	동상에 걸리다	トンサンエ コルリダ
あせも	땀띠	タムティ
じんましん	두드러기	トゥドゥロギ
円形脱毛症	원형탈모증	ウォニョンタルモチュン
尿失禁	요실금	ヨシルグム
残尿感	잔뇨감	ジャンニョガム

● [病気] 症状②●

排尿回数	배뇨 횟수	ペニョ フェッス
おしっこの量	소변의 양	ソビョネ ヤン
虫歯 / 歯痛	충치 / 치통	チュンチ／チットン
歯石	치석 (제거)	チソク (チェゴ)
口内炎	구내염	クネヨム
歯肉炎 / 歯周炎	치은염 / 치주염	チウニョム／チジュヨム
歯槽膿漏	치조농루	チジョノンヌ
歯が痛い	이가 아프다	イガ アップダ
歯がしみる	이가 시리다	イガ シリダ
八重歯	덧니	トンニ
歯を抜く	이를 빼다	イルル ペダ

関連単語

車酔い	차멀미 チャ モルミ
生理痛	생리통 センニトン
つわりがひどい	입덧이 심하다 イプトシ シマダ
妊娠／流産	임신 / 유산 イムシン ユサン
妊娠中絶	임신중절 イムシンチュンジョル
帝王切開	제왕절개 チェワンチョルゲ
更年期障害	갱년기 장애 ケンニョンギチャンエ

病気
薬①

医薬品	의약품	ウィヤクプム
薬	약	ヤク
薬を飲む	약을 먹다	ヤグル モクタ
薬を塗る	약을 바르다	ヤグル パルダ
薬局	약국	ヤックク
調剤士	약사	ヤクサ
処方箋 / 調剤	처방전 / 조제	チョバンジョン／チョジェ
内服薬(飲み薬)	내복약	ネボンニャク
水薬	물약	ムルリャク
錠剤	알약	アルリャク
粉薬	가루약	カルヤク
カプセル	캡슐	ケプシュル
顆粒	과립	クァリプ
糖衣錠	당의정	タンイジョン
風邪薬	감기약	カムギヤク
頭痛薬	두통약	ドゥットンニャク
解熱剤	해열제	ヘヨルチェ

● [病気] 薬①●

鎮痛剤	**진통제**	チントンジェ
解熱鎮痛剤	**해열진통제**	ヘヨルチントンジェ
せき止め	**진해제**	ジネジェ
去痰剤	**거담제**	コダムジェ
消化剤	**소화제**	ソファジェ
胃腸薬	**위장약**	ウィジャンニャク
睡眠剤	**수면제**	スミョンジェ
神経安定剤	**신경안정제**	シンギョンアンジョンジェ
抗生物質	**항생제**	ハンセンジェ
アスピリン	**아스피린**	アスピリン
下痢止め	**지사제**	チサジェ
利尿剤	**이뇨제**	イニョジェ
降圧剤	**강압제**	カンアプチェ
強心剤	**강심제**	カンシムジェ
精力剤	**정력제**	チョンニョクチェ
栄養剤	**영양제**	ヨンヤンジェ
ビタミン剤	**비타민제**	ビタミンジェ
補薬・強壮剤	**보약**	ポヤク
煎じ薬	**탕약**	タンヤク

7章 ● 病気・トラブル

病気
薬②

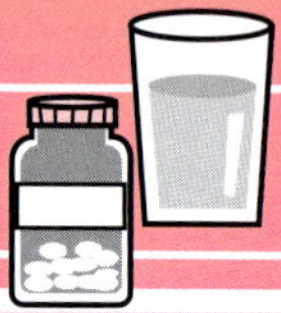

座薬	**좌약**	チョアヤク
目薬	**안약**	アニャク
便秘薬	**변비약**	ピョンビヤク
うがい薬	**가글약**	ガグルリャク
消毒薬	**소독약**	ソドンニャク
外用薬	**외용약**	ウェヨンニャク
塗り薬	**바르는 약**	パルヌン ニャク
軟膏	**연고**	ヨンゴ
貼り薬・パス	**파스**	パス
冷湿布	**쿨파스**	クルパス
温湿布	**핫파스**	ハッパス
ヨードチンキ	**옥도정기**	オクトジョンギ
虫除け	**구충제**	クチュンジェ
スプレー	**스프레이**	スプレイ
酔い止め	**멀미약**	モルミヤク
発毛剤	**발모제**	パルモジェ
ステロイド	**스테로이드제**	ステロイドゥジェ

[病気] 薬②

抗ヒスタミン剤	항히스타민제	ハンヒスタミンジェ
抗がん剤	항암제	ハンアムジェ
解毒剤	해독제	ヘドクチェ
避妊薬	피임약	ピイムニャク
生理用ナプキン	생리대	センニデ
脱脂綿	탈지면	タルジミョン
氷嚢（ひょうのう）	얼음주머니	オルムジュモニ
水枕 / 氷枕	물베개 / 얼음베개	ムルベゲ／オルムベゲ
薬効・効き目	약효	ヤッキョ
副作用	부작용	プジャギョン
食前 / 食後 / 食間	식전 / 식후 / 식간	シクチョン／シク／シッカン

関連単語

薬を処方する	약을 짓다 ヤグル チッタ
薬がよく効く	약이 잘 듣다 ヤ ギ チャルトゥッタ
湿布を貼る	파스를 붙이다 パスルル ブチダ
目薬をさす	안약을 넣다 アニャグル ノッタ
副作用が出る	부작용이 생기다 プ ジャギョンイ センギダ
一日に1(2/3)回	하루에 한(두/세) 번 ハルエ ハン(トゥ／セ) ボン
ドリンク剤	드링크제 ドゥリンク ジェ

トラブル
事件・事故①

事故	**사고**	サゴ
事件	**사건**	サコン
警察署	**경찰서**	キョンチャルソ
派出所	**파출소**	パチュルソ
警察	**경찰**	キョンチャル
警察官	**경찰관**	キョチャルグァン
お巡りさん	**경찰(순경)아저씨**	キョンチャル(スンギョン)アジョシ
刑事	**형사**	ヒョンサ
パトカー	**순찰차/백차**	スンチャルチャ/ペクチャ
警光灯	**경광등**	キョングァンドゥン
検問所	**검문소**	コンムンソ
職務質問	**불심검문**	プルシムゴンムン
取り締まる	**단속하다**	タンソカダ
警察手帳	**경찰수첩**	キョンチャルスチョプ
警棒	**경찰봉**	キョチャルポン
手錠	**수갑**	スガプ
腰縄	**포승**	ポスン

泥棒	도둑	トドゥク
こそ泥	좀도둑	チョムトドゥク
窃盗	절도	チョルト
空き巣	빈집털이	ピンチプトリ
盗難	도난	トナン
盗まれる	도둑맞다	トドゥンマッタ
ひったくり	날치기	ナルチギ
ひったくられる	날치기당하다	ナルチギタンハダ
すり	소매치기	ソメチギ
すられる	소매치기당하다	ソメチギタンハダ
万引き	들치기	トゥルチギ
盗む	훔치다	フムチダ
盗品	장물	チャンムル
逃げる	도망가다	トマンガダ
追う	쫓다	チョッタ
追跡する	추적하다	チュジョカダ
捜査する	수사하다	スサハダ
捕まえる	붙잡다	プッチャプタ
逮捕する	체포하다	チェポハダ

トラブル
事件・事故②

やくざ	깡패	カンペ
暴力団	조폭	チョポク
不良	불량배	プルリャンベ
暴走族	폭주족	ポクチュゾク
詐欺(師)	사기(꾼)	サギ(クン)
恐喝(犯)	공갈(범)	コンガル(ボム)
密輸(犯)	밀수(꾼)	ミルス(クン)
人質	인질	インジル
誘拐(犯)	유괴(범)	ユグェ(ボム)
拉致(犯)	납치(범)	ナプチ(ボム)
覚醒剤	각성제	カクソンジェ
強盗	강도	カンド
銀行強盗	은행강도	ウネンガンド
介抱強盗	부축빼기・취객치기	プチュクペギ・チュィゲクチギ
通り魔犯罪	묻지마범죄	ムッチマボムジェ
振り込め詐欺	보이스피싱	ボイスピシン
凶悪犯罪	흉악범죄	ヒュンアクボムジェ

● [トラブル] 事件・事故②●

ヒロポン	필로폰	ピルロポン
麻薬密売	마약 밀매	マヤン ミルメ
麻薬中毒(者)	마약중독(자)	マヤクチュンドク(チャ)
売春／売買春	매춘／매매춘	メチュン／メメチュン
美人局(つつもたせ)	미인계	ミインゲ
援助交際	원조교제	ウォンジョキョジェ
ストーカー	스토커	ストコ
痴漢／セクハラ	치한／성희롱	チハン／ソンヒロン
暴力	폭력	ポンニョク
ドメスティック・バイオレンス(DV)	가정내 폭력	カジョンネ ポンニョク
児童虐待	아동학대	アドンハクテ

コラム さまざまな窃盗・強盗

社会が多様化するに従ってあらゆる犯罪が増加しているのは韓国も同じです。よく知られている犯罪の隠語としては、酒に酔って倒れた被害者を介抱するふりをして金品を抜き取る「부축빼기/プチュクペギ」、または「취객치기/チュィゲクチギ」(昔は아리랑치기/アリランチギと言われた)、人の後をついて行って暴行し、財布を奪う「퍽치기/ポクチギ」、バッグを開けて抜き取る「빽따기/ペクタギ」、カミソリでバッグを切って抜き取る「빽째기/ペクチェギ」などがあります。

トラブル
事件・事故③

殺人（事件）	살인 (사건)	サリン（サコン）
殺人未遂	살인 미수	サリンミス
他殺／自殺	타살 / 자살	タサル／チャサル
殺す	죽이다	チュギダ
刺し殺す	찔러 죽이다	チルロジュギダ
殴り殺す	때려 죽이다	テリョジュギダ
首を絞める	목을 조르다	モグル ジョルダ
首をつる	목을 매다	モグル メダ
同伴自殺	동반 자살	トンバン チャサル
自殺未遂	자살 미수	チャサル ミス
遺書	유서	ユソ
練炭自殺	연탄 자살	ヨンタン チャサル
練炭ガス中毒	연탄가스 중독	ヨンタンガス ジュンドク
硫化水素自殺	황화수소 자살	フンファスソ チャサル
交通事故	교통사고	キョトンサゴ
検視／剖検	검시 / 부검	コムシ／プゴム
死ぬ／死亡	죽다 / 사망	チュクタ／サマン

● [トラブル] 事件・事故③ ●

自然死 / 病死	자연사 / 병사	チャヨンサ／ピョンサ
尊厳死 / 安楽死	존엄사 / 안락사	チョノムサ／アンラクサ
過労死	과로사	クァロサ
突然死 / 急死	돌연사 / 급사	トリョンサ／クプサ
変死 / 凍死	변사 / 동사	ピョンサ／トンサ
圧死 / 窒息死	압사 / 질식사	アプサ／チルシクサ
感電死 / ショック死	감전사 / 쇼크사	カムジョンサ／ショクサ
飢え死にする	굶어 죽다	クルモ ジュクタ
水におぼれる	물에 빠지다	ムレ パジダ
車にひかれる	차에 치이다	チャエ チイダ
火に焼かれる	불에 타다	プレ タダ

関連単語

泥棒だ！	도둑이야! トドゥギヤ
あいつを捕まえろ！	저놈 잡아라! チョノム チャバラ
火事だ！	불이야! プリヤ
助けて！	사람 살려! サラム サルリョ
誰かいませんか！	누구 없어요! ヌグ オプソヨ
警察を呼んでください！	경찰을 불러 주세요! キョンチャルル プルロ チュセヨ
救急車を呼んでください！	구급차를 불러 주세요! ククプチャルル プルロ チュセヨ

トラブル
災害 ①

災害	재해	チェヘ
災難	재난	チェナン
自然災害	자연재해	チャヨンジェヘ
人災 / 天災	인재 / 천재	インジェ／チョンジェ
天変地異	천재지변	チョンジェジビョン
地震	지진	チジン
震度	진도	チンド
余震	여진	ヨジン
震源地 / 震央	진원지 / 진앙	チヌォンジ／チナン
津波	해일	ヘイル
活断層	활단층	ファルダンチュン
活火山	활화산	ファルファサン
噴火 (口)	분화 (구)	プヌァ (グ)
マグマ	마그마	マグマ
溶岩	용암	ヨンアム
火山灰	화산재	ファサンジェ
待避所	대피소	テピソ

● [トラブル] 災害①●

洪水 / 大水	홍수 / 큰물	ホンス／クンムル
水害	수해	スヘ
堤防	제방	チェバン
堰 (せき)	보	ポ
日照り・干ばつ (被害)	가뭄 (피해)	カムム (ピヘ)
冷害	냉해	ネンヘ
貯水池	저수지	チョスジ
渇水期	갈수기	カルスギ
落石	낙석	ナクソク
土砂崩れ	사태	サテ
がけ崩れ	산사태	サンサテ
雪崩	눈사태	ヌンサテ
生き埋め	생매장	センメジャン
罹災民	이재민	イジェミン
犠牲者	희생자	ヒセンジャ
負傷者	부상자	プサンジャ
生存者	생존자	センゾンジャ
失踪者	실종자	シルチョンジャ
身元確認	신원 확인	シヌォン ファギン

7章●病気・トラブル

トラブル
災害②

火災	**화재**	ファジェ
山火事	**산불**	サンブル
放火 / 失火	**방화 / 실화**	パンファ／シルァ
火災通報	**화재신고**	ファジェシンゴ
消防署	**소방서**	ソバンソ
消防士 / 消防車	**소방관 / 소방차**	ソバングァン／ソバンチャ
ポンプ車	**펌프차**	ポムプチャ
はしご車	**사다리차**	サダリチャ
出動する	**출동하다**	チュルトンハダ
火災警報器	**화재경보기**	ファジェギョンボギ
消火器 / 消火栓	**소화기 / 소화전**	ソファギ／ソファジョン
非常ベル	**비상벨**	ピサンベル
スプリンクラー	**스프링쿨러**	スプリンクルロ
火を消す	**불을 끄다**	プルル クダ
鎮火する	**진화하다**	チヌァハダ
救助する	**구조하다**	クジョハダ
救出する	**구출하다**	クチュラダ

318

● [トラブル] 災害②●

レスキュー部隊	구조대	クジョデ
人命救助	인명구조	インミョングジョ
人口呼吸	인공호흡	インゴンホフプ
心臓マッサージ	심장마사지	シムジャンマサジ
人命救助犬	인명 구조견	インミョン グジョギョン
災害救助犬	재해 구조견	チェヘ グジョギョン
義捐金	의연금	ウイヨングム
募金	성금 (모금)	ソングム (モグム)
食糧配給	식량 배급	シンリャンベグプ
救護物資	구호물자	クホムルチャ
ボランティア	자원봉사자	チャウォンボンサジャ

関連単語

火事が発生する	불이 나다	プリ ナダ
被害をこうむる	피해를 입다	ピ ヘルル イプタ
避難する	피난하다	ピ ナナダ
避難警報	피난 경보	ピナンギョンボ
災難救助隊	재난 구조대	チェナン グ ジョデ
水難救助隊	수난 구조대	スナン グ ジョデ
山岳救助隊	산악 구조대	サナク ク ジョデ

韓国語の擬態語・擬声語

うとうと	깜박깜박, 꾸벅꾸벅	そろそろ	슬슬
うろうろ	어슬렁어슬렁, 허둥지둥	ちくちく	콕콕
おずおず	머뭇머뭇, 조심조심	ちびちび	홀짝홀짝
おどおど	주저주저, 흠칫흠칫	つるつる	매끈매끈
がたがた	덜그럭덜그럭, 덜덜	どきどき	두근두근
かちかち	재깍재깍, 딱딱	なみなみ	찰랑찰랑, 철철
がやがや	와글와글, 왁자지껄	なよなよ	나긋나긋
がんがん	욱신욱신, 지끈지끈	にこにこ	싱글싱글
ぐうぐう	쿨쿨, 꼬르륵꼬르륵	ねちねち	치근치근, 추근추근
くすくす	킬킬, 킥킥	のそのそ	어슬렁어슬렁, 느릿느릿
ぐずぐず	우물쭈물, 꾸물꾸물	はきはき	시원시원, 또렷또렷
ぐっすり	푹	ぱくぱく	뻐끔뻐끔
くよくよ	끙끙	はらはら	아슬아슬, 조마조마
くらくら	어질어질	ぴかぴか	번쩍번쩍
ぐらぐら	흔들흔들	びくびく	흠칫흠칫, 벌벌
くるくる	빙글빙글, 데굴데굴	ぴくぴく	쫑긋쫑긋
ぐんぐん	쭉쭉, 무럭무럭	ひそひそ	소곤소곤
げらげら	껄껄	ひりひり	따끔따끔, 얼얼
こそこそ	소곤소곤, 살금살금	ぶうぶう	투덜투덜, 붕붕
こりこり	쫄깃쫄깃	ぶつぶつ	투덜투덜
ころころ	빈둥빈둥, 데굴데굴	ふらふら	비틀비틀, 휘청휘청
こんこん	펑펑	ぶらぶら	어슬렁어슬렁, 빈둥빈둥
しくしく	훌쩍훌쩍	ふわふわ	푹신푹신, 둥실둥실
しとしと	부슬부슬	ぽんぽん	펑펑, 퐁퐁, 탕탕
じろじろ	뚫어지게, 빤히	むかむか	메슥메슥
じんじん	저릿저릿	むずむず	근질근질
ずきずき	욱신욱신	めきめき	무럭무럭, 부쩍
すくすく	쑥쑥, 무럭무럭	ゆらゆら	흔들흔들, 살랑살랑
すべすべ	매끈매끈	よちよち	아장아장
すやすや	새근새근	わくわく	두근두근, 울렁울렁

8章

政治・経済・時事用語

政治・経済・時事用語
政治用語

政治	정치	チョンチ
政権 / 政府	정권 / 정부	チョンクォン／チョンブ
政党	정당	チョンダン
与党 / 野党	여당 / 야당	ヨダン／ヤダン
政策 / マニフェスト	정책 / 매니패스트	チョンチェク／メニペストゥ
世論	여론	ヨロン
保守	보수	ポス
進歩 / 革新	진보 / 혁신	チンボ／ヒョクシン
強硬派 / 穏健派	강경파 / 온건파	カンギョンパ／オンゴンパ
政治家	정치가	チョンチガ
大統領 / 首相	대통령 / 수상	テトンニョン／スサン
国家元帥	국가원수	クッカウォンス
国務総理(首相)	국무총리	クンムチョンニ
長官 / 次官	장관 / 차관	チャングァン／チャグァン
政府スポークスマン	정부 대변인	チョンブ デビョニン
閣僚 / 内閣	각료 / 내각	カンニョ／ネガク
国会 / 議会	국회 / 의회	ククェ／ウイフェ

●政治用語

国会議員	국회의원	ククェウイウォン
選挙 / 任期	선거 / 임기	ソンゴ/イムギ
政治資金	정치자금	チョンチジャグム
立法 / 司法	입법 / 사법	イブポブ/サボブ
法案 / 審議	법안 / 심의	ポバン/シミ
賛成 / 反対	찬성 / 반대	チャンソン/バンデ
可決 / 否決	가결 / 부결	カギョル/ブギョル
過半数 / 多数決	과반수 / 다수결	クァバンス/タスギョル
青瓦台（大統領官邸）	청와대	チョンワデ

韓国の歴代大統領

第1～3代 (1948年～1960年)	李承晩	이승만 イ スンマン
第4代 (1960年～1962年)	尹潽善	윤보선 ユン ボ ソン
第5～9代 (1963年～1979年)	朴正熙	박정희 パクチョンヒ
第10代 (1979年～1980年)	崔圭夏	최규하 チェギュ ハ
第11～12代 (1980年～1988年)	全斗煥	전두환 チョンドゥファン
第13代 (1988年～1993年)	盧泰愚	노태우 ノ テ ウ
第14代 (1993年～1998年)	金泳三	김영삼 キムヨンサム
第15代 (1998年～2003年)	金大中	김대중 キム デジュン
第16代 (2003年～2008年)	盧武鉉	노무현 ノ ムヒョン
第17代 (2008年～)	李明博	이명박 イ ミョンバク

政治・経済・時事用語
法律用語

法	법	ポプ
法律	법률	ポムニュル
条例	조례	チョレ
規則 / 規定	규칙 / 규정	キュチク／キュジョン
憲法	헌법	ホンポプ
刑法	형법	ヒョンポプ
民法	민법	ミンポプ
商法	상법	サンポプ
労働法	노동법	ノドンポプ
行政法	행정법	ヘンジョンポプ
国内法	국내법	クンネポプ
国際法	국제법	ククチェポプ
合憲 / 違憲	합헌 / 위헌	ハポン／ウィホン
合法 / 非合法	합법 / 비합법	ハプポプ／ピハプポプ
不法 / 違法	불법 / 위법	プルポプ／ウィポプ
法科大学院	법학전문대학원	ポパクチョンムンデハグォン
司法試験	사법고시	サポプコシ

●法律用語●

裁判所	법원	ポボォン
最高裁判所	대법원	テボブォン
高等裁判所	고등법원	コドゥンボボォン
地方裁判所	지방법원	チバンボボォン
家庭裁判所	가정법원	カジョンボボォン
検察庁	검찰청	コムチャルチョン
法曹界	법조계	ポプチョゲ
判事	판사	パンサ
検事	검사	コムサ
弁護士	변호사	ピョノサ
訴訟	소송	ソソン
逮捕令状	체포영장	チェポヨンチャン
裁判	재판	チェパン
原告 / 被告	원고 / 피고	ウォンゴ／ピゴ
証拠 / 証人	증거 / 증인	チュゴ／チュンイン
判決 / 決定	판결 / 결정	パンギョル／キョルチョン
棄却 / 却下	기각 / 각하	キガク／カッカ
有罪 / 無罪	유죄 / 무죄	ユズェ／ムズェ
控訴 / 上告	항소 / 상고	ハンソ／サンゴ

8章●政治・経済・時事用語

政治・経済・時事用語
経済用語

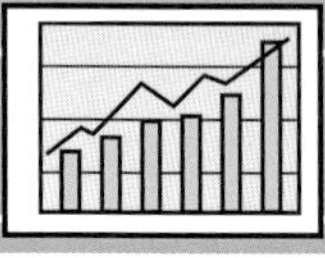

経済	**경제**	キョンジェ
バブル経済	**거품 경제**	コブム ギョンジェ
好況 / 不況	**호황 / 불황**	ホファン／プルァン
景気	**경기**	キョンギ
好景気 / 不景気	**호경기 / 불경기**	ホギョンギ／プルギョンギ
所得	**소득**	ソドゥク
所得格差	**소득 격차**	ソドゥク キョクチャ
国民所得	**국민소득**	クンミンソドゥク
消費	**소비**	ソビ
個人消費	**개인 소비**	ケイン ソビ
購買力	**구매력**	クメリョク
需要 / 供給	**수요 / 공급**	スヨ／コングプ
卸売り / 小売	**도매 / 소매**	トメ／ソメ
物価 / 価格	**물가 / 가격**	ムルカ／カギョク
独占価格	**독점 가격**	トクチョム ガギョク
不良企業	**부실기업**	プシルキオプ
倒産	**도산**	トサン

● 経済用語 ●

インフレ / デフレ	인플레 / 디플레	インプルレ／ティプルレ
不良債権	부실채권	プシルチェクォン
財政	재정	チェジョン
歳入 / 歳出	세입 / 세출	セイプ／セチュル
税金	세금	セグム
所得税	소득세	ソドゥクセ
課税 / 非課税	과세 / 비과세	クァセ／ピグァセ
脱税 / 免税	탈세 / 면세	タルセ／ミョンセ
控除	공제	コンゼ
源泉徴収	원천징수	ウォンチョンジンス
年末調整	연말정산	ヨンマルジョンサン

関連単語

確定申告	확정신고	ファクチョンシンゴ
会計年度	회계년도	フェ ゲニョンド
物価が上がる	물가가 오르다	ムル カ ガ オル ダ
物価が下がる	물가가 내리다	ムル カ ガ ネリ ダ
所得が増える	소득이 늘다	ソ ドゥ ギ ヌル ダ
所得が減る	소득이 줄다	ソ ドゥ ギ チュル ダ
予算を組む	예산을 짜다	ヨェ サ ヌル チャ ダ

8章 政治・経済・時事用語

政治・経済・時事用語
金融用語

金融	금융	クミュン
金融機関	금융기관	クミュンギグァン
銀行	은행	ウネン
中央銀行	중앙은행	チュアンンウネン
都市銀行	시중은행	シジュンウネン
地方銀行	지방은행	チバンウネン
信用金庫	상호저축은행	サンホジョチュグネン
通貨	통화	トンファ
基軸通貨	기축 통화	キチュク トンファ
切り上げ	절상	チョルサン
切り下げ	절하	チョラ
為替	환	ファン
外国為替(市場)	외환(시장)	ウェファン(シジャン)
為替率	환율	ファンニュル
相場	시세	シセ
円高	엔고	エンゴ
金利	금리	クムニ

● 金融用語 ●

利率	이율	イユル
株式（会社）	주식 (회사)	チュシク (フェサ)
資産	자산	チャサン
負債	부채	プチェ
会計監査	회계 감사	フェゲ ガムサ
決算	결산	キョルサン
上場	상장	サンジャン
主要銘柄	주요종목	チュヨジョンモク
株価	주가	チュカ
売買	매매	メメ
取引	거래	コレ
損切り	손절매	ソンジョルメ
配当	배당	ペダン
証券（取引所）	증권 (거래소)	チュンクォン (ゴレソ)
債権	채권	チェクォン
国債 / 公債 / 私債	국채 / 공채 / 사채	ククチェ／コンチェ／サチェ
投資（家）	투자 (가)	トゥジャ (ガ)
利益 / 利子	이익 / 이자	イイク／イジャ
投機	투기	トゥギ

8章 ● 政治・経済・時事用語

政治・経済・時事用語
宗教①

宗教	**종교**	チョンギョ
宗派	**종파**	チョンパ
信仰	**신앙**	シナン
神	**신**	シン
神様	**하느님**	ハヌニム
仏様	**부처님**	プチョニム
救世主	**구세주**	クセジュ
天使	**천사**	チョンサ
一神教	**일신교**	イルシンギョ
多神教	**다신교**	タシンギョ
新興宗教	**신흥종교**	シヌンジョンギョ
似非宗教	**사이비종교**	サイビジョンギョ
既成宗教	**기성 종교**	キソン ジョンギョ
仏教	**불교**	プルギョ
キリスト教	**기독교**	キドクキョ
カトリック	**천주교**	チョンジュギョ
イスラム教	**이슬람교・회교**	イスラムギョ・フェギョ

●宗教①●

儒教	유교	ユギョ
道教	도교	トギョ
ヒンズー教	힌두교	ヒンドゥギョ
救世軍	구세군	クセグン
聖公会	성공회	ソンゴンフェ
ユダヤ教	유대교	ユデギョ
偶像崇拝	우상숭배	ウサンスンベ
シャーマニズム	샤머니즘	シャモニズム
迷信	미신	ミシン
占い師	점쟁이	チョムジェンイ
占い	점	チョム

コラム 韓国の宗教

　韓国統計庁の統計によると、韓国の宗教人口は総人口の約半分を占めており、プロテスタントが約2割、カトリックが約1割とキリスト教の人口が約3割、仏教が約2割の順になっています。ほかに信者の数は少ないですが、固有の民族宗教系の「天道教」(천도교/チョンドギョ)と「大倧教」(대종교/テジョンギョ)、仏教系の「円仏教」(원불교/ウォンブルギョ)、儒・仏・仙の教義を取り入れた「大巡真理会」(대순진리교/テスンジルリギョ)などもあります。

政治・経済・時事用語
宗教②

聖書	성경	ソンギョン
お経・経文	불경	プルギョン
経典	경전	キョンジョン
法王	교황	キョファン
神父	신부	シンブ
修道士 / 修道女	수사 / 수녀	スサ／スニョ
牧師	목사	モクサ
宣教師	선교사	ソンギョサ
伝道師	전도사	チョンドサ
住職	주지	チュジ
僧侶 / 坊主	승려 / 중	スンニョ／チュン
尼僧	여승	ヨスン
お坊さん	스님	スニム
信者	신자	シンジャ
シャーマン	무당	ムダン
寺	절	チョル
教会	교회	キョフェ

●宗教②

聖堂	성당	ソンダン
修道院	수도원	スドゥウォン
ほこら	사당	サダン
神社	신사	シンサ
仏像	불상	ブルサン
祭壇	제단	チェダン
供物	제물	チェムル
袈裟（けさ）	가사	カサ
数珠	염주	ヨムジュ
木魚	목탁	モクタク
香／ろうそく	향／초	ヒャン／チョ
鐘	종	チョン
十字架	십자가	シプチャガ
賛美歌	찬송가	チャンソンガ
読経／念仏	독경／염불	トクキョン／ヨムブル
祈禱（きとう）／礼拝	기도／예배	キド／イェベ
天国／極楽	천국／극락	チョングク／クンナク
地獄	지옥	チオク
霊魂／魂	영혼／넋	ヨンホン／ノク

8章 ● 政治・経済・時事用語

政治・経済・時事用語
国際関係①

国際関係	국제 관계	ククチェ グァンゲ
日韓関係	한일 관계	ハニル グァンゲ
国際問題	국제 문제	ククチェ ムンジェ
外国	외국	ウェグク
外交 / 国交	외교 / 국교	ウェギョ／ククキョ
平和共存	평화 공존	ピョンファ ゴンゾン
デタント	데탕트	テタントゥ
緊張緩和	긴장완화	キンジャンウァヌァ
宥和政策	유화 정책	ユファ ジョンチェク
経済封鎖	경제 봉쇄	キョンジェ ボンスェ
覇権主義	패권주의	ペクォンジュイ
内政干渉	내정간섭	ネジョンガンソプ
国連	유엔	ユエン
常任理事国	상임이사국	サンイムイサグク
安全保障理事会	안전보장이사회	アンジョンボジャンイサフェ
加盟国	가맹국	カメングク
中立国	중립국	チュンニプクク

●国際関係①

同盟国	동맹국	トンメングク
核保有国	핵보유국	ヘクポユグク
テロ支援国	테러지원국	テロジウォングク
援助国	원조국	ウォンジョグク
対外援助	대외 원조	テウェ ウォンジョ
政府開発援助	공적개발원조	コンチョクケバルウォンジョ
韓国国際協力団	한국국제협력단(KOICA)	ハングクククチェヒョムニョクタン
地球温暖化問題	지구온난화 문제	チグオンナヌァ ムンジェ
食糧問題	식량 문제	シンニャン ムンジェ
核問題	핵문제	ヘンムンジェ
拉致問題	납치 문제	ナプチ ムンジェ

8章 ● 政治・経済・時事用語

関連単語

太陽政策	햇볕 정책 ヘビョッジョンチェク
対北朝鮮包容政策	대북 포용정책 テブク ポ ヨンジョンチェク
南北統一	남북통일 ナムブクトンイル
離散家族	이산가족 イサン ガゾク
脱北者	탈북자・새터민 タルブクチャ セ ト ミン
国交正常化	국교 정상화 ククキョジョンサンウァ
六カ国協議	6자회담 ユンチャフェダム

政治・経済・時事用語
国際関係②

経済協力開発機構	경제협력개발기구 (OECD)	キョンジェヒョムニョクケバルギグ
アセアン	아세안	アセアン
米州機構	미주기구	ミジュギグ
国際原子力機関	국제원자력기구 (IAEA)	ククチェウォンジャリョクギグ
世界貿易機関	세계무역기구 (WTO)	セゲムヨクギグ
国際刑事警察機構	인터폴 (ICPO)	イントポル
国連平和維持軍	유엔평화유지군 (PKF)	ユエンピョンファユジグン
国連平和維持活動	유엔평화유지활동 (PKO)	ユエンピョンファユジファルトン
非営利団体	비영리단체 (NPO)	ピヨンニダンチェ
非政府組織	비정부기구 (NGO)	ピジョンブギグ
首脳会談	정상회담	チョンサンフェダム
G8サミット	주요선진국 정상회담 (G8)	チュヨソンジングク チョンサンフェダム
共同声明	공동성명	コンドンソンミョン
外交官	외교관	ウェギョグァン
大使 (館)	대사 (관)	テサグァン
領事 (館)	영사 (관)	ヨンサグァン
特使	특사	トゥクサ

● 国際関係② ●

親書	친서	チンソ
代表団	대표단	テピョダン
協定	협정	ヒョプチョン
使節団	사절단	サジョルタン
交渉団	협상단	ヒョプサンダン
移民	이민	イミン
難民	난민	ナンミン
民族紛争	민족분쟁	ミンゾクブンジェン
クーデター	쿠데타	クテタ
亡命	망명	マンミョン
不法入国	불법입국	プルボプイプクク
不法滞在	불법체류	プルボプチェリュ
強制送還	강제송환	カンジェソンファン
国外追放	국외 추방	クグェ チュバン
永住	영주	ヨンジュ
帰化	귀화	クィファ
国旗	국기	ククキ
太極旗(韓国の国旗)	태극기	テグクキ
日章旗	일장기	イルチャンギ

8章・政治・経済・時事用語

政治・経済・時事用語
軍事関係①

国防	국방	ククバン
国防の義務	국방의 의무	ククバンエ ウイム
兵役の義務	병역 의무	ビョンヨク ウイム
軍隊	군대	クンデ
軍人	군인	クニン
国軍	국군	クククン
自衛隊	자위대	チャウィデ
徴兵制	징병제	チンビョンジェ
徴兵検査	징병검사	チンビョンゴムサ
現役入隊対象者	현역 입영대상자	ヒョニョク イビョンデサンジャ
補充役	보충역	ポチュンニョク
公益勤務要員	공익근무요원	コンイクグンムヨウォン
兵役免除	병역 면제	ビョンヨク ミョンジェ
兵役特例	병역 특례	ビョンヨク トゥンネ
入隊延期	입영 연기	イビョン ヨンギ
徴集	징집	チンジプ
入隊令状	입대 영장	イプテ ヨンチャン

●軍事関係①●

服務	**복무**	ポンム
入隊 / 除隊	**입대 / 제대**	イプテ／チェデ
予備軍	**예비군**	イェビグン
兵士 / 兵卒	**병사 / 졸병**	ビョサ／チョルビョン
下士官	**하사관**	ハサグァン
将校	**장교**	チャンギョ
上官	**상관**	サングァン
陸軍 / 海軍 / 空軍	**육군 / 해군 / 공군**	ユククン／ヘグン／コングン
海兵隊	**해병대**	ヘビョンデ
空挺部隊	**공수부대**	コンスブデ
義務警察 / 戦闘警察	**의경 / 전경**	ウイギョン／チョンギョン

8章 ●政治・経済・時事用語

コラム 韓国の兵役の事情

　韓国の男性は19歳で全員徴兵検査(身体の状態、資質、家庭事情などで総合判断)を受けて現役入隊対象か公益勤務要員(代替兵役の一種。公益機関で警備・奉仕活動などに従事)対象か兵役免除かの判定が下されます。現役入隊対象者は20歳で徴集され、陸軍と海兵隊は約24か月、海軍は約26か月、空軍は約27か月間服務。海兵隊、海軍、空軍は志願制で18歳から志願が可能です。大学と大学院の進学者は卒業か終了まで兵役の延期が認められています。

政治・経済・時事用語
軍事関係②

司令部	**사령부**	サリョンブ
司令官	**사령관**	サリョングァン
提督	**제독**	チェドク
指揮官	**지휘관**	チフィグァン
駐屯地 / 基地	**주둔지 / 기지**	チュドゥンジ／キジ
前線 / 後方	**전방 / 후방**	チョンバン／フバン
最前線	**최전방**	チェジョンバン
軍需品	**군수품**	クンスプム
軍服	**군복 / 전투복**	クンボク／チョントゥボク
迷彩服	**위장복**	ウィジャンボク
軍靴	**군화 / 전투화**	クンファ／チョントゥファ
兵器	**병기**	ピョンギ
銃 / 小銃	**총 / 소총**	チョン／ソチョン
拳銃	**권총**	クォンチョン
機関銃	**기관총**	キグァンチョン
銃弾・弾	**총알**	チョンアル
手榴弾	**수류탄**	スリュタン

●軍事関係②

地雷	지뢰	チルェ
大砲	대포	テポ
戦車	탱크 / 전차	テンク／チョンチャ
装甲車	장갑차	チャンガプチャ
戦闘機	전투기	チョントゥギ
軍艦	군함	クナム
潜水艦	잠수함	チャムスハム
紛争	분쟁	ブンジェン
戦争	전쟁	チョンジェン
侵略 / 攻撃	침략 / 공격	チムニャク／コンギョク
戦闘 / 空襲	전투 / 공습	チョントゥ／コンスプ
戦場	전쟁터	チョンジェント
敵軍 / 味方	적군 / 아군	チョックン／アグン
作戦 / 戦術	작전 / 전술	チャクチョン／チョンスル
戦死 / 負傷兵	전사 / 부상병	チョンサ／プサンビョン
軍医 / 衛生兵	군의관 / 위생병	クニグァン／ウィセンビョン
勝利	승리	スンニ
敗戦 / 停戦	패전 / 정전	ペジョン／チョンジョン
反戦活動 / 平和	반전 활동 / 평화	パンジョンファルトン／ピョンファ

8章 ● 政治・経済・時事用語

政治・経済・時事用語
新聞

新聞	**신문**	シンムン
新聞社	**신문사**	シンムンサ
日刊紙	**일간지**	イルガンジ
週間新聞	**주간신문**	チュガンシンムン
全国紙	**전국지**	チョングクチ
地方紙	**지방지**	チバンジ
朝刊 / 夕刊	**조간 / 석간**	チョガン／ソッカン
読者	**독자**	トクチャ
新聞配達（員）	**신문배달 (원)**	シンムンベタル（ウォン）
記者	**기자**	キジャ
取材	**취재**	チュィジェ
デスク	**데스크**	テスク
記事	**기사**	キサ
編集会議	**편집 회의**	ピョンジプ フェイ
紙面	**지면**	チミョン
トップ記事	**머릿기사**	モリキサ
社説 / 論説	**사설 / 논설**	サソル／ノンソル

342

●新聞●

見出し/サブタイトル	표제 / 부제	ピョジェ／ブジェ
政治面	정치면	チョンチミョン
経済面	경제면	キョンジェミョン
社会面	사회면	サフェミョン
文化面	문화면	ムヌァミョン
体育面	체육면	チェユンミョン
読者投稿欄	독자투고란	トクチャトゥゴラン
新聞風刺画	시사만평	シサマンピョン
4コマ新聞漫画	시사만화	シサマヌァ
号外	호외	ホウェ
広告	광고	クァンゴ

コラム 韓国の最新事情が知りたいときは

韓国の新聞社や放送局が開設している日本語版HP（下記URL参考、変更時はキーワード検索）を通して最新の韓国の情報を簡単に得ることができます。

「朝鮮日報」（조선일보）
　http://www.chosunonline.com/
「東亜日報」（동아일보）
　http://japanese.donga.com/
「中央日報」（중앙일보）
　http://japanese.joins.com/
「KBS」http://world.kbs.co.kr/japanese/
「MBC」http://caption.imbc.com/jpn/main.aspx

政治・経済・時事用語
放送

放送	방송	パンソン
ラジオ	라디오	ラディオ
テレビ	텔레비전	テルレビジョン
衛星放送	위성방송	ウィソンパンソン
ケーブルテレビ	케이블 TV	ケイブルティブイ
インターネットラジオ	인터넷라디오	イントネッラディオ
放送局	방송국	パソングク
プロデューサー	프로듀서	プロデュソ
ディレクター	디렉터	ティレクト
アナウンサー	아나운서	アナウンソ
ニュースキャスター	뉴스 캐스터	ニュス ケスト
司会者	사회자	サフェジャ
ディスクジョッキー	디제이 (DJ)	ティジェイ
カメラマン	카메라맨	カメラメン
リスナー	청취자	チョンチュィジャ
視聴者	시청자	シチョンジャ
チャンネル	채널	チェノル

●放送●

番組	**프로그램**	プログレム
視聴率	**시청률**	シチョンニュル
受信料	**시청료**	シチョンニョ
生放送	**생방송**	センバンソン
再放送	**재방송**	チェバンソン
中継放送	**중계방송**	チュンゲバンソン
公開放送	**공개방송**	コンゲバンソン
デジタル放送	**디지털방송**	ディジトルバンソン
ニュース	**뉴스**	ニュス
臨時ニュース	**임시 뉴스**	イムシ ニュス
ニュース速報	**뉴스 속보**	ニュス ソクポ
特種（とくだね）	**특종**	トゥクチョン
ドキュメンタリー	**다큐멘터리**	ダキュメントリ
トークショー	**토크쇼**	トクショ
ドラマ	**드라마**	ドゥラマ
連続ドラマ	**연속극**	ヨンソクク
時代劇	**사극**	サグク
お笑い番組	**코미디 프로그램**	コミディ プログラム
お笑いタレント	**개그맨**	ケグメン

8章 ● 政治・経済・時事用語

政治・経済・時事用語
歴史用語

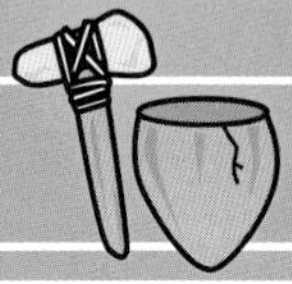

古朝鮮	고조선	コチョソン
高句麗	고구려	コグリョ
百済	백제	ペクチェ
新羅	신라	シルラ
高麗	고려	コリョ
朝鮮	조선	チョソン
隋 / 唐	수나라 / 당나라	スナラ／タンナラ
元	원나라	ウォンナラ
明	명나라	ミョンナラ
清	청나라	チョンナラ
渤海	발해	パレ
倭	왜	ウェ
縄文時代	조몬시대	ジョモンシデ
弥生時代	야요이시대	ヤヨイシデ
エジプト文明	이집트문명	イジプトゥムンミョン
黄河文明	황하문명	ファンハムンミョン
石器文化	석기문화	ソクキムヌァ

● 歴史用語 ●

新石器文化	**신석기문화**	シンソクキムヌァ
青銅器文化	**청동기문화**	チョンドンギムヌァ
鉄器文化	**철기문화**	チョルギムヌァ
遺跡 / 遺物	**유적 / 유물**	ユジョク／ユムル
貝塚遺跡	**조개더미 유적**	チョゲトミ ユジョク
古墳群遺跡	**고분군 유적**	コブングン ユジョク
科挙	**과거**	クァゴ
ヤンバン（両班）	**양반**	ヤンバン
幕府 / 武士	**막부 / 무사**	マクブ／ムサ
第2次世界大戦	**제 2 차 세계대전**	チェイチャ セゲデジョン
朝鮮戦争	**한국전쟁**	ハングクジョンジェン

8章 ● 政治・経済・時事用語

関連単語

倭寇 / 倭館	왜구 / 왜관 ウェグ　ウェグァン
文禄の役	임진왜란 イムジンウェラン
慶長の役	정유재란 チョンユチェラン
朝鮮通信使	조선통신사 チョソントンシン サ
江華島条約	강화도조약 カンファド チョヤク
日韓併合	한일합방 ハニル ハプバン
日韓国交正常化	한일국교정상화 ハ ニルクッキョチョンサンファ

政治・経済・時事用語
日本を紹介する①

日本列島	일본열도	イルボンヨルト
北海道	홋카이도	ホッカイド
本州	혼슈	ホンシュ
四国	시코쿠	シコク
九州	규슈	キュシュ
富士山	후지산	フジサン
四季	사계절	サゲジョル
日の丸 / 国旗	히노마루 / 국기	ヒノマル／ククキ
君が代 / 国歌	기미가요 / 국가	キミガヨ／ククカ
桜 / 国花	벚꽃 / 국화	ポッコッ／ククァ
菊 / 皇室文様	국화 / 황실 문양	ククァ／ファンシル ムニャン
きじ / 国鳥	꿩 / 국조	クォン／ククチョ
世界遺産	세계유산	セゲユサン
法隆寺地域仏教建造物	호류지지역 불교건조물	ホリュジジヨク ブルギョコンジョムル
姫路城	히메지성	ヒメジソン
原爆ドーム	원폭 돔	ウォンポク トム
厳島神社	이츠쿠시마신사	イツクシマシンサ

●日本を紹介する①

古都京都の文化財	**고도 교토의 문화재**	コド キョトエ ムヌァジェ
白神山地	**시라카미 산지**	シラカミ サンジ
屋久島	**야쿠시마 섬**	ヤクシマ ソム
元日	**설날**	ソルナル
お雑煮	**떡국**	トックク
おせち料理	**설음식**	ソルムシク
お屠蘇	**도소주**	トソジュ
正月飾り	**정월 장식**	チョンウォル ジャンシク
初詣	**새해 첫참배**	セヘ チョッチャムベ
年賀状	**연하장**	ヨンハチャン
お年玉	**세뱃돈**	セベットン
凧揚げ	**연날리기**	ヨンナルリギ
こま	**팽이**	ペンイ
カルタ	**카루타 딱지놀이**	カルタ タクチノリ
すごろく	**주사위 놀이**	チュサウィ ノリ
バレンタインデー	**발렌타인데이**	バルレンタインデイ
お花見	**꽃놀이**	コンノリ
ゴールデンウィーク	**황금연휴**	ファングムニョニュ
七夕	**칠석**	チルソク

8章・政治・経済・時事用語

政治・経済・時事用語
日本を紹介する②

子どもの日	**어린이날**	オリニナル
母の日	**어머니날**	オモニナル
父の日	**아버지날**	アボジナル
夏祭り	**여름축제**	ヨルムチュクチェ
花火大会	**불꽃놀이**	プルコンノリ
月見	**달구경**	タルグギョン
お歳暮	**연말선물**	ヨンマルソンムル
忘年会	**망년회**	マンニョンフェ
大掃除	**대청소**	テチョンソ
餅つき（大会）	**떡치기 (대회)**	トクチギ (テフェ)
年越しそば	**섣달 그믐날밤에 먹는 국수**	ソッタル グムムナルパメ モンヌン ククス
除夜の鐘	**제야의 종**	チェヤエ ジョン
着物	**기모노**	キモノ
相撲／力士	**씨름 / 씨름선수**	シルム／シルムソンス
赤飯	**팥 찰밥**	パッチャルパプ
納豆	**낫토 / 생청국장**	ナット／センチョングクチャン
梅干し	**매실장아찌**	メシルチャンアチ

350

●日本を紹介する②

おでん	오뎅 / 꼬치	オデン
かまぼこ	어묵	オムク
刺し身	회	フェ
すし	스시 / 생선초밥	スシ／センソンチョバプ
天ぷら	튀김	ティギム
焼き鳥	닭꼬치	タッコチ
茶道	다도	タド
生け花	꽃꽂이	コッコジ
盆栽	분재	ブンジェ
書道	서예	ソエ
折り紙	종이접기	チョンイジョプキ

8章 ● 政治・経済・時事用語

関連単語

歌舞伎	가부키 (대중적 전통극)	カブキ テジュンジョクチョントンククッ
能	노 (전통 가면가무극)	ノ チョントン カミョンカムグク
文楽	분라쿠 (전통인형극)	ブンラク チョントンイニョングク
寄席	요세 (대중연예공연장)	ヨセ テジュンイェネコンヨンチャン
落語	라쿠고 (만담)	ラクゴ マンダム
浮世絵	우키요에 (에도시대의 풍속화)	ウキヨエ エドシデエ プンソクァ
三味線	샤미센 (3 줄 현악기)	シャミセン セジュルヒョナクキ

韓国歴史略表

BC ?	古朝鮮
BC57	新羅建国
BC37	高句麗建国
BC18	百済建国
372	高句麗, 仏教伝来
384	百済、仏教伝来
527	新羅仏教公認
660	百済滅亡
668	高句麗滅亡
676	新羅、三国統一
698	渤海建国
751	新羅、佛国寺・石窟庵創建
918	高麗建国
926	渤海滅亡
935	新羅滅亡
936	高麗, 朝鮮半島統一
958	科挙制度施行
1145	三国史記編纂
1285	三国遺史編纂
1392	高麗滅亡, 朝鮮建国
1446	訓民正音(ハングル)公布
1510	三浦倭乱
1555	乙卯倭変
1592	壬辰倭乱(文禄の役)
1597	丁酉倭乱(慶長の役)
1875	運揚号事件
1876	丙子修好条規(江華島条約)
1894	東学農民運動
1897	大韓帝国成立
1909	安重根, 伊藤博文暗殺
1910	日本による韓国併合
1919	3・1独立運動
1919	大韓民国臨時政府樹立
1919	堤岩里事件
1920	柳寛順獄死
1923	関東大震災朝鮮人虐殺事件
1940	創氏改名実施
1945	日本敗戦、南北分断
1948	大韓民国(韓国)政府樹立 朝鮮民主主義人民共和国 (北朝鮮)樹立
1950	北朝鮮の韓国侵略により朝鮮戦争勃発
1953	朝鮮戦争休戦
1960	4・19学生革命
1961	5・16軍事クーデター
1965	日韓、国交正常化
1968	北朝鮮特殊部隊、韓国大統領官邸襲撃
1969	ハングル専用教育始まる
1970	セマウル運動始まる
1979	10・26朴正煕大統領暗殺
1980	5・18光州事件
1982	夜間通行禁止廃止
1983	ソ連によるKAL機撃墜事件
1983	ビルマ、アウンサン廟爆破事件 (北朝鮮による韓国大統領一行暗殺企図事件)
1987	北朝鮮工作員によるKAL機爆破事件
1988	ソウルオリンピック開催
1991	韓国と北朝鮮、国連同時加盟
1994	北朝鮮、金日成死亡
1995	北朝鮮、大飢饉
2002	ワールドカップサッカー日韓共催
2006	北朝鮮地下核実験実施

ふろく

「韓国語の基本単語集」さくいん

あ

アーチェリー……… 223
アール……………… 73
R指定……………… 243
R 18 ……………… 243
愛玩動物…………… 273
アイコン…………… 191
ICU ………………… 291
アイシャドー……… 126
アイスキャンディー… 143
アイスクリーム…… 139
アイスコーヒー…… 140
アイスボックス…… 219
あいつ……………… 39
あいつを捕まえろ！… 315
相乗りする………… 197
アイライナー……… 126
アイロン………171・174
アイロンをかける…117・175
和え物……………… 137
和える……………… 144
青…………………… 92
青い………………… 92
青色………………… 92
青組………………… 226
青信号……………… 195
青大将……………… 279
青海苔……………… 153
青緑………………… 93
赤…………………… 92
赤い………………… 92
赤色………………… 92
赤貝………………… 153
あかがえる………… 278
あかすり…………… 213
あかすりタオル…… 175
赤組………………… 226
赤潮………………… 267
赤信号……………… 195
赤ちゃん…………… 117

アカペラ…………… 246
明るい……………… 53
赤ワイン…………… 141
あかをする………… 175
秋…………………… 74
あきあきする……… 48
空き巣……………… 311
諦める……………… 48
飽きる……………… 49
アクション映画…… 242
悪性………………… 296
アクセサリー……… 124
あくび……………… 303
あくびをする……… 303
揚げ菓子…………… 143
明け方……………… 86
あげはちょう……… 276
あげまきがい……… 152
揚げる……………… 144
あご………………… 110
憧れる……………… 46
朝…………………… 86
朝顔………………… 284
朝ごはん…………… 128
あさって…………… 77
あざらし…………… 273
あさり……………… 153
あざ笑う…………… 48
足…………………… 112
脚…………………… 112
あじ………………… 274
味…………………… 130
アジア……………… 105
あしか……………… 273
味が薄い…………… 130
味が落ちる………… 131
味が変わる………… 131
味が濃い…………… 131
味がつく…………… 131
足首をひねる……… 301
あじさい…………… 284

味塩………………… 158
味付けカルビ……… 148
味付けをする…131・159
足つぼマッサージ… 212
足の裏……………… 112
足の甲……………… 112
足の爪……………… 112
足の指……………… 112
味見する…………… 131
味を締める………… 131
味を出す…………… 131
明日………………… 77
明日お目にかかります… 36
小豆………………… 154
あずき氷…………… 139
アスピリン………… 307
汗…………………… 302
アセアン…………… 336
汗が出る…………… 302
あせも……………… 304
遊ぶ………………… 115
暖かい……………… 261
温める……………… 145
アタッシュケース… 122
頭…………………… 110
頭が痛い…………… 302
厚い………………… 95
暑い………………… 261
厚化粧………127・212
あっさりしている… 130
厚さ………………… 95
暑さ………………… 263
圧死………………… 315
圧縮………………… 192
圧縮解凍…………… 192
圧縮ファイル……… 191
あっち……………… 88
アップヘア………… 214
アップルパイ……… 142
宛先………………… 101
後で………………… 91

後払い……………… 210	あやめ……………… 285	イーゼル…………… 251
アトリエ…………… 251	鮎…………………… 150	医院………………… 290
穴開け……………… 189	アユタヤ遺跡……… 287	家…………………… 162
アナウンサー… 233・344	あらすじ…………… 249	胃炎………………… 296
あなた……………… 38	荒っぽい…………… 52	いか………………… 150
あなたたち………… 38	アラブ語…………… 108	胃潰瘍……………… 296
兄…………………… 40	あられ（菓子）…… 143	医学部……………… 182
兄妹………………… 42	あられ（気象）…… 259	胃がもたれる……… 303
兄嫁………………… 43	あり………………… 276	いかりを下す……… 203
姉…………………… 40	ありがたい………… 45	胃がん……………… 297
姉弟………………… 42	ありがとうございます… 34	生き埋め…………… 317
亜熱帯……………… 260	あるいは…………… 62	息が切れる………… 303
あの方……………… 39	アルゼンチン……… 107	イギリス…………… 106
あの人……………… 38	アルタミラ洞窟…… 287	イグアナ…………… 278
あひる……………… 281	アルツハイマー…… 298	育児………………… 116
油揚げ……………… 154	アルト……………… 245	意気地がない……… 52
油絵………………… 250	アルバム…………… 253	いくら……………… 55
脂っこい…………… 130	アルミニウム……… 264	いくらくらいしますか… 55
油とり紙…………… 126	あわび……………… 152	いくらですか……… 54
油の店……………… 133	哀れだ……………… 49	池…………………… 262
油汚れ……………… 173	アンクレット……… 124	生け花………… 255・351
アフリカ…………… 105	あんこう…………… 151	生け花をする……… 285
甘い………………… 130	アンコールワット… 287	違憲………………… 324
あまがえる………… 278	暗証番号…………… 98	以後………………… 87
甘柿………………… 156	安心する…………… 48	遺産………………… 286
雨がっぱ…………… 118	あんず………… 156・283	胃酸過多…………… 303
雨具………………… 220	安全保障理事会…… 334	石…………………… 263
雨雲………………… 261	安定した職業……… 241	医師………………… 292
天の川……………… 268	案内カウンター…… 217	意識する…………… 49
甘味………………… 130	案内デスク………… 230	遺失物センター…… 217
あまり好きではありません	案の定……………… 63	いじめないで……… 49
…………………… 59	アンパン（居間）… 165	いしもち…………… 151
あみだくじを引く… 256	安楽死……………… 315	医者…………… 232・292
網棚………………… 199		遺書………………… 314
網を張る…………… 221	**い**	異常気象…………… 266
雨…………………… 259	胃…………………… 112	意地だ……………… 50
飴…………………… 143	いい1日をおすごしくだ	意地悪な姑………… 49
アメジスト………… 125	さい………………… 37	いす………………… 166
アメリカ…………… 107	いいえ……………… 58	イスラム教………… 330
アメリカンフットボール	いいえ、今はだめです… 57	遺跡…… 229・286・347
…………………… 222	いいです…………… 58	以前………………… 87

急いでください…… 56	1か月間………… 87	医薬品…………… 306
忙しいですか…… 55	一括払い………… 210	いやけが差す…… 49
いそぎんちゃく…… 275	いつからですか…… 55	いやです………… 58
痛い……………… 304	いつ来ましたか…… 54	イヤホン………… 171
いたずら電話…… 61	厳島神社………… 348	イヤリング……… 124
いただきます…… 36	一軒家…………… 162	いらいらする…… 46
いたち…………… 272	1週間………… 76・87	いらだたしくなる… 46
板の間…………… 165	一神教…………… 330	いらっしゃいませ… 35
傷む……………… 131	1対0…………… 225	衣類……………… 209
炒める…………… 144	いつつ…………… 68	いるか…………… 273
イタリア………… 106	行ってきます…… 36	色鉛筆…………… 188
イタリア語……… 108	いつですか……… 54	色が明るい……… 93
イタリア料理…… 134	言ってみれば…… 63	色が鮮やかだ…… 93
一………………… 66	行ってもいいですか … 57	色があせる……… 93
1位……………… 91	行ってらっしゃい… 36	色が薄い………… 93
1月……………… 74	一等…………… 91・227	色がくすんでいる… 93
1学期…………… 176	一等船室………… 203	色が暗い………… 93
いちご…………… 156	一杯飲む………… 115	色が濃い………… 93
1時……………… 84	1泊……………… 230	岩………………… 263
いちじく………… 157	いつ始めますか… 54	いわし…………… 151
一年間…………… 87	1分……………… 85	いわな…………… 151
1〜2か月……… 87	いつまでいますか… 55	いわば…………… 63
一日中…………… 87	いつまでですか… 55	いわゆる………… 63
一日に1回 …… 309	いて座…………… 269	岩場……………… 220
一日に3回 …… 309	いてもいいですか… 57	印鑑……………… 98
一日に2回 …… 309	いとこ…………… 42	インクカートリッジ… 190
1日2日 ……… 87	稲妻……………… 259	いんげん豆……… 154
一年中…………… 87	稲荷ずし………… 136	印刷……………… 249
市場………… 133・206	犬………………… 270	印象派…………… 251
1番…………… 90・91	犬肉……………… 148	飲食店…………… 132
一番後ろ………… 91	いのしし………… 270	飲食店従業員…… 133
一番前…………… 91	衣服店…………… 206	インスタントカメラ… 170
1番目…………… 90	遺物………… 286・347	インスタントコーヒー
市松模様………… 94	違法……………… 324	…………………… 140
一夜漬け………… 187	今………………… 87	インスタント食品… 128
いちょう………… 282	居間……………… 165	インストールする… 192
胃腸薬…………… 307	今川焼き………… 143	隔石……………… 268
いつ……………… 55	移民……………… 337	インターネット電話… 61
いつ行きますか… 54	妹………………… 40	インターネットラジオ
いつ終わりますか… 55	いもり…………… 278	…………………… 344
いつか一杯やりましょう … 37	いやがる………… 47	インターン……… 292

356

インチ……………… 72	うさぎ跳びをする… 227	梅干し………… 137・350
インド…………… 106	牛………………… 270	裏返す…………… 145
インド洋………… 105	うしがえる……… 278	裏通り…………… 204
インフォームドコンセント	牛の小腸………… 148	占い……………… 331
……………………… 293	後ろ………………… 88	占い師…………… 331
インフルエンザ…… 299	薄い………………… 95	うらやましい……… 45
インフレ………… 327	薄く切る………… 145	売り切れ………… 208
	薄化粧……… 127・212	雨量計…………… 261
う	薄緑色……………… 93	売る……………… 211
	うずら…………… 280	うれしい……… 44・45
ウィスキー……… 141	うずらの卵……… 155	(お会いできて) うれしいです
ウィルス………… 296	右折……………… 195	………………………… 34
ウィルス対策プログラム	歌…………… 244・254	うろこ…………… 274
……………………… 190	疑う………………… 48	上着……………… 118
ウィルスに感染する… 192	歌を歌う………… 247	うんざりする……… 46
ウィンドーショッピング	内気だ……………… 52	運転手………196・232
……………………… 208	宇宙……………… 268	運転する………… 195
ウィンドサーフィン… 218	宇宙ステーション… 269	運転席…………… 196
ウィンドジャケット… 220	宇宙飛行士……… 269	運転免許………… 194
ウーパールーパー… 278	美しい……………… 45	運動会………80・226
烏龍茶…………… 140	うつ病…………… 298	運動着…………… 226
上…………………… 88	器………………… 160	運動靴…………… 121
ウェイター……… 133	腕………………… 111	運動場…………… 177
植木鉢…………… 168	腕立て伏せ……… 227	
飢え死にする…… 315	腕時計…………… 123	**え**
ウェストポーチ…… 122	うどん……… 135・137	
ウェットティッシュ… 127	うどん屋………… 132	絵…………… 250・254
ウェディングドレス… 83	うなぎ…………… 150	エアコン………… 170
ウェハース……… 143	うなぎの焼き物…… 136	えい……………… 275
ウェンディーズ… 139	うな丼…………… 136	映画……………… 242
うお座…………… 269	うに……………… 153	映画館…………… 242
魚の目…………… 304	乳母車…………… 117	映画鑑賞………… 254
ウォン……………… 96	うぶ毛…………… 213	映画監督………… 243
うがい薬………… 308	馬………………… 270	映画タイトル…… 243
浮き……………… 221	海………………… 262	映画を撮影する…… 243
浮き袋…………… 274	海がめ…………… 278	営業時間………… 208
浮世絵…………… 351	海釣り…………… 221	営業職…………… 236
うぐいす………… 280	海へび…………… 279	営業中…………… 208
受付……………… 291	膿(う)む………… 300	英語………108・180
受取人…………… 101	梅……… 157・283・284	永住……………… 337
烏骨鶏(うこっけい)… 149	埋め立て………… 267	エイズ…………… 299
うさぎ…………… 270		衛星……………… 268

衛生兵	341
衛星放送	344
ＡＴＭ	99
栄養剤	307
栄養士	292
駅	199
駅員	199
駅長	199
エクストラベッド	231
えくぼ	110
えごま	158
えごま油	158
えさをつける	221
エジプト	107
エジプト文明	346
エステ	213
エチオピア	107
絵の具	189・251
絵葉書	100
えび	152
えびせん	143
絵筆	251
絵本	248
えら	274
選ぶ	211
選んでもいいですか	57
襟足	215
絵を描く	251
円	96
演技	243
円形	94
円形脱毛症	304
演劇	243
遠視	304
エンジニア	235
演出家	243
炎症	300
援助交際	313
援助国	335
エンジンをかける	195
演奏家	235

演奏会	245
演奏する	247
遠足	81・218
遠足に行く	219
円高	328
延長戦	224
えんどう豆	154
鉛筆	188
鉛筆削り	188
円満だ	53

お

甥	42
おいかわ	275
追い越し	195
おいしい	130
お忙しいようですね	37
お祝い金	83
追う	311
応援する	225
応急室	291
応急処置	295
王国	104
雄牛	270
おうし座	269
応接間	165
黄疸	296
横断歩道	194・205
おうむ	281
大雨	261
大雨注意報	260
大型タクシー	197
狼	272
大きい	95
大きさ	72・95
大きめに切る	145
大食い	129
オーケストラ	244
おおさんしょううお	278
オーストラリア	106
大掃除	173・350

オーダーメイド	118
大玉転がし	226
大通り	205
オートキャンプ	219
オーナー	208
大波	265
オーブン	170
大水	317
大晦日	75
大家	163
大雪注意報	260
大らかだ	50
オールバック	214
オーロラ	264
丘	265
お母さん	40
おかけ間違いです	60
おかず	128
おかっぱ	214
お金を預ける	99
お金を下ろす	99
お金を借りる	99
おかゆ	135
小川	262
悪寒	302
悪寒がする	302
おきなぐさ	285
お客様	208
お経	332
起きる	114
奥	89
億	67
屋上	164
お元気でしたか	35
お元気ですか	37
おこし	143
起こす	114
怒りっぽい	53
おこわ	134
お先に失礼します	36
おじ	41

叔父	40・41	
伯父	40	
惜しい	47	
おじいさん	40	
教えてください	56	
教える	179	
お仕事は順調ですか	37	
おじさん	39	
おしっこの量	305	
おしどり	280	
おしゃべりだ	51	
お尻	111	
オセアニア	105	
お歳暮	350	
おせち料理	349	
お雑煮	349	
オゾン層	266	
お宅	38	
お玉	161	
おたまじゃくし	278	
穏やかだ	50	
おだんご	214	
お乳を飲ませる	117	
お茶	140	
夫	42	
夫の兄	43	
夫の弟	43	
夫の姉妹	43	
おつまみ	128	
おつり	97・210	
おでき	299	
お手伝いします	58	
おでん	137・351	
お父さん	40	
弟	40	
弟嫁	43	
お年玉	349	
お屠蘇	349	
おととい	77	
大人	216	
おとなしい	51	

おとめ座	269	
踊り	254	
おなか	111	
おなかが痛い	302	
おなかがいっぱいだ	129	
おなかがすく	129	
おなかが張る	302	
お兄さん	40	
おにぎり	137	
お姉さん	40	
お願いします	56	
おば	41	
叔母	41	
伯母	41	
おばあさん	40	
お化け屋敷	217	
おばさん	39	
お花	255	
お花見	349	
おひつ	161	
おひつじ座	268	
お人好しだ	52	
お冷や	140	
オフシーズン	229	
お坊さん	332	
お盆	161	
おまえ	38	
おまえら	38	
お待ちください	60	
お巡りさん	310	
お見合い結婚	82	
お見合いする	82	
おみやげ	217	
おむつ	117	
おむつ交換台	217	
おめでとう	36	
おめでとうございます	36	
お面	168	
思い出す	49	
重さ	72	
おもしろい	44	

おもしろかったですか	55	
おもちゃ屋	207	
重り	221	
親	42	
おやすみ	35	
おやすみなさい	34	
おやつ	128	
親指	111	
オランウータン	272	
オランダ	107	
オリエンテーリング	218	
折り紙	351	
下りる	259	
降りる	197	
折る	300	
オルガン	246	
オルゴール	169	
おれ	38	
オレンジ	157	
オレンジ色	93	
卸売り	326	
卸売店	207	
おろし金	161	
おろす	145	
お笑いタレント	345	
お笑い番組	345	
音楽	180・244	
音楽家	245	
音楽会	245	
音楽学部	182	
音楽鑑賞	254	
音楽室	177	
音楽を聞く	247	
穏健派	322	
温厚で礼儀正しい	51	
温室ガス	266	
温湿布	308	
温泉	263	
温帯	260	
温帯低気圧	260	
音痴	247	

御中……………… 101	外国語学部……… 182	顔……………………110
温度計…………… 261	外国人登録……… 103	顔色………………302
オンドル部屋…… 165	解雇される……… 241	顔色がよくない……302
おんぶする……… 117	改札口…………… 198	顔を洗う…………114
オンラインゲーム… 254	海産物…………… 152	画家……………235・251
	買い占める……… 211	価格……………210・326
か	会社員…………… 232	化学………………180
蚊………………… 276	外出中です……… 60	科学………………180
蛾(が)…………… 276	外食……………… 128	化学調味料………159
カーキ色………… 93	回診……………… 293	かかと……………112
ガーゼ…………… 301	海水魚…………… 274	鏡…………………166
カーソル………… 191	海水浴…………… 218	鏡を見る…………127
カーテン………… 168	海草……………… 153	係長………………237
カード…………… 100	解像度…………… 191	柿……………156・283
カードキー……… 231	階段……………… 164	鍵…………………169
ガードル………… 121	懐中電灯………… 221	柿色………………93
カーネーション… 284	会長……………… 236	書留………………100
カーペット……… 168	貝塚……………… 286	書き取り………109・186
カーラー………… 215	貝塚遺跡………… 347	かきまぜる………144
～回……………… 71	書いてください… 56	科挙………………347
貝………………… 152	開店時間………… 208	家具………………166
～階……………… 71	回転ブランコ…… 217	角刈り……………214
下位……………… 91	ガイド…………… 228	角砂糖……………140
開園時間………… 216	街灯……………… 205	角質除去…………213
絵画……………… 250	解答用紙………… 186	隔週………………76
快活だ…………… 51	ガイドブック…… 228	革新………………322
海岸……………… 262	開発途上国……… 104	学生………………184
改行する………… 192	海兵隊…………… 339	学生かばん………178
会議をする… 115・239	介抱強盗………… 312	覚醒剤……………312
海軍……………… 339	買い物かご……… 209	学生証……………178
会計……………… 291	海洋汚染………… 266	学生食堂…………132
会計監査………… 329	外用薬…………… 308	学長………………185
会計年度………… 327	外来……………… 293	確定申告…………327
外交……………… 334	外来患者………… 293	カクテル…………141
外交官…………… 336	海里……………… 73	学年………………176
開校記念日……… 177	海流……………… 262	核廃棄物…………267
外国……………… 334	街路樹…………… 205	岳父………………43
外国映画………… 242	会話……………… 55	楽譜………………244
外国為替………… 328	買う……………… 211	学部………………182
外国為替市場… 97・328	かえで…………… 282	学部生……………184
外国語………108・181	かえる…………… 278	額縁………………168

岳母	43	
核保有国	335	
核問題	335	
家具屋	207	
閣僚	322	
かくれんぼ	255	
がけ崩れ	317	
かけ算	67	
掛け軸	168	
可決	323	
かけっこ	226	
掛け布団	167	
かげろう	264・276	
賭けをする	256	
過去	86	
加工食品	129	
かさ（単位）	72	
傘	122	
火災	318	
火災警報器	318	
火災通報	61・318	
風車	255	
かささぎ	280	
風向	258	
風向計	261	
飾り皿	169	
傘をさす	123	
火山	263	
火山灰	316	
火山爆発	263	
菓子	142	
華氏	258	
歌詞	244	
家事	116	
火事が発生する	319	
下士官	339	
貸切バス	196	
貸金庫	99	
火事だ！	315	
貸し出し	99	
加湿器	171	
貸してください	56	
カジノ	256	
歌手	233・245	
カジュアル	118	
過敏症	298	
かしわ	282	
舵を取る	203	
数	67	
カステラ	142	
ガスレンジ	171	
課税	327	
家政婦	234	
風邪薬	306	
風邪に気をつけてください	37	
河川	262	
画素	252	
家族写真	253	
家族旅行	81	
ガソリンスタンド	194・205	
肩	110	
固い	131	
肩書き	236	
肩が外れる	301	
片づける	173	
肩を叩く	213	
肩をもむ	213	
課長	237	
〜月	71	
かつお	151	
かつおぶし	159	
学科	181	
活火山	265・316	
学期	176	
楽器	246	
学校	176	
学校が始まる	179	
学校に行く	115	
合宿旅行	81	
合唱	245	
渇水期	317	
合奏	244	
カッターナイフ	188	
活断層	316	
カット	214	
かつら	215	
家庭	181	
家庭裁判所	103・325	
家電製品	170・209	
角部屋	165	
蚊取り線香	219	
カトリック	330	
家内	42	
悲しい	44	
カナダ	107	
仮名文字	109	
金物屋	207	
かに	152	
かに座	269	
蚊に刺される	277	
鐘	333	
可燃ごみ	172	
彼女	38	
かば	273	
かばん	122	
過半数	323	
画びょう	189	
花びん	168	
カフェオレ	140	
株価	329	
歌舞伎	351	
株式	329	
株式会社	329	
カフスボタン	124	
カプセル	306	
かぶとむし	277	
壁	164	
壁掛け	169	
壁掛け時計	168	

壁紙……………169・191	体の具合はいかがですか……………………37	環境破壊……………266
かぼちゃ……………146		環境ホルモン………267
がまがえる…………278	体の調子はどうですか…55	環境問題………266・355
かまきり……………277	カラット………………73	歓迎会…………………80
かまぼこ……………137・351	辛党…………………129	感激する………………47
我慢する………………46	ガラパゴス島…………287	管弦楽団……………244
神……………………330	からぶき……………172	観光…………………201
髪……………………110	落葉松（からまつ）…282	観光コース…………229
紙おむつ……………117	からをやぶる………281	官公署………………102
神様…………………330	カリキュラム………178	観光する……………229
かみそり……………127	顆粒…………………306	観光地………………229
髪留め………………124	かりん………………157	観光バス……………196
雷……………………259	カルタ………………349	肝硬変………………297
紙袋…………………209	カルテ………………293	観光旅行……………228
髪を洗う…………114・215	カルビ………………148	缶コーヒー…………140
髪を切る……………215	彼………………………38	看護学部……………182
髪をとかす………114・215	かれい………………151	韓国…………………106
髪を整える…………215	ガレージ……………164	韓国映画……………242
髪を結ぶ…………114・215	カレーライス………137	韓国画………………250
ガム…………………143	カレンダー………75・168	韓国語………………108
かめ…………………278	画廊…………………251	韓国高速鉄道………198
加盟国………………334	過労死………………315	韓国国際協力団………335
カメラ………………170	川……………………262	韓国史………………180
カメラマン……232・344	かわいい………………45	韓国伝統家屋…………162
カメレオン…………279	かわいそうだ…………49	韓国の伝統菓子……142
鴨……………………281	かわうそ……………273	韓国料理……………134
科目落第……………187	為替………………96・328	韓国料理店…………133
貨物船………………202	為替相場………………96	看護師……………233・292
鴨肉…………………149	為替率………………328	頑固だ……………50・53
かもめ………………281	為替レート……………96	漢字…………………109
かゆい………………304	川釣り………………221	元日…………………349
歌謡曲………………246	皮をむく……………145	患者…………………293
火曜日…………………76	貫………………………73	勘定する……………210
カラーフィルム……252	雁……………………280	寒食……………………79
カラーリング………215	肝炎…………………296	肝臓…………………112
辛い…………………130	眼科…………………290	乾燥機………………171
カラオケ……………255	考えてみます…………58	乾燥注意報…………260
がらがらへび………279	カンガルー…………272	寒波…………………260
からし………………159	肝がん………………297	寛大だ…………………52
からす………………280	がんぎえい…………274	干潮…………………265
ガラスのコップ……160	環境汚染……………266	官庁…………………102

毒定食 ……………… 134	聞き取りテスト …… 186	几帳面で気難しい … 52
かんで食べる ……… 129	効き目 ……………… 309	喫煙席 ……………… 199
感電死 ……………… 315	棄却 ………………… 325	きつつき …………… 280
感動する …………… 47	桔梗の根 …………… 147	切手 ………………… 101
監督 ………………… 224	貴金属店 ………125・207	切手収集 …………… 254
カンニングペーパー… 186	菊 …………………284・348	きつね ……………… 271
カンヌ映画祭 ……… 243	気候 ………………… 258	きつねうどん ……… 137
干ばつ ……………… 317	ぎこちない ………… 47	切符 ………………… 198
がんばってください … 35	きじ …………………280・348	切符売場 …………… 198
干ばつ被害 ………… 317	記事 ………………… 342	規定 ………………… 324
看板 ………………… 205	キジキジ …………… 275	祈祷（きとう） …… 333
乾パン ……………… 143	基軸通貨 …………… 328	起動する …………… 192
岩盤温熱式の低温サウナ	汽車 ………………… 198	機内食 ……………… 201
……………………… 175	記者 ………………233・342	きなこ ……………… 154
幹部 ………………… 237	技術 ………………… 181	記念切手 …………… 101
漢方医 ……………… 292	技術者 ……………… 234	記念写真 ………83・253
漢方医科大学 ……… 182	気象図 ……………… 260	昨日 ………………… 77
歓楽街 ……………… 204	気象庁 ……………… 258	技能工 ……………… 235
観覧車 ……………… 217	生地をこねる ……… 144	きのこ ……………… 147
管理職 ……………… 236	きす ………………… 275	気の毒だ …………… 49
管理費 ……………… 163	傷 …………………… 300	気乗りがしない …… 47
寒流 ………………… 262	傷跡 ………………… 301	騎馬戦 ……………… 227
還暦 ………………… 80	傷が膿む …………… 301	ギプス ……………… 301
	傷ができる ………… 198	ギプスをする ……… 295
き	傷が治る …………… 301	ギフトショップ …… 207
木 …………………… 282	犠牲者 ……………… 317	希望する …………… 48
黄 …………………… 92	既成宗教 …………… 330	気まぐれだ ………… 51
気圧計 ……………… 261	既製服 ……………… 118	きまじめだ ………… 52
気圧の谷 …………… 260	季節 ………………… 74	期末考査 …………… 186
キーボード ………… 190	季節の変わり目 … 75・260	きまりが悪い ……… 46
キーホルダー ……… 124	季節風 ……………… 260	君 …………………… 38
黄色 ………………… 92	基礎医学 …………… 183	君が代 ……………… 348
黄色い ……………… 92	規則 ………………… 324	君たち ……………… 38
キウィ ……………… 157	北 …………………… 88	義務警察 …………… 339
義捐金 ……………… 319	北アメリカ ………… 105	気難しい …………… 52
気温 ………………… 258	ギターを弾く ……… 247	キムチ ……………… 134
帰化 ………………… 337	期待する …………… 47	キムチチゲ ………… 135
議会 ………………103・322	帰宅する …………… 115	キムチを漬ける時期 … 75
気が小さい ………… 50	基地 ………………… 340	気持ちいい ………… 44
機関銃 ……………… 340	貴重品 ……………… 231	気持ち悪い ………… 44
聞き取り …………… 109	几帳面だ …………… 52	着物 ………………… 350

363

客室 230	救世軍 331	教壇 176
却下 325	救世主 330	協定 337
逆光 252	牛丼 136	競艇 250
キャッシュカード 98	牛肉 148	経典 332
キャプテン 224	牛乳 155	教頭 185
キャベツ 146	9分 85	共同声明 336
キャミソール 121	給与 238	京都記念物群 287
キャラクター 217	きゅうり 146	競歩 223
キャラメル 143	給料日 238	興味がありません 59
ギャラリー 251	今日 77	経文 332
キャンセルする 230	凶悪犯罪 312	教諭 185
キャンバス 251	教育学 183	教養課程 181
キャンプ 219	教育学部 182	恐竜 273
キャンプ場 219	教員 185	共和国 104
キャンプに行く 219	教会 332	ギョーザ 137
キャンプファイヤー 219	教科書 178	魚介類 152
キャンプをする 219	恐喝 312	曲線 95
休暇 238	恐喝犯 312	局部 295
休火山 265	供給 326	曲目 244
球技 222	狂牛病 299	拒食症 298
救急患者 293	競技ルール 224	漁船 202
救急車 194	強硬派 322	魚拓を取る 221
救急車を呼んでください！ 315	峡谷 265	去痰剤 307
救急隊 292	教材 178	漁民 234
救急隊員 292	教師 185・232	桐 282
救急通報 61	教室 176	霧 259
救急箱 300	教授 185・232	切り上げ 328
急行 198	教授室 177	きりぎりす 277
休講になる 179	教職員食堂 132	切り下げ 328
救護物資 319	強心剤 307	キリスト教 330
急死 315	強制送還 337	切り取り 191
九州 348	行政法 324	霧吹き 174
九十 69	競走 223	きりん 271
救出する 318	協奏曲 244	切る 300
旧正月 78	強壮剤 307	記録遺産 286
求職 240	行政書士 233	キログラム 73
救助する 318	兄弟 42	キロメートル 72
求人 240	鏡台 166	キロリットル 73
求人求職ネット 240	強大国 104	木を切る 283
急性 296	兄弟の妻 43	気をつけ 227
	教卓 176	気をつけてお帰りなさい 36

千 …………………… 73	偶像崇拝 ………… 331	靴を履く ………… 121
金 …………… 125・264	空挺部隊 ………… 339	靴を磨く ………… 121
銀 …………… 125・264	クーデター ……… 337	国 ………………… 104
金色 ……………… 93	9月 ……………… 74	くぬぎ …………… 282
銀色 ……………… 93	くし ………… 125・215	首 ………………… 110
禁煙席 …………… 199	9時 ……………… 84	首を切られる …… 241
金魚 ……………… 274	くじく …………… 300	首を絞める ……… 314
金庫 ……………… 231	串焼き …………… 137	首をつる ………… 314
銀行 ………… 98・328	くじゃく ………… 281	くま ……………… 271
銀行強盗 ………… 312	くしゃみ ………… 302	雲 ………………… 261
金婚式 …………… 80	くしゃみが出る … 302	くも(虫) ………… 276
銀婚式 …………… 80	具象画 …………… 250	供物 ……………… 333
近視 ……………… 304	くじら …………… 273	くもの巣 ………… 277
金星 ……………… 268	くじを引く ……… 256	曇り ……………… 258
金属 ……………… 264	くす玉割り ……… 227	区役所 …………… 102
緊張緩和 ………… 334	くすのき ………… 282	悔しい …………… 44
緊張する ………… 46	薬 ………………… 306	悔やまれる ……… 49
ぎんなん ………… 157	薬がよく効く …… 309	暗い ……………… 53
筋肉 ……………… 112	薬指 ……………… 111	グラス …………… 160
筋肉痛 …………… 300	薬を処方する …… 309	くらげ …………… 153
銀の箸とスプーン… 125	薬を飲む …… 295・306	クラシック ……… 246
勤勉だ …………… 52	薬を塗る ………… 306	クラスメート …… 184
勤務時間 ………… 238	くせ毛 …………… 214	グラタン ………… 138
勤務する ………… 238	果物 ……………… 156	クラッカー ……… 142
金メダル ………… 225	果物ジュース …… 141	グラム …………… 73
銀メダル ………… 225	果物ナイフ ……… 161	クラリネット …… 247
金融 ……………… 328	果物屋 ……… 133・206	栗 …………… 157・283
金融機関 ………… 328	百済 ……………… 346	クリーニングサービス… 231
金曜日 …………… 76	口 ………………… 110	クリーム ………… 140
金利 ………… 99・328	口が重い ………… 53	クリスマス ……… 78
勤労者の日 ……… 78	口が軽い ………… 53	クリスマスカード… 79
	口に合う ………… 131	クリップ ………… 189
く	口紅 ……………… 126	クリニック ……… 290
	口紅を塗る …… 127・212	グリーンピース … 154
九 ………………… 66	唇 ………………… 110	苦しい …………… 46
食いしん坊 ……… 129	区長 ……………… 102	車 ………………… 194
空気 ……………… 263	靴 ………………… 121	車いす貸出所 …… 217
空気清浄機 ……… 171	クッキー ………… 142	車いすに乗る …… 295
空軍 ……………… 339	靴下 ……………… 120	車えび …………… 152
空港 ……………… 200	クッション ……… 168	車にひかれる …… 315
空港バス ………… 196	靴屋 ……………… 206	車酔い …………… 305
空襲 ……………… 341		

くるみ……………157・283	景勝地……………… 229	血液検査…………… 295
グレープフルーツ… 157	軽食屋……………… 133	月火水木金土日…… 76
クレジットカード… 97・210	携帯ストラップ…… 124	血管………………… 113
クレンジングフォーム… 126	携帯電話……… 61・170	月給………………… 239
黒…………………… 92	慶長の役…………… 347	欠勤する…………… 239
黒い………………… 92	芸能界……………… 243	結婚記念日………… 83
黒色………………… 92	競馬………………… 256	結婚式……………… 80
黒砂糖……………… 158	警備員……………… 232	結婚式場…………… 83
くろそい…………… 274	軽蔑する…………… 48	結婚写真…………… 253
桑…………………… 283	刑法………………… 324	結婚する…………… 82
軍医………………… 341	警棒………………… 310	(男性が)結婚する… 83
軍靴………………… 340	競輪………………… 256	結婚指輪…………… 83
軍艦………………… 341	ケーキ…………138・142	決済日……………… 99
軍人……………233・341	ケーキ屋…………… 207	決算をあげる……… 239
郡守………………… 102	KTX……………… 198	決算………………… 329
軍需品……………… 340	ケーブルテレビ…… 344	決勝………………… 224
軍隊………………… 338	ゲームセンター…… 255	月食………………… 268
郡庁………………… 102	けが………………… 300	欠席………………… 177
郡の長……………… 102	外科………………… 290	欠席届を出す……… 179
軍服………………… 340	毛がに……………… 152	決定………………… 325
訓民正音…………… 287	けがをする……300・301	結膜炎……………… 298
	劇場………………… 243	月末………………… 75
け	下校………………… 179	月曜日……………… 76
	袈裟(けさ)………… 333	解毒剤……………… 309
毛穴………………… 213	冬至………………… 79	毛抜き……………… 127
景気………………… 326	消印………………… 101	解熱剤……………… 306
警光灯……………… 310	消しゴム…………… 188	解熱鎮痛剤………… 307
蛍光ペン…………… 188	下宿屋……………… 163	けやき……………… 282
渓谷………………… 262	下旬………………… 75	下痢する………296・303
経済………………… 326	化粧コットン……… 126	下痢止め…………… 307
経済学……………… 183	化粧する………126・212	けれども…………… 62
経済協力開発機構… 336	化粧品……………… 126	～軒………………… 71
経済大国…………… 104	化粧品店…………… 206	元(貨幣)…………… 96
経済封鎖…………… 334	化粧を落とす……… 127	元(国名)…………… 346
経済面……………… 343	化粧を直す………… 127	現役入隊対象者…… 338
警察……………233・310	下船する…………… 202	見学する…………… 229
警察官……………… 310	下駄箱……………… 166	玄関………………… 164
警察署……………102・310	ケチャップ………… 159	元気でしたか……… 35
警察手帳…………… 310	血圧を測る………… 294	元気におすごしください
警察を呼んでください… 315	血液………………… 300	……………………… 37
刑事………………… 310	血液型……………… 295	研究員……………… 235
芸術家……………… 235		

研究室	177
研究職	236
謙虚だ	50
現金	97・210
言語	108
言語学	183
原稿	249
健康診断	294
健康はいかがですか	37
健康保険証	293
原告	325
建国記念日	78
現在	86
検査する	294
検察庁	325
検視	314
検事	233・325
研修	240
拳銃	340
原色	93
原子炉	267
懸垂	227
源泉徴収	327
現像する	253
現代音楽	248
建築家	234
建築学	183
建築設計士	234
検尿	294
原爆ドーム	348
検便	294
憲法	324
憲法記念日	78
健忘症	303
検問所	310

こ

～個	70
五	66
碁	254
コアラ	272
鯉	275
子犬	270
恋しい	44
恋人	82
コイン	97
香	333
合	73
降圧剤	307
工具	234
豪雨	261
豪雨注意報	259
公益勤務要員	338
公園	204
公演	245
硬貨	97
黄海	105
紅海	105
公害	266
号外	343
航海士	203
後悔する	49
公開放送	345
合格通知書	186
工学部	182
合格ライン	186
江華支石墓	287
狡猾だ	50
江華島条約	347
高架道路	194
黄河文明	346
抗がん剤	309
講義	177
高気圧	258
講義する	179
高級タクシー	197
好況	326
交響楽団	244
交響曲	244
公共料金	99
航空会社	200
航空便	101
高句麗	346
好景気	326
工芸品	169
攻撃	341
高血圧	297
高原	263
合憲	324
高校生	184
考古学	183
広告	343
口座	98
公債	329
黄砂警報	260
黄砂現象	263
黄砂注意報	260
交差点	204
口座番号	98
口座振替	98
子牛	270
講師	185
高脂血症	297
講義室	177
皇室文様	348
豪州	106
公衆電話	60・205
公衆トイレ	205
口述試験	186
控除	327
交渉団	337
工場長	237
行進曲	244
後進国	104
香水	125
洪水	263・317
降水確率	258
降水量	258
香水をつける	125
校正	249
合成洗剤	267
抗生物質	307
控訴	325

高速道路 …… 194	後列 …… 91	国民所得 …… 326
高速バス …… 196	声が枯れる …… 302	国務総理 …… 322
高卒 …… 240	コーチ …… 224	極楽 …… 333
交代勤務 …… 238	コート …… 119	国立公園 …… 229
光沢 …… 253	コーヒー …… 140	国連 …… 334
光沢なし …… 253	コーヒーカップ …… 160	国連平和維持活動 …… 336
紅茶 …… 140	コーヒーショップ …… 132	国連平和維持軍 …… 336
校長 …… 185	コーラ …… 141	ご苦労様でした …… 35
交通カード …… 196	氷枕 …… 309	ご結婚おめでとうございます …… 82
交通事故 …… 314	コールタクシー …… 197	午後 …… 86
講堂 …… 177	ゴールデンウィーク …… 349	ここで止めてください …… 197
強姦 …… 312	こおろぎ …… 277	ココナッツ …… 157
高等学校 …… 176	誤解する …… 48	ここのつ …… 68
高等裁判所 …… 103・325	5月 …… 74	ここまで行ってください …… 197
口内炎 …… 305	こがねむし …… 277	心寂しい …… 44
構内食堂 …… 132	古希 …… 80	心細い …… 44
公認会計士 …… 233	小切手 …… 97	ござ …… 168
光年 …… 269	ごきぶり …… 277	小雨 …… 261
更年期障害 …… 305	顧客 …… 208・238	腰 …… 111
こうのとり …… 281	国軍 …… 338	5時 …… 84
後輩 …… 185	国軍の日 …… 78	腰縄 …… 310
購買力 …… 326	国語 …… 180	五十 …… 69
香ばしい …… 130	国債 …… 329	こしょう …… 158
交番 …… 102	国際関係 …… 334	小正月 …… 79
後半戦 …… 224	国際刑事警察機構 …… 336	小じわ …… 213
抗ヒスタミン剤 …… 309	国際原子力機関 …… 336	誤審 …… 225
鉱物 …… 264	国際線 …… 201	個人消費 …… 326
興奮する …… 47	国際電話 …… 61	個人タクシー …… 197
後方 …… 340	国際法 …… 324	個人展 …… 251
合法 …… 324	国際問題 …… 334	こす …… 144
子馬 …… 270	国産品 …… 209	ゴスペル …… 246
傲慢だ …… 53	国史 …… 180	小銭 …… 97・210
公務員 …… 232	国鳥 …… 348	小銭入れ …… 122
こうもり …… 272	国内線 …… 201	午前 …… 86
公用語 …… 108	国内法 …… 324	こそ泥 …… 311
こうら …… 278	黒板 …… 189	ごちそうさまでした …… 36
高麗 …… 346	黒板消し …… 189	コチュジャン …… 158
高麗あかざ …… 275	国防 …… 338	古朝鮮 …… 346
高麗うぐいす …… 280	国防の義務 …… 338	国花 …… 348
小売 …… 326		
小売店 …… 207		

国歌	348
国家	104
国会	103・322
黒海	105
国会議員	323
国家元帥	322
国家代表チーム	224
国旗	337・348
コック	232
国交	334
国交正常化	335
国公立病院	290
こっち	88
骨董品	169
骨董品屋	207
小包	100
コップ	160
コッヘル	219
ゴッホ	251
古典文学	248
琴（韓国の）	247
古都京都の文化財	349
孤独だ	44
言葉	108
子ども	216
子どもの日	78・350
子ども服	118
子ども部屋	165
子どもを生む	117
子どもを育てる	117
粉薬	306
粉ミルク	117・155
この方	39
この頃	87
この人	38
好む	47
こはだ	274
ご飯	134
ご飯食べた？	36
ご飯茶碗	160
ご飯をスープに入れて食べる	129
ご飯を炊く	144
ご飯をよそう	144
小鉢	160
コピー	191
5秒	85
コブラ	279
古墳	229
5分	85
古墳群遺跡	347
こま	349
ごま	158
ごま油	158
細かく切る	145
ごま塩	158
ごまの葉	147
困ります	59
こまを回す	255
ごみ	172
ごみ埋立地	267
ごみ収集車	194
ごみ焼却場	267
ごみ箱	169・173・191・205
ごみ袋	173
ごみ分別収集	173
ごみを捨てる	173
米屋	133
顧問	236
小指	111
雇用する	240
ゴリラ	272
コレラ	299
殺す	314
怖い	44・47
碁を打つ	255
婚姻届	83
今月	75
今週	76
コンセント	171
コンタクトレンズ	123
コンタクトレンズをはめる	123
昆虫	276
コンドミニアム	230
こんにち（今日）	87
こんにちは	34
コンパス	189
コンビニエンスストア	206
コンピューター	170・190
昆布	153
昆布だしの素	159
婚約式	82
婚約者	82
婚約指輪	82

さ

さあ	63
サービスエリア	194
サーフボード	218
さい	271
～歳	70
最下位	91
災害	316
災害救助犬	319
最近	87
最近どうですか	55
サイクリング	218
債権	329
最高気温	258
最高経営責任者	236
最高裁判所	103・325
最後に	90
最後の晩餐	251
さいころを振る	256
再婚	83
祭祀	81
再試験を受ける	187
歳出	327
再診	293
財政	327
最前線	340

サイダー……………… 141	ざくろ………………… 157	ざまあみろ！……… 49
在宅勤務……………… 238	酒……………………… 141	冷ます……………… 145
祭壇…………………… 333	鮭……………………… 150	寒い………………… 261
最低気温……………… 258	酒飲み………………… 129	参鶏湯……………… 135
採点する……………… 187	さざえ………………… 152	寒さ………………… 263
災難…………………… 316	ささみ………………… 149	座薬………………… 308
災難救助隊…………… 319	刺し傷………………… 301	左右………………… 88
歳入…………………… 327	刺し殺す……………… 314	さようなら………… 34
さいの目切り………… 145	差出人………………… 101	さより……………… 274
裁判…………………… 325	刺し身……………… 136・351	皿…………………… 160
裁判所………………… 325	刺し身専門店………… 132	～皿………………… 70
財布…………………… 122	刺し身丼……………… 136	皿洗いする………… 116
再放送………………… 345	サスペンダー………… 123	サラダ……………… 139
採用する……………… 240	座席…………………… 196	さらに……………… 62
再履修……………… 181・187	座席番号…………… 199・201	サラリーマン……… 235
サイン………………… 98	左折…………………… 195	猿…………………… 272
さかずき……………… 160	さそり………………… 277	ざる………………… 161
逆立ち………………… 227	さそり座……………… 269	触ってみてもいいですか
魚…………………… 150・274	～冊…………………… 70	……………………… 56
魚の煮つけ…………… 136	雑役の肉体労働……… 235	さわら……………… 150
魚屋……………… 133・206	作家……………… 235・249	～さん……………… 39
魚を釣る……………… 221	雑貨…………………… 209	三…………………… 66
坂道…………………… 205	サッカー……………… 222	3位……………… 91・225
酒屋…………………… 207	作曲…………………… 244	三階建て…………… 162
左官…………………… 234	作曲家………………… 245	残額………………… 98
さぎ（鳥）…………… 281	サックス……………… 247	山岳救助隊………… 319
詐欺…………………… 312	殺人…………………… 314	三角形……………… 94
さきおととい………… 77	殺人事件……………… 314	三角州……………… 265
先がとがっている…… 95	殺人未遂……………… 314	3月………………… 74
先が太くて短い……… 95	さつまいも…………… 147	三脚………………… 252
詐欺師………………… 312	里いも………………… 147	残業する…………… 239
先払い………………… 210	砂糖…………………… 158	産業廃棄物………… 267
作業員………………… 234	茶道……………… 254・351	サングラス………… 123
作業着………………… 118	さなぎ………………… 277	参考書……………… 178
索引…………………… 249	さば…………………… 150	山菜………………… 147
作詞…………………… 244	砂漠…………………… 263	三叉路……………… 204
削除…………………… 191	寂しい………………… 44	3時………………… 84
作戦…………………… 341	サブタイトル………… 343	三十………………… 69
桜……………… 283・284・348	座布団………………… 168	三重奏……………… 244
桜えび………………… 152	さぼる………………… 179	30分……………… 85
さくらんぼ…………… 156	～様……………… 39・101	山水画……………… 250

算数 … 180	シートベルトをしめる… 201	敷物 … 168
賛成 … 323	ジーパン … 119	子宮がん … 297
酸性雨 … 266	子音 … 109	始業 … 179
3戦2勝1敗 … 225	ジーンズ … 119	試験 … 178
山荘 … 220	自営業 … 232	事件 … 310
残高 … 98	自衛隊 … 338	試験会場 … 186
サンダル … 121	シェーバー … 127・171	試験監督 … 186
～さんですか … 60	ジェットコースター … 216	試験を受ける … 187
3等 … 91	塩 … 158	事故 … 310
サンドウィッチ … 138	塩辛い … 130	始皇帝陵 … 287
残尿感 … 304	塩気がきいている … 131	四国 … 348
サンバイザー … 120	塩漬けにする … 145	時刻 … 84
3泊 … 230	鹿 … 271	地獄 … 333
散髪する … 215	歯科 … 290	時刻表 … 198
3番 … 90・91	市外局番 … 61	しこしこしている … 131
3番目 … 90	歯科医師 … 292	自己紹介書 … 240
賛美歌 … 333	司会者 … 344	事故通報 … 61
産婦人科 … 290	紫外線 … 266	仕事を終える … 115
3分 … 85	市外電話 … 61	私債 … 329
さんま … 150	市外バス … 196	司宰者 … 82
酸味 … 130	歯科衛生士 … 292	自殺 … 314
山脈 … 265	四角形 … 94	自殺未遂 … 314
3～4日 … 87	歯学部 … 182	資産 … 329
3～4か月 … 87	死火山 … 265	司式者 … 82
～さんをお願いします … 60	しかし … 62	しし座 … 269
	4月 … 74	しじみ … 153
し	次官 … 322	自習 … 178
	時間 … 84	歯周炎 … 305
四 … 66	～時間 … 84	辞書 … 178
師 … 185	時間があります … 58	次女 … 41
詩 … 248	時間がありません … 59	師匠 … 185
～時 … 71・84	～時間間隔で … 84	辞職する … 241
痔（じ） … 299	志願する … 240	自叙伝 … 248
しあさって … 77	時間割 … 177	私書箱 … 100
幸せだ … 47	四季 … 348	詩人 … 249
G8サミット … 336	市議会 … 103	地震 … 263・316
シーシー … 73	指揮官 … 340	自信満々だ … 51
しいたけ … 147	指揮者 … 245	歯石 … 305
CT撮影 … 294	敷布団 … 167	施設 … 216
CDに焼く … 192	敷布団を敷く … 167	使節団 … 337
CDプレイヤー … 171	色盲 … 304	自然 … 265
シートベルト … 194		

自然遺産……………286	湿布を貼る…………309	しまうま……………270
自然災害………263・316	失望する……………46	字幕……………………242
自然死………………315	失礼しました………36	島国……………………104
歯槽膿漏……………305	失礼します…………36	〜しましょうか……55
時速……………………195	児童虐待……………313	縞模様…………………94
下………………………88	児童虐待通報………61	しみ……………………212
舌………………………110	自動車教習所………194	事務員………………232
時代劇…………242・345	自動車整備工………235	締切り…………………249
したがって…………62	自動引き落とし……98	紙面……………………342
下着……………………120	児童文学……………248	霜（下りる）………259
下敷き………………189	地鶏……………………149	シャープペンシル…188
下腹……………………111	市内観光……………228	シャーベット………143
七………………………66	市内バス……………196	シャーマニズム……331
7月……………………74	シナリオ作家………243	シャーマン…………332
7時……………………84	次男……………………41	社員……………………237
七十……………………69	歯肉炎………………305	謝恩会…………………81
7分……………………85	死ぬ……………………314	社会……………………180
七面鳥…………149・280	地主……………………163	社会学…………………183
試着室………………209	シネコン……………243	社会面…………………343
試着してもいいですか…57	始発電車……………198	じゃがいも…………146
試着する……………211	支払う………………211	釈迦誕生日……………78
シチュー……………139	〜時半…………………85	尺………………………73
市長……………………102	自販機………………205	弱視……………………304
次長……………………237	耳鼻科………………290	市役所…………………102
視聴者………………344	似非宗教……………330	弱小国…………………104
視聴率………………345	辞書を出す…………241	蛇口……………………175
歯痛……………………305	しびれる……………304	尺八（韓国の）……247
失火……………………318	渋い……………………130	借家……………………163
しっかりしている…53	自分勝手だ……………52	しゃくやく…………285
失業者………………241	紙幣……………………97	射撃……………………223
実況中継……………225	自閉症………………298	ジャケット…………119
失業手当……………241	司法……………………323	写真……………………254
湿疹……………………298	死亡……………………314	写真写りがよい……253
失踪者………………317	時報……………………61	写真写りが悪い……253
室長……………………237	脂肪肝………………296	写真館…………………253
湿度（高い）………258	司法試験……………324	写真展…………………253
湿度（低い）………258	司法書士……………233	写真を撮る…………253
湿度計………………261	絞り……………………252	ジャズ………………246
嫉妬深い………………50	絞る……………………174	社説……………………342
室内履き……………121	島………………………262	社宅……………………162
実は……………………63	姉妹……………………42	しゃち…………………273

社長 ……………… 236	銃弾 ……………… 340	受験票 …………… 186
シャッターを切る … 253	集中豪雨 ………… 261	取材 ……………… 342
車道 ……………… 204	終電 ……………… 198	主治医 …………… 292
しゃぶしゃぶ …… 136	充電器 …………… 171	手術 ……………… 295
三味線 …………… 351	舅 ………………… 43	手術室 …………… 291
シャワーを浴びる … 115	柔道 ……………… 223	首相 ……………… 322
ジャンパー ……… 119	修道院 …………… 333	主食 ……………… 128
上海 ……………… 106	修道士 …………… 332	主審 ……………… 224
シャンプー ……… 175	修道女 …………… 332	主人公 …………… 249
十 …………………… 66	姑 ………………… 43	受信料 …………… 345
銃 ………………… 340	柔軟剤 …………… 174	数珠 ……………… 333
獣医 ……………… 232	十二 ………………… 68	出金 ………………… 98
十一 ………………… 68	12月 ……………… 75	出勤する ……… 115・239
11月 ……………… 74	12月（陰暦の） … 75	出航する ………… 202
11月（陰暦の）… 75	12時 ……………… 84	出産 ………………… 80
11時 ……………… 84	十二指腸潰瘍 …… 296	出社する ………… 239
10月 ……………… 74	～周年 …………… 71・79	出席 ……………… 177
～週間 …………… 71	週の初め ………… 76	出題される ……… 187
週間新聞 ………… 342	宗派 ……………… 330	出張に行く ……… 239
週休二日制 …… 77・238	十八 ………………… 69	出動する ………… 318
宗教 ……………… 330	10番 ……………… 90	出入国管理局 …… 103
従業員 208・232・237	10秒 ……………… 85	出発時間 ……… 200・229
重金属 …………… 267	週末 ………………… 76	出発ロビー ……… 200
十九 ………………… 69	十万 ………………… 66	出版 ……………… 249
シュークリーム …… 142	重役 ……………… 236	10分 ……………… 85
十五 ………………… 68	秋夕 ………………… 78	主任 ……………… 237
集合時間 ………… 229	重量挙げ ………… 223	首脳会談 ………… 336
十三 ………………… 68	終了する ………… 192	シュノーケル …… 218
習字 ……………… 254	従量制袋 ………… 173	主婦 ……………… 234
十四 ………………… 68	自由旅行 ………… 228	趣味 ……………… 254
10時 ……………… 84	十六 ………………… 68	腫瘍 ……………… 296
十字架 …………… 333	主演 ……………… 243	需要 ……………… 326
十七 ………………… 68	儒教 ……………… 331	主要銘柄 ………… 329
住所 ……………… 101	授業 ……………… 177	手榴弾 …………… 340
住職 ……………… 332	授業が始まる …… 179	主礼 ………………… 82
就職情報 ………… 240	授業を終える …… 179	受話器 ……………… 60
就職する ………… 240	祝宴 ………………… 80	春夏秋冬 …………… 74
ジュース ………… 141	宿題 ……………… 178	循環器内科 ……… 290
住宅 ……………… 162	祝電 …………… 82・100	春菊 ……………… 147
住宅街 …………… 204	宿泊者名簿 ……… 231	准教授 …………… 185
じゅうたん ……… 168	宿泊料 …………… 230	準決勝 …………… 224

準々決勝	224	
準備体操	226	
準優勝	225	
女医	292	
背負子(しょいこ)	220	
小	95	
升	73	
錠	169	
上位	91	
上映時間	242	
女王ばち	276	
しょうが	158	
紹介してください	56	
消火器	318	
小学生	184	
商学部	182	
消化剤	307	
消火栓	318	
正月飾り	349	
小学校	176	
消化不良	296	
上官	339	
将棋	254	
焼却	267	
乗客	196	
上級	109	
将棋をさす	255	
上下	88	
証券	329	
証券取引所	329	
証拠	325	
正午	86	
将校	339	
小国	104	
上告	325	
錠剤	306	
上司	237	
障子紙	169	
正直だ	52	
乗車拒否する	197	
乗車券	198	
小銃	340	
上場	329	
少食	129	
昇進する	241	
小心だ	50	
浄水器	171	
小説	248	
小説家	249	
招待状	82	
焼酎	141	
焦点	252	
商店街	204・206	
焦点を合わせる	253	
消毒する	295	
消毒薬	308	
小児科	290	
商人	208	
証人	325	
常任理事国	334	
消費	326	
消費税	211	
商品	209	
しょうぶ	285	
商法	324	
消防士	233・318	
消防車	194・318	
消防署	102・318	
情報処理	181	
常務	237	
乗務員	199	
証明写真	253	
縄文時代	346	
しょうゆ	158	
乗用車	194	
将来	87	
勝利	341	
条例	324	
常連客	208	
ショートカット	214	
ショートパンツ	121	
ショートヘア	214	
初期化	191	
初級	109	
助教	185	
助教授	185	
職位	236	
職員	237	
職員室	177	
職員募集	240	
職業	232	
職業紹介所	240	
食後	309	
食事	128	
食事しましたか	36	
食事はお済みですか	36	
職種	232	
植樹の日	78	
食前	309	
蜀台	169	
食卓	166	
食中毒	296	
食堂	132・177	
職人	234	
職場	238	
食品	209	
職務	236	
職務質問	310	
食用油	159	
食欲	129	
食欲がない	129・303	
食糧配給	319	
食料品	128	
食糧問題	335	
職を失う	241	
除光液	126	
書斎	165	
助産師	292	
女子学生	184	
女子高生	185	
女子大生	185	

語	ページ	語	ページ	語	ページ
除湿機	171	司令部	340	親書	337
助手	185	白	92	新正月	78
初旬	75	白い	92	信じる	48
初診	293	白くま	271	親戚訪問	201
初心者運転	194	白黒写真	253	新石器文化	347
女性緊急電話	61	白黒フィルム	252	親切だ	50
書籍	249	シロップ	140	心臓	112
除草剤	267	白ワイン	141	腎臓	112
除隊	81・339	しわ	213	腎臓結石	299
所長	237	清	346	心臓病	297
食間	309	人員削減する	241	心臓マッサージ	319
食器	160	震央	316	身体検査	294
ジョッキ	160	新刊	249	新体操	223
食器洗い機	171	新規	99	診断書	293
食器棚	166	審議	323	真鍮（しんちゅう）	264
ショック死	315	鍼灸師	292	慎重だ	50
ショッピングバッグ	209	蜃気楼	264	震度	316
書店	207	シングル	231	人道	204
書道	351	シンクロナイズドスイミング		新入社員	237
所得	326		223	新入生	184
所得格差	326	神経安定剤	307	新入生歓迎会	81
所得が増える	327	神経外科	290	新年おめでとうございます	
所得が減る	327	神経痛	298		36
所得税	327	震源地	316	心配する	48
初任給	238	信仰	330	心配だ	45
処方箋	295・306	信号	195	心配ない	45
除毛	213	人工衛星	269	シンバル	247
初夜	83	人口呼吸	319	審判	224
除夜の鐘	350	新興宗教	330	神父	332
女優	243	新婚	83	新婦	82
ショルダーバッグ	122	新婚旅行	83	人物画	250
地雷	341	人災	316	新聞	342
しらうお	150	診察券	293	新聞社	342
白樺	282	診察室	291	新聞配達	342
白神山地	349	診察する	294	新聞配達員	342
新羅	346	寝室	165	新聞風刺画	343
しりとり	255	紳士服	118	新聞を読む	114
思慮深い	51	紳士服店	207	進歩	322
汁物	134	信者	332	親睦会	80
汁碗	160	神社	333	じんましん	304
司令官	340	真珠	125	人命救助	319

ふろく さくいん

375

人命救助犬………319	すいれん…………285	すっきりする………45
信用金庫…………328	水原華城…………287	酸っぱい…………130
信用する……………48	数学…………67・180	すっぽん……153・278
信頼する……………48	数字…………………67	ステーキ…………139
信頼できる…………48	ずうずうしい………51	ステロイド………308
心理学……………183	スーツ……………118	ストーカー………313
侵略………………341	スーパーマーケット	ストッキング……121
診療所……………290	…………133・206	ストップウォッチ…226
森林………………262	スープを作る………144	ストライプ…………94
森林浴……………218	末っ子………………41	砂…………………263
新郎…………………82	末息子………………41	砂肝………………149
神話………………248	末娘…………………41	スナック菓子……143
	すえる………………131	スナップ写真……253
す	スカート…………119	砂浜………………262
酢…………………158	スカーフ…………122	スニーカー………121
隋…………………346	スカンク…………272	すね………………112
スイート…………203	杉…………………282	スノーボード……223
水泳………………223	スキー……………223	スパゲティ………138
すいか……………156	スキージャンプ…223	スピーキング……109
水害…………263・317	ずきずきする……303	スピードを出す……195
すい臓がん………297	好きだ………………47	スピードを落とす…195
水牛………………271	すきやき…………136	スプーン…………161
水彩画……………250	スキャナー………190	スプリンクラー……318
炊事………………219	スキューバダイビング…218	スプレー…………308
水質汚染…………266	スキンダイビング…218	スペイン…………107
スイス……………107	スクリーン………242	スペイン語………108
水星………………268	スケート…………223	スペースシャトル…269
彗星………………268	スケッチブック……251	滑り台……………217
水仙………………284	すけとうだら………151	スポーツ観戦……254
水族館……………273	スコア……………224	スポーツウェア……118
水筒………………221	酢コチュジャン……159	スポーツ toto …256
水道局……………103	すごろく…………349	スポーツドリンク…141
水道水……………175	すし………………351	ズボン……………119
すいとん…………139	すずき……………150	スポンジケーキ……142
水難救助隊………319	涼しい……………261	墨…………………188
随筆………………248	すすめ……………280	すみません…………34
随筆家……………249	すずめばち………276	すみれ……………285
水平線……………265	すすり……………188	相撲………………350
水墨画……………250	スターバックス……139	スモッグ現象……266
睡眠剤……………307	頭痛薬……………306	すもも…………156・283
水曜日………………76	ズッキーニ………146	すられる…………311

すり	311	
すり傷	300	
すりエゴマ	159	
すりおろす	145	
スリッパ	121	
スリップ	121	
すりむく	300	
ずるい	50	
ずる賢い	50・53	
すると	62	
スロットマシーン	256	
座ってもいいですか	57	
巣を作る	281	

せ

背	111
生花	285
青瓦台	323
声楽家	235・245
生活ごみ	267
生活排水	267
税関申告	201
税金	99・327
成形外科	290
整形外科	290
政権	322
聖公会	331
税込	211
星座	268
政策	322
政治	322
生産職	236
政治家	322
政治資金	323
政治社会	180
誠実だ	51
政治面	343
清酒	141
聖書	332
正書法	109
成人	216
成人映画	242
精神科	290
成人式	80
成人の日	78
成績	187
成績表	187
清掃員	235
清掃車	194
生存者	317
生態系	267
成虫	277
政党	322
聖堂	333
青銅器文化	347
性病	299
政府	322
政府開発援助	335
制服	118・178
政府スポークスマン	322
生物	180
静物画	250
税別	211
正方形	94
生保営業職員	234
税務署	102
声優	233
西洋	105
西洋画	250
税理士	233
生理痛	305
生理用ナプキン	309
精力剤	307
セーター	119
セールスマン	232
世界	104
世界遺産	229・286・348
世界史	180
世界貿易機関	336
せき	317
〜隻	70
堰（せき）	317
石英	264
せきが出る	302
積雪量	258
せき止め	307
責任感が強い	53
赤飯	134・350
セクハラ	313
石器文化	346
接客業	235
積極的だ	51
石窟庵	286
せっけん	127
接骨師	292
摂氏	258
接着剤	189
窃盗	311
絶望する	48
背広	118
狭い	95
せみ	276
せり	146
ゼリー	142
セリフ	243
セルフタイマー	252
ゼロ	66
セロハンテープ	189
背を測る	294
千	66
船員	203
全快する	295
洗顔せっけん	175
選挙	323
宣教師	332
千切りにする	145
先月	75
専攻	181
専攻科目	181
全国紙	342
洗剤	174
戦死	341
煎じ薬	307

船室	203
戦車	341
選手	224
先週	76
戦術	341
戦場	341
全身	295
先進国	104
全身マッサージ	213
潜水艦	341
先生	185
先生の日	78
前線	340
先々月	75
先々週	76
戦争	341
全体、止まれ	227
選択科目	181
洗濯機	116・174
洗濯機をまわす	116
洗濯する	116・174
洗濯せっけん	174
洗濯ばさみ	174
洗濯ひも	174
洗濯物	116・174
洗濯物がたまる	116
洗濯物をたたむ	116
洗濯物を取り込む	116・174
洗濯物を干す	116・174
センチメートル	72
船長	203
剪定する	283
セント	96
戦闘	341
銭湯	175
戦闘警察	339
戦闘機	341
先輩	185
船舶	202
選抜チーム	224

前半戦	224
扇風機	170
戦没者慰霊日	78
せんまい	148
ぜんまい	147
千万	67
専務	237
洗面器	175
洗面所	165
専門医	292
専門大学	176
善良だ	50
前列	91

そ

そう？	63
象	271
ぞうあざらし	273
躁うつ病	298
騒音	267
造花	285
葬儀社	207
早期退職	241
送金	98
雑巾	116・172
雑巾がけ	172
雑巾を洗う	173
草原	263
装甲車	341
総合病院	290
総菜	128
捜査する	311
葬式	81
掃除機	116・172
掃除する	116・173
そうしましょう	58
そうしましょうか	58
そうします	58
そうじゃない？	63
早春	75
草食動物	273

早退	177
早退する	239
そうだとしても	63
総長	185
早期割引	243
そうです	60
そうですか？	63
そうなんだ	63
相場	328
宗廟	286
宗廟祭礼楽	287
送別会	80
創立記念日	177
僧侶	332
送料	211
ソウル	106
ソース	159
ソーセージ	149
~足	71
速達	100
速度制限	195
そして	62
訴訟	325
そそっかしい	51
粗大ごみ	173
卒業式	81
卒業する	179
卒業生	184
卒業論文	181
そっち	88
率直だ	51
卒論を書く	187
袖なし	119
外	88
ソナタ	244
そのうえ	62
その方	39
その子	39
その人	38
そば	137
そばかす	212

語	ページ
素描	250
祖父	40
ソファー	166
ソフトウェア	190
ソフトボール	222
ソプラノ	245
祖母	40
空	263
空色	93
それがいいです	58
それだから	63
それで	62
それでは	62
それでも	62
それなのに	62
それはそうと	62
それゆえ	62
損切り	329
尊敬する	48
尊厳死	315

た

語	ページ
タージマハール	287
タイ（国名）	106
たい（魚）	151
大	95
〜台	70
体育	180
体育学部	182
体育館	103・177
体育着	226
体育面	343
第1	90
退院	293
体温を測る	294
対外援助	335
退学	179
大学	176・182
大学院	176
大学院生	184
大学生	184

語	ページ
大学病院	290
大気汚染	266
太極旗（韓国の国旗）	337
大工	234
退屈だ	46・48
第5	90
太鼓を叩く	245
大根	146
滞在期間	201
滞在日数	230
第3	90
大使	336
大使館	336
退社する	239
体重を量る	294
退場	226
大正えび	152
大丈夫です	58
大丈夫ですか	37
退職金	241
退職する	241
大豆油	159
大西洋	105
体積	72
体操	223
大卒	240
怠惰だ	51
大腸がん	297
タイツ	121
大統領	322
大統領官邸	323
台所	165
台所仕事	116
第2	90
第2次世界大戦	347
待避所	316
代表	236
代表団	337
代表取締役	236
ダイビング	223

語	ページ
台風	263
太平洋	105
大変だ	46
大砲	341
対北朝鮮包容政策	335
逮捕する	311
逮捕令状	325
台本	243
タイムアウト	224
タイムカードを押す	239
題名	249
たい焼き	143
ダイヤモンド	125
太陽	268
太陽系	268
大洋州	105
太陽政策	335
第4	90
代理	237
台湾	106
ダウンロードする	192
耐える	46
楕円形	94
タオル	127
たか	281
だが	62
高い(値段)	211
高い(気温)	258
高いですか	54
高さ	72
駄菓子	143
高波	265
だから	62
宝くじ	256
宝くじが当たる	256
滝	265
たき火	219
たくあん	137
タクシー	197
タクシー乗り場	197
タクシー料金	197

タクシーを拾う…… 197	ダブルベッド……… 167	胆石症……………… 29
託児所……………… 176	食べすぎる………… 129	担任教師…………… 18
卓上時計……… 123・168	タペストリー……… 169	淡白だ……………… 13
竹…………………… 282	食べてもいいですか… 57	タンバリン………… 24
竹細工……………… 169	打撲………………… 300	短編………………… 24
凧揚げ……………… 349	弾…………………… 340	田んぼ……………… 26
たこ焼き…………… 139	卵…………………… 154	担保………………… 9
凧を上げる………… 255	卵からかえる……… 281	たんぽぽ…………… 28
他殺………………… 314	卵丼………………… 136	暖流………………… 26
足し算……………… 67	卵焼き……………… 136	
多神教……………… 330	卵をかえす………… 281	**ち**
多数決……………… 323	卵を抱く…………… 281	
たすきをかける…… 226	魂…………………… 333	血…………………… 300
助けて!…………… 315	玉ねぎ……………… 146	チーク……………… 120
黄昏………………… 265	だめです…………… 58	小さい……………… 95
ただ………………… 63	たら………………… 150	チーズ……………… 155
ただ今おりませんが 60	たらの芽…………… 147	チーター…………… 272
たたむ……………… 175	だるい……………… 303	済州火山島………… 287
太刀魚……………… 275	誰…………………38・55	済州溶岩洞窟……… 287
立見席……………… 242	誰かいませんか!… 315	チェッカー………… 94
脱臼………………… 301	誰ですか…………… 54	チェック…………… 94
抱っこする………… 117	垂れ幕……………… 205	チェックアウト…… 231
脱脂綿……………… 309	たん………………… 302	チェックイン……… 231
脱税………………… 327	単位…………… 181・187	違いますが………… 60
脱北者……………… 335	単位が足りない…… 187	地下街……………… 206
竜巻………………… 260	単位を取る………… 187	地下室……………… 165
縦書き……………… 109	担架………………… 300	地下鉄……………… 198
たとえば…………… 166	たんが出る………… 302	血が出る…………… 300
棚…………………… 166	短気だ……………… 53	地下道……………… 204
七夕…………… 79・349	短期大学…………… 176	近道………………… 205
だに………………… 277	ダンキンドーナツ… 139	痴漢………………… 313
たにし……………… 153	タンクトップ……… 121	地球………………… 268
たぬき……………… 271	端午………………… 79	地球温暖化………… 266
種をまく…………… 283	炭酸飲料…………… 141	地球温暖化問題…… 335
種をまく人………… 251	男子学生…………… 184	地球儀……………… 189
楽しい……………… 44	誕生日……………… 80	乳首………………… 111
たばこ屋…………… 206	誕生日おめでとうございます	チケット……… 216・242
たばこを吸ってもいいですか	……………………… 36	チケット売り場 … 216・242
……………………… 56	誕生日パーティー… 80	遅刻………………… 177
ダブル……………… 231	たんす……………… 166	遅刻する…………… 239
ダブルバーガー…… 138	淡水魚……………… 274	チシャ……………… 147
		地図…………… 189・220

く………………… 40	注射を打つ………… 295	長方形………………… 94
くの日………………… 350	中旬…………………… 75	調味料……………… 158
チヂミ……………… 135	抽象画……………… 250	調味料を入れる…… 145
地中海……………… 105	昼食………………… 128	調理器具…………… 161
縮れ毛……………… 214	昼食を食べる……… 115	潮流………………… 265
窒息死……………… 315	中進国……………… 104	チョーク…………… 189
チップ……………… 231	中退………………… 179	貯金…………………… 99
乳房………………… 111	中東………………… 105	直進………………… 195
地平線……………… 265	駐屯地……………… 340	直線…………………… 95
地方銀行…………… 328	注文する…………… 211	直腸がん…………… 297
地方裁判所……103・325	中立国……………… 334	チョコレート……… 143
地方紙……………… 342	ちょう……………… 276	著者………………… 249
チマチョゴリ……… 83	兆……………………… 67	貯水池……………… 317
チャーハン……134・137	腸…………………… 112	ちょっと忙しくて… 59
茶色…………………… 93	腸炎………………… 296	ちょっと持ってください
〜着…………………… 71	長官………………… 322	……………………… 57
着陸する…………… 201	朝刊………………… 342	散らかす…………… 173
チャプチェ（韓国春雨炒め）	調剤………………… 306	チリ………………… 107
……………………… 135	調剤士……………… 306	ちり取り…………… 172
茶碗蒸し…………… 136	徴集………………… 338	治療する…………… 295
昌徳宮……………… 286	長女…………………… 41	治療を受ける……… 295
チャンネル………… 344	頂上………………… 220	血を流す…………… 300
中……………………… 95	朝食………………… 128	鎮火する…………… 318
中央銀行…………… 328	朝食込み…………… 230	賃貸住宅…………… 162
中学生……………… 184	朝食を食べる……… 114	鎮痛剤……………… 307
中学校……………… 176	朝鮮………………… 346	チンパンジー……… 272
中華料理…………… 134	朝鮮王朝実録……… 287	
中華料理店………… 133	朝鮮五葉松………… 282	つ
チューリップ……… 284	朝鮮さんしょううお… 278	ツアー……………… 228
中間…………………… 91	朝鮮戦争…………… 347	ツアーコンダクター… 229
中間考査…………… 186	朝鮮通信使………… 347	ツアー旅行………… 228
中間色………………… 93	腸チフス…………… 299	追跡する…………… 311
中級………………… 109	弔電………………… 100	追悼式………………… 81
中くらい……………… 91	ちょうど1時 …… 85	ツイン……………… 231
中継放送…………… 345	町内会……………… 103	〜通…………………… 70
中高生……………… 216	長男…………………… 41	通院治療…………… 293
中国………………… 106	蝶ネクタイ………… 122	通貨………………… 328
中国語……………… 108	徴兵検査…………… 338	痛快だ………………… 45
駐車禁止…………… 195	徴兵制……………… 338	通勤電車…………… 198
駐車場…………194・205	長編………………… 248	通帳…………………… 98
注射を打たれる…… 295		通訳………………… 235

ツーリング……… 218	梅雨時……… 75	テール……… 14?
使い捨てカメラ…… 252	つらい……… 46	手鏡……… 12?
捕まえる……… 311	釣り……… 221・254	出かける……… 11?
月……… 268	釣り糸……… 221	手形……… 9?
付添い人(婦) ……293	釣りざお……… 221	手紙……… 10?
次に……… 91	釣りに行く……… 221	敵軍……… 34?
月の家賃……… 163	釣り場……… 221	テキストファイル… 19?
月の輪ぐま……… 271	釣り針……… 221	できません……… 5?
月初め……… 75	鶴……… 281	手首……… 11?
月見……… 350	つわりがひどい…… 305	テコンドー……… 22?
月見草……… 285	**て**	手さげかばん……… 12?
机……… 166		デジタルカメラ…… 25?
つけ……… 210	手……… 111	デジタル放送……… 34?
漬け物……… 137	手当……… 238	手錠……… 31?
伝えてください…… 57	ティーカップ……… 160	～です……… 3?
伝えてくださいますか… 57	帝王切開……… 305	手数料……… 99・21?
土……… 263	定価……… 210	デスク……… 34?
つつじ……… 284	停学……… 179	デスクトップ……… 19?
美人局 (つつもたせ) …313	定価販売……… 210	手すり……… 19?
つづり……… 109	低気圧……… 258	デタント……… 33?
綱引き……… 226	定休日……… 208	手帳……… 18?
津波……… 316	テイクアウト……… 129	鉄……… 26?
つば……… 120	ディクテーション… 109	哲学……… 18?
椿……… 283・284	梯形……… 94	鉄器文化……… 34?
つばめ……… 280	低血圧……… 297	手伝ってください… 5?
坪……… 73	停車……… 195	テナー……… 24?
つぼマッサージ…… 213	ディスカウントストア… 206	テニス……… 22?
妻……… 42	ディスクジョッキー… 344	手荷物検査……… 20?
妻の姉……… 43	停戦……… 341	手荷物引き渡し所… 20?
妻の妹……… 43	低層マンション…… 162	手ぬぐい……… 127・17?
妻の兄弟……… 43	抵当……… 99	手の甲……… 11?
妻の父……… 43	提督……… 340	手のひら……… 11?
妻の母……… 43	定年……… 241	デパート……… 20?
つまらない……… 44	停泊する……… 202	手羽先……… 14?
積立……… 99	デイパック……… 122	デビットカード…… 21?
爪……… 111	ＤＶ……… 313	手袋……… 122・22?
爪切り……… 125・127	堤防……… 317	手袋をはめる……… 12?
冷たい……… 50	ディレクター……… 344	デフレ……… 32?
爪の手入れ……… 213	手打ちうどん……… 135	出前……… 12?
爪やすり……… 127	テーブル……… 166	出前を取る……… 12?
梅雨……… 263	テーマパーク……… 216	でも……… 6?

項目	ページ
～てもいいですか	55
寺	332
寺の跡	286
テレビ	170・344
テレビ電話	61
テレビをつける	114
テレビを見る	115
テレホンカード	61
テロ支援国	335
手を切る	301
てん	272
電圧	171
店員	208
田園住宅	162
転科	181
点が辛い	187
天気	258
伝記	248
電気カミソリ	171
天気図	260
電気炊飯器	161・170
電気スタンド	171
電気屋	207
天気予報	258
天気予報案内	61
電球	169
転勤する	239
電源	191
天国	333
天災	316
天使	330
電子辞書	178
電車	198
転出届	103
天井	164
電子レンジ	161・171
電信柱	205
天真爛漫だ	52
点数	187
伝線する	121
伝染病	299

項目	ページ
転送する	192
テント	219
電灯	169
伝統絵画	250
伝導師	332
電灯の笠	169
てんとうむし	277
テントを張る	219
天丼	136
転入届	103
天然調味料	159
天然痘	299
てんびん座	269
天ぷら	136・351
天変地異	316
電報	100
店舗(事務室)兼住宅	163
電話機	60・170
電話局	103
電話帳	61
電話番号	61
電話番号案内	61

と

項目	ページ
斗	73
度	258
ドア	164
ドアノブ	164
～といいます	34
ドイツ	107
ドイツ語	108
トイレ	165
トイレ掃除	173
トイレに行く	114
唐	346
銅	264
糖衣錠	306
どういたしまして	34
唐辛子	158
唐辛子粉	158

項目	ページ
唐辛子みそ	158
投機	329
道議会	103
同級生	184
道教	331
洞窟	265・286
峠	220
陶芸	255
登校	179
同好会	255
統合失調症	297
東西南北	88
倒産	326
投資	329
凍死	315
投資家	329
陶磁器	169
搭乗口	200
搭乗券	200
登場人物	249
搭乗する	201
同情する	48
凍傷になる	304
同棲	83
透析をする	295
当せん金	256
同窓生	184
灯台	203
道知事	102
到着時間	199・200
到着ロビー	200
道庁	102
当直	238
同点	225
道徳	181
盗難	311
東南アジア	105
豆乳	154
糖尿病	297
同伴自殺	314
盗品	311

豆腐	154
動物	270
動物園	273
動脈硬化症	297
同盟国	335
銅メダル	225
とうもろこし茶	140
洞役場	102
東洋	105
東洋画	250
童話	248
とお	68
トークショー	345
トースター	170
トースト	138
ドーナツ	138
トーナメント	224
ドーム型の遠赤外線高温サウナ	175
通り魔犯罪	312
とかげ	278
とき	281
ドキュメンタリー	345
読経	333
特使	336
読者	249・342
読者投稿欄	343
読書	254
独唱	245
独占価格	326
特種	345
得点	224
毒蛇	279
独立運動記念日	78
独立記念日	78
時計	123
時計が遅れている	123
時計が進んでいる	123
時計を合わせる	123
どこ	55
どこで会いますか	54

どこですか	54
どこに行かれますか	54
床屋	214
ところで	62
登山靴	121・220
登山シーズン	220
登山道	220
登山帽	120
都市銀行	328
年越しそば	350
土砂崩れ	317
図書館	103・177
どじょう	151
土壌汚染	266
閉じる	191
土星	268
読解	109
特急	198
突然死	315
どっち	88
トップ記事	342
トッポギ(餅炒め)	139
とど	273
トナー	190
となかい	271
どなたですか	54・60
土鍋	160
隣	88
とにかく	62
どの方	39
どのくらい	55
どのくらいかかりますか	55
とのさまがえる	278
どの人	38
どのようにおすごしですか	37
とびうお	275
跳び箱を飛ぶ	227
ドメスティック・バイオレンス	313

止めてください	56
〜と申しますが	60
友だちに会う	115
共働き	239
土曜日	76
虎	272
ドライブ	218
ドラッグ	192
トラック競技	222
トラベラーズチェック	97
ドラマ	345
トランク	122
トランクス	120
トランクを開けてください	197
トランプをする	255
トランペット	247
鳥	280
鳥貝	153
取りかえる	211
取り消し	191
取締役	236
取り締まる	310
取り澄ます	51
鶏肉	148
取引	329
取引先	238
鶏胸肉	149
鳥目	298
鶏もも肉	149
ドリンク剤	309
ドル	96
トルコ	106
トレーナー	226
トレッキング	220
ドレッサー	166
ドレッシング	139・159
トロット	247
泥棒	311
泥棒だ!	315
泥棒猫	273

トン……………… 73	鍋………………… 160	**に**
とんかつ………… 137	鍋料理…………… 137	
鈍感だ…………… 52	生意気だ………… 53	二………………… 66
鈍行……………… 198	名前をつける…… 117	2位……………… 91
豚足……………… 149	生臭い…………… 130	ニート…………… 241
丼………………… 160	生クリーム……… 155	苦い……………… 130
丼物……………… 134	怠けている……… 51	二階建て………… 162
とんぼ…………… 276	なまこ…………… 153	2月……………… 74
な	生ごみ…………… 172	2学期…………… 176
	なまず…………… 151	苦味……………… 130
ナースステーション… 291	生卵……………137・154	にきび…………… 212
内科……………… 290	生肉……………… 148	にぎりずし……… 136
内閣……………… 322	生ビール………… 141	肉………………… 148
内政干渉………… 334	生放送…………… 345	憎い……………… 45
内線電話………… 61	鉛………………… 264	肉食動物………… 273
内服薬…………… 306	波………………… 262	肉の刺し身……… 149
中………………… 88	ナムル…………… 134	憎む……………… 47
長い……………… 95	悩む……………… 46	肉屋……………133・207
長さ……………72・95	鳴る……………… 259	肉類……………… 148
長袖……………… 119	縄跳び…………… 227	逃げる…………… 311
仲立ちをする…… 82	南極海…………… 105	煮込む…………… 144
中指……………… 111	南京虫…………… 277	濁り酒…………… 141
流れ星…………… 269	何個……………… 56	西………………… 88
殴り殺す………… 314	軟膏……………… 308	2時……………… 84
名残惜しい……… 44	何号室ですか…… 54	虹………………… 264
情けない………… 44	軟骨……………… 149	にしき鯉………… 274
梨………………156・283	何歳……………… 55	にしきへび……… 279
なす……………… 146	何歳ですか……… 55	にじます………… 275
なずな…………… 147	何時……………… 55	二十……………… 69
なぜなら………… 62	何時ですか……… 54	二重奏…………… 244
なぞなぞを当てる… 255	何時に会いますか… 54	20番…………… 90
雪崩……………… 317	何時に出発しますか… 54	にしん…………… 274
夏………………… 74	軟弱だ…………… 52	偽物……………… 209
懐かしい………… 45	何ですか………… 54	尼僧……………… 332
納豆……………154・350	なんですって？… 63	二段ベッド……… 167
夏ばてする……… 303	何番ですか……… 54	～日……………… 71
夏祭り…………… 350	南氷洋…………… 105	日曜日…………… 76
なつめ…………… 156	南米……………… 105	日韓関係………… 334
ななつ…………… 68	南北統一………… 335	日韓国交正常化…… 347
斜めに切る……… 145	難民……………… 337	日刊紙…………… 342
何………………… 55	何名……………… 55	日韓併合………… 347

385

煮つける……………144	ニュース速報………345	値上げする…………211
日光浴………………218	乳腺症………………299	ネイルアート………213
日章旗………………337	入隊……………81・339	ネオンサイン………205
日食…………………268	入隊延期……………338	ねぎ…………………146
日程を組む…………229	入隊令状……………338	ネクタイ……………122
2等……………………91	入道雲………………261	ネクタイをしめる…123
二人三脚……………226	尿失禁………………304	ネクタイピン………124
2泊…………………230	尿道炎………………299	猫……………………270
2番………………90・91	女房……………………42	猫をかぶっている…51
2番目…………………90	にら…………………146	値下げする…………211
鈍い……………………52	にらめっこする……255	ねずみ………………271
2分……………………85	庭……………………164	ねたむ…………………45
煮干し………………159	庭いじり……………255	値段…………………210
煮干しだしの素……159	にわか雨……………261	熱……………………302
日本…………………106	庭師…………………234	熱が冷める……………49
日本語………………108	鶏……………………281	熱が出る……………302
日本酒………………141	〜人……………………70	ネックレス…………124
日本料理……………134	任期…………………323	熱帯…………………260
日本料理店…………133	人気商品……………209	熱帯魚………………274
日本列島……………348	人形…………………169	熱帯低気圧…………260
にもかかわらず………63	人間ドック…………294	熱中する………………49
荷物を預ける………201	妊娠……………80・305	値引き販売…………210
荷物をまとめる……231	にんじん……………146	寝袋…………………219
入院…………………293	妊娠する……………117	寝坊する……………114
入院手続き…………293	人参茶………………140	寝間着…………118・167
入院費………………293	妊娠中絶……………305	寝間着に着替える…167
入学式…………………81	認知症………………298	眠る…………………115
入学試験……………186	にんにく……………158	寝る…………………115
入学する……………179	〜人分…………………70	根をおろす…………283
乳がん………………297	〜人前…………………70	年賀状…………79・349
乳牛…………………270		年賀葉書……………100
入金……………………98	**ぬ**	年金…………………241
入港する……………202	抜け道………………205	ねんざ………………301
入国カード…………200	抜け目がない…………53	年中無休……………208
入国審査……………200	盗まれる……………311	念仏…………………333
ニュージーランド…106	盗む…………………311	年俸…………………238
入場…………………226	沼……………………265	年末調整……………327
入場券………………216	塗り薬………………308	
入場料………………216	ぬれ雑巾……………172	**の**
ニュース……………345		野いちご……………156
ニュースキャスター…344	**ね**	能……………………351

農学部	182	
脳がん	297	
農夫	234	
農民	234	
濃霧注意報	260	
農薬	267	
ノート	189	
ノートパソコン	190	
残してもいいですか	57	
のどが痛い	302	
野原	263	
のみ	277	
飲み薬	306	
飲みすぎる	129	
蚤の市	207	
飲み物	140	
飲み屋	132	
野良犬	273	
のり	174・189	
海苔	153	
乗換駅	199	
海苔巻き	134	
乗る	197	
のんびりしている	52	
ノンフィクション	248	

は

歯	110
〜はありませんか	55
バーガーキング	139
バーゲンセール	208
バージョン	190
バーツ	96
ハードディスク	190
バーナー	219
ハーフタイム	224
バーベキュー	219
パーマ	214
バーレル	73
はい	58
〜杯	70
肺	112
パイ	138・142
はい、いいです	57
灰色	93
バイオリニスト	245
バイオリン	247
肺がん	297
配管工	234
排気ガス	266
ハイキング	218
バイキング	132・217
灰皿	169
売春	313
敗戦	341
はい、大丈夫です	57
売店	206
配当	329
パイナップル	157
排尿回数	305
バイバイ	35
売買	329
売買春	313
ハイヒール	121
俳優	233・243
パウダー	126
バウムクーヘン	142
はえ	276
墓	286
歯が痛い	305
葉書	100
歯がしみる	305
はがゆい	45
吐き気	302
吐き気がする	302
吐く	303
掃く	173
白菜	146
薄情だ	51
白鳥	281
白内障	298
幕府	347
博物館	103
白墨	189
はげ頭	215
バケツ	172
派遣社員	235
覇権主義	334
はさみ	188・215
橋	204
箸	161
はしか	299
はしご車	318
初めに	91
はじめまして	34
パジャマ	167
はす	285
バス	196
パス	308
バスカード	196
恥ずかしい	44
バスケットボール	222
バス停留所	196
パスポート	200・230
パスポートを携帯する	229
バス路線	196
パソコンを立ち上げる	192
肌	212
バター	155
肌色	93
肌がきれいだ	212
肌が突っ張る	212
肌が滑らかだ	212
肌が弱い	212
はたき	172
肌着	120
はたけ（病気）	299
畑	263
肌寒い	261
はたはた	275
働きばち	276
働く	115・238
八	66

はち……………… 276	花札……………… 256	晴れ……………… 258
8月……………… 74	花札を打つ……… 256	バレーボール…… 222
8時……………… 84	花見……………… 218	パレット………… 251
八十……………… 69	鼻水……………… 302	腫れる…………… 303
はちに刺される… 277	鼻水が出る……… 302	バレンタインデー… 349
はちの巣………… 277	花屋……………… 207	波浪注意報……… 260
はち巻きを巻く… 226	花を折る………… 285	歯を抜く………… 305
八万大蔵経……… 286	花を育てる……… 285	歯を磨く………… 114
発音……………… 109	花を摘む………… 285	〜番……………… 71・90
はっきりしている… 53	馬肉……………… 148	パン……………… 138
バック…………… 195	ハネムーン……… 83	版画……………… 250
バック…………… 213	母………………… 40	ハンガー………… 166
バックアップ…… 191	幅……………… 72・95	繁華街…………… 204
バックパッカー… 228	パパ……………… 40	ハンカチ………… 122
白血病…………… 297	母の実家………… 41	ハンガリー……… 107
発車時間………… 199	母の日…………… 350	版画を彫る……… 251
派出所…………… 310	はぶ……………… 279	パン食い競争…… 226
ばった…………… 277	歯ブラシ………… 127	番組……………… 345
8分……………… 85	はまぐり………… 152	ハングル………… 109
発毛剤…………… 308	はまなす………… 284	ハングルの日…… 79
初詣……………… 349	歯磨き…………… 127	判決……………… 325
はと……………… 280	ハム……………… 149	はんこ…………… 98
パトカー……194・310	はめ込みの戸棚… 165	飯ごう…………… 219
バドミントン…… 222	はも……………… 275	番号札…………… 98
バトン…………… 227	早起きする……… 114	犯罪通報………… 61
バブル経済……… 326	ばら……………… 284	判事……………… 325
花………………… 284	バラード………… 246	バンジージャンプ… 217
鼻………………… 110	腹が立つ………… 45	半熟卵…………… 154
花が咲く………… 285	腹立たしい……… 44	半ズボン………… 119
花がしおれる…… 285	ばら肉…………… 148	反戦活動………… 341
鼻が詰まる……… 302	腹を立てる……45・49	ばんそうこう…… 301
花柄……………… 94	ハラミ…………… 148	パンソリ(伝統芸能音楽)
鼻毛切りはさみ… 127	バリカン………… 215	………………247・287
話し中…………… 60	貼り薬…………… 308	パンダ…………… 271
花束を作る……… 285	針仕事をする…… 117	反対……………… 323
鼻血……………… 302	貼りつけ………… 192	パンツ…………… 120
鼻血が出る……… 302	バリトン………… 245	パンティ………… 120
バナナ…………… 157	はりねずみ……… 271	斑点が出る……… 304
花火……………… 218	ぱりぱりしている… 131	ハンドバッグ…… 122
花冷え…………… 261	鍼を打たれる…… 295	ハンドボール…… 222
花火大会………… 350	春………………… 74	ハンバーガー…… 138

販売員	208・232
パンフレット	228
〜番目	71・90
万里の長城	287

ひ

日	76
ピアス	124
ピアニスト	245
ピアノを弾く	245
ビアパブ	133
B型肝炎	296
ピークシーズン	229
ピーナッツ	154
ピーナッツバター	155
ビーフジャーキー	149
ピーマン	146
ビール	141
非営利団体	336
被害	317
被害をこうむる	319
日帰り旅行	228
東	88
非課税	327
〜匹	70
引き算	67
引き潮	265
引き出し(金融)	98
引き出し(家具)	166
引継ぎ	239
引き出物	83
引き伸ばす	253
挽き肉	148
卑怯だ	50
引き分け	225
引き分ける	225
低い	258
ひぐま	271
ひげそり	215
否決	323
ひげを剃る	114・127

飛行機	200
飛行機の便名	200
非合法	324
被告	325
膝	112
ビザ	230
ピザ	138
久しぶりです	35
ピザハット	139
悲惨だ	45
肘	111
菱形	94
ひじき	153
美術	180
美術学部	182
美術館	103・251
秘書	235
非常勤講師	185
非常口	201
非常食	221
非常ベル	318
避暑地	229
翡翠(ひすい)	125
ビスケット	142
非政府組織	336
額	110
ビタミン剤	307
左	89
左から4番目	91
左側	89
左向け左	227
筆記試験	186
筆記道具	188
引っ越す	163
羊	270
必修科目	181
ひったくられる	311
ひったくり	311
ヒッチハイク	228
ヒップホップ	246
ビデオ	170

ビデオカメラ	170・252
日照り	263・317
ひどく気まぐれだ	49
人差し指	111
人質	312
ひとつ	68
ひと月ずっと	87
ひとで	275
人の話にだまされやすい	53
人見知りだ	51
一人息子	41
一人娘	41
ひなを育てる	281
避難警報	319
避難する	319
火に焼かれる	315
泌尿器科	290
避妊薬	309
ひねくれている	53
微熱	302
ひのき	282
日の丸	348
ひばり	280
ビビンバ	134
皮膚	112
皮膚炎	298
皮膚科	290
皮膚病	298
ひまわり	251・285
肥満	297
姫路城	287・348
干物	153
百	66
百万	66
白夜	264
百葉箱	261
日焼け止め	126
百科事典	178
ひょう(天気)	259
ひょう(動物)	272

～秒 … 84	ピンセット … 301	深さ … 72
病院 … 290	便箋 … 100	吹き替え … 242
美容院 … 214	瓶ビール … 141	不況 … 326
病気 … 296		ふきん … 172
病気が治る … 295	**ふ**	拭く … 173
表札 … 164	ファーストフード … 138	復学 … 81
病死 … 315	ファーストフード店 … 132	復学生 … 184
美容師 … 214・235	無愛想だ … 50	副校長 … 185
病室 … 291	ファイナンシャルプランナー … 234	副作用 … 309
標準語 … 109	ファイル … 189	副作用が出る … 309
病棟 … 291	ファイルを添付する … 192	復習 … 178
氷嚢（ひょうのう） 309	ファックス … 170	副食 … 128
漂白剤 … 174	ファミリーレストラン … 132	副審 … 224
びょうぶ … 168	不安だ … 47	副専攻 … 181
病歴 … 293	不安定な職業 … 241	腹痛 … 296
評論 … 248	ファンデーション … 126	服務 … 339
日よけテント … 219	フィート … 72	ふくろう … 281
開く … 191	フィールド競技 … 222	服を着替える … 114
ひよこ … 281	フィルター … 252	不景気 … 326
平社員 … 237	フィルムを入れる … 253	不幸だ … 47
平目 … 150	封切 … 242	負債 … 329
平屋建て … 162	封切上映館 … 242	不作法だ … 53
びり … 91・227	ブーケ … 83	釜山 … 106
ビリヤード … 222	風景画 … 250	藤 … 283
肥料 … 267	風速 … 258	武士 … 347
昼 … 86	風俗画 … 250	富士山 … 348
ビル … 162	風俗街 … 204	ぶしつけだ … 53
昼ごはん … 128	ブータロー … 241	負傷者 … 317
昼時 … 86	ブーツ … 121	負傷兵 … 341
昼寝する … 115	封筒 … 100	婦人服 … 118
ひれ … 274	夫婦 … 42	不整脈 … 297
ひれ肉 … 148	風味がよい … 130	豚 … 270
広い … 95	フェアプレイ … 224	舞台 … 243
披露宴 … 83	笛を吹く … 226・247	双子 … 117
広さ … 95	笛を吹く少年 … 251	ふたご座 … 269
広場 … 204	フォークソング … 246	ふたつ … 68
ヒロポン … 313	フォルダ … 191	二つ三つ … 69
火を消す … 318	フォント … 192	豚肉 … 148
～瓶 … 70	部下 … 237	豚の頭 … 149
ピンク … 92	不快だ … 45	豚の腸詰 … 139
ヒンズー教 … 331		豚のばら肉 … 135

| 二人が食べていて一人が死んでも気づかないほどおいしい……………… 131
| 婦長………………… 292
| 部長………………… 237
| 物価………………… 326
| 物価が上がる……… 327
| 物価が下がる……… 327
| ぶつかる…………… 300
| 仏教………………… 330
| 腹筋………………… 227
| 仏像………………… 333
| 仏国寺……………… 286
| 物理………………… 180
| 物理学……………… 183
| 筆…………………… 188
| 筆箱………………… 188
| ふてぶてしい……… 51
| 太い………………… 95
| 埠頭………………… 202
| ぶどう……………… 156
| 不動産屋…………… 163
| 葡萄酒……………… 141
| 太もも……………… 112
| 布団をかぶって寝る… 167
| 布団をたたむ……… 167
| 布団を広げる……… 167
| ふな………………… 275
| 船着場……………… 202
| 船便………………… 101
| 赴任する…………… 239
| 船…………………… 202
| 不燃ごみ…………… 172
| 不憫だ……………… 45
| 吹雪………………… 259
| 不便だ……………… 49
| 父母………………… 42
| 不法………………… 324
| 不法滞在…………… 337
| 不法入国…………… 337
| 父母の日…………… 78

| 不満だ……………… 47
| 踏み切り…………… 195
| 不眠症……………… 303
| ふもと……………… 220
| 冬…………………… 74
| フライ返し………… 161
| プライドが高い…… 53
| フライドチキン…… 138
| フライドポテト…… 138
| フライパン………… 161
| ブラインド………… 168
| プラグ……………… 171
| ブラシ……………… 172
| ブラジャー………… 120
| ブラジル…………… 107
| プラチナ…………… 125
| ブラックコーヒー… 140
| フラッシュ………… 252
| フラミンゴ………… 281
| フラン……………… 96
| フランス…………… 106
| フランス語………… 108
| フランス料理……… 134
| ぶり………………… 274
| フリーズする……… 192
| ブリーフ…………… 120
| プリクラ…………… 255
| 振り込め詐欺……… 312
| 不良………………… 312
| 不良企業…………… 326
| 不良債権…………… 327
| 不良品……………… 209
| プリン……………… 142
| プリンター………… 190
| ブルース…………… 246
| フルート…………… 247
| ブルーベリー……… 156
| 震える……………… 45
| 古着………………… 118
| プルコギ…………… 135
| 古本屋……………… 207

| ブレーキを踏む…… 195
| フレーム…………… 123
| ブレスレット……… 124
| ブローチ…………… 124
| 風呂掃除…………… 173
| ブロッコリー……… 147
| プロデューサー…… 344
| 風呂に入る…… 115・175
| 風呂場………… 165・175
| プロポーズ………… 82
| フロント…………… 230
| 〜分………………… 71・84
| 〜分おき…………… 85
| 噴火………………… 316
| 文化遺産…………… 286
| 文化会館…………… 103
| 文学…………… 183・248
| 文学部……………… 182
| 噴火口……………… 316
| 分割払い…………… 210
| 文化面……………… 343
| 〜分間隔で………… 85
| 文具………………… 188
| 文系………………… 181
| 憤激する…………… 49
| 〜分後……………… 85
| 噴水………………… 204
| 紛争………………… 341
| 文房具……………… 188
| 文房具屋…………… 207
| 〜分前……………… 85
| 粉末せっけん……… 174
| 文楽………………… 351
| 文禄の役…………… 347

へ

| ヘアアイロン……… 215
| ヘアスタイル……… 214
| ヘアデザイナー…… 214
| ヘアドライヤー…… 175
| ヘアバンド………… 124

見出し	ページ
ヘアピン	124
ペアリング	124
兵役特例	338
兵役の義務	338
兵役免除	338
閉園時間	216
兵器	340
兵士	339
米州機構	336
兵卒	339
閉店時間	208
平方メートル	73
平凡だ	52
平野	263
平和	341
平和共存	334
ベーコン	149
ベージュ	93
北京	106
ヘクタール	73
へそ	111
ペソ	96
ペチコート	120
別荘	162
ペット	273
ベッド	166
ベッドカバー	167
ベッドシーツ	167
ベッドに横たわる	167
ペディキュア	213
ペニー	96
蛇	279
ベビーベッド	167
蛇がとぐろを巻く	279
蛇にかまれる	279
部屋	165・230
部屋の鍵	231
部屋の掃除	231
部屋を予約する	230
へら	161
ベルギー	107
ベルト	122
ヘルツ	73
ヘルプ	191
ベレー帽	120
勉強する	115・179
勉強部屋	165
編曲	244
ペンギン	273
偏屈だ	52
弁護士	233・325
変死	315
返事	101
編集	249
編集会議	342
ペンション	230
返信	101
ペンダント	124
ベンチ	205
弁当	128・178
弁当を作る	129
編入生	184
便秘	303
便秘薬	308
返品する	211
弁理士	233
便利だ	49
便利屋	234

ほ

見出し	ページ
保育園	176
保育士	185
ボイラー工	234
母音	109
法	324
法案	323
貿易風	260
望遠レンズ	252
法王	332
放火	318
邦画	242
法学部	182
放課後	179
法科大学院	324
ほうき	172
放棄する	48
方言	109
剖検	314
方向	88
膀胱	112
膀胱炎	299
報告書を作成する	239
帽子	120
放射線科	291
放射線技師	292
放射能汚染	266
帽子をかぶる	123
法人タクシー	197
坊主	332
坊主刈り	214
宝石	125
宝石店	125・207
宝石箱	125
ほうせんか	284
包装	209
放送	344
法書界	325
放送局	344
暴走族	312
包帯	301
法治国家	104
包丁	161
忘年会	80・350
防波堤	203
暴風	263
亡命	337
法律	324
法隆寺地域仏教建造物	348
法隆寺仏教遺跡	287
暴力	313
暴力団	312
ほうれん草	146
頬	110

ボーカル………… 245	ホットケーキ… 138・142	ほんとう？………… 63
ボーダー…………… 94	ホットドッグ……… 138	本部………………… 226
ボート競技………… 223	北氷洋……………… 105	ポンプ車…………… 318
ボーナス…………… 238	ポップコーン… 139・143	ポンペイ遺跡……… 287
ポーランド………… 107	ポップス…………… 246	本屋………………… 207
ボーリング………… 222	ボディーチェック… 200	翻訳………………… 235
ボールペン………… 188	ボディーローション… 175	翻訳文学…………… 248
朗らかだ…………… 50	ボディービルディング… 223	
募金………………… 319	ポテトチップ……… 143	**ま**
僕…………………… 38	ホテル……………… 230	
牧師………………… 332	ホテル従業員……… 231	マーガリン………… 155
ボクシング………… 223	ホテルに泊まる…… 231	麻雀………………… 256
北斗七星…………… 269	歩道橋……………… 204	～枚………………… 70
北米………………… 105	仏様………………… 330	迷子預かり所……… 217
ほくろ……………… 213	ポニー……………… 270	毎週………………… 76
保健室……………… 177	ポニーテール……… 214	毎月………………… 75
保健所………… 102・290	哺乳びん…………… 117	毎日………………… 76
歩行器……………… 117	ポプラ……………… 283	マイル……………… 72
母国語……………… 108	ほめる……………… 48	マイルドだ………… 131
ほこら……………… 333	ほや………………… 153	真上………………… 89
誇らしい…………… 44	補薬………………… 307	マウス……………… 190
ほこりをはらう…… 173	ぼら………………… 275	マウスパッド……… 190
星…………………… 268	ホラー映画………… 242	前…………………… 88
干し柿……………… 157	ぼられる…………… 211	前売り券…………… 242
干し肉……………… 149	ポラロイドカメラ… 252	任せてください…… 58
保守………………… 322	ボランティア……… 319	マクドナルド……… 139
補充役……………… 338	ポリープ…………… 297	マグマ……………… 316
保証金……………… 163	ポルトガル………… 107	枕…………………… 167
細い………………… 95	ホルモン…………… 148	枕カバー…………… 167
保存………………… 191	ほれる……………… 46	枕をする…………… 167
蛍…………………… 277	ほろ苦い…………… 45	まぐろ……………… 150
ぼたん……………… 285	本…………………… 249	まくわうり………… 156
ホチキス…………… 189	～本………………… 70	まける……………… 211
渤海………………… 346	香港………………… 106	(男の)孫…………… 42
北海道……………… 348	香港ドル…………… 96	孫娘………………… 42
ポッキー…………… 143	盆栽………………… 351	真下………………… 89
ほっき貝…………… 153	本州………………… 348	麻疹………………… 299
北極海……………… 105	本体………………… 190	ます………………… 150
北極ぐま…………… 271	本棚………………… 166	まず………………… 91
ほっけ……………… 275	盆地………………… 265	麻酔………………… 295
ぼったくり………… 210	ボンド……………… 96	まずい……………… 130
		マスタード………… 159

混ぜ合わせる……… 144	ままごと…………… 255	右側………………… 89
混ぜる……………… 145	まむし……………… 279	右向け右…………… 227
また………………… 62	豆…………………… 154	短い………………… 95
股…………………… 112	まめまめしい……… 52	みじん切りにする… 145
また会いましょう… 35	豆もやし…………… 146	水…………………… 140
またお電話します… 60	麻薬中毒…………… 313	水遊び……………… 218
またお目にかかります… 36	麻薬中毒者………… 313	湖…………………… 262
マタニティドレス… 118	麻薬密売…………… 313	みずがめ座………… 269
または……………… 62	眉…………………… 110	水着………………… 118
まだら模様………… 94	眉毛カットはさみ… 127	水着（男性用）…… 118
待合室 198・202・291	眉をかく……… 127・212	水薬………………… 306
待ち合わせ場所…… 217	真夜中……………… 86	水気をふく………… 173
間違い電話………… 61	マヨネーズ…… 155・159	水商売……………… 235
町役場……………… 102	マラソン…………… 222	水だこ……………… 150
松…………………… 282	マラリア…………… 299	水玉模様…………… 94
まつ毛……………… 110	丸い………………… 95	水鳥………………… 280
まつけむし………… 277	まろやかだ………… 131	水におぼれる……… 315
マッコリ…………… 141	回れ右……………… 227	水ぶくれ…………… 304
マッサージする…… 212	万…………………… 66	水ぼうそう………… 299
マッサージを受ける… 212	万一………………… 63	水枕………………… 309
真っ直ぐ…………… 89	満1歳の誕生日 …… 80	水虫………………… 298
松茸………………… 147	漫画………………… 248	店…………………… 206
待ってください…… 56	漫画家……………… 235	見せてください…… 56
松の実……………… 157	マンゴー…………… 157	見せてくださいますか… 57
松葉杖をつく……… 301	マンション………… 162	味噌………………… 158
松葉ぼたん………… 285	慢性………………… 296	みぞおち…………… 111
窓…………………… 164	満潮………………… 265	味噌汁…………134・137
窓口………………… 98	満点………………… 187	みぞれ……………… 259
窓ふき……………… 173	真ん中……………… 89	見出し……………… 343
まとめ髪…………… 214	万年筆…………124・188	道…………………… 204
まな板……………… 161	万引き……………… 311	満ち潮……………… 265
真夏………………… 75	まんぼう…………… 275	道を教えてください… 56
学ぶ………………… 179		三つ編み…………… 214
マニキュア……126・213	**み**	みっつ……………… 68
マニフェスト……… 322		三つ四つ…………… 69
まぬけだ…………… 53	磨く………………… 173	蜜ばち……………… 276
マネ………………… 251	味方………………… 341	密輸………………… 312
麻痺する…………… 300	実がなる…………… 283	密輸犯……………… 312
マフラー…………… 122	みかん……………… 157	見てもいいですか… 56
魔法瓶……………… 161	右…………………… 89	緑色………………… 92
ママ………………… 40	右から3番目 ……… 91	緑豆………………… 154

394

みなさん……… 39	無口だ……… 51	メーターを落とす… 197
港……… 202	無形遺産……… 286	メートル……… 72
南……… 88	婿……… 42	メールを送る……… 192
南アフリカ共和国… 107	向こう側……… 89	目がかゆい……… 303
南アメリカ……… 105	無罪……… 325	目が覚める……… 114
見習い期間……… 240	虫……… 276	目が疲れる……… 303
醜い……… 45	無地……… 94	芽が出る……… 283
ミネラルウォーター… 141	蒸し器……… 161	眼鏡……… 123
身分証明証……… 98	無視する……… 48	眼鏡屋……… 123
見舞いに行く……… 293	虫に刺される……… 304	眼鏡をかける……… 123
耳……… 110	虫歯……… 305	眼鏡を作る……… 123
耳かき……… 127	無職……… 241	眼鏡をはずす……… 123
みみず……… 277	虫除け……… 308	眼鏡を拭く……… 123
みみずく……… 281	蒸す……… 144	目が悪い……… 304
身元確認……… 317	難しいです……… 59	メキシコ……… 107
土産物店……… 217	難しそうです……… 59	目薬……… 308
脈拍を測る……… 294	息子……… 42	目薬をさす……… 309
脈を測る……… 294	娘……… 42	目覚まし時計……… 168
未来……… 87	むっつ……… 68	メス……… 301
ミリメートル……… 72	胸……… 110	めだか……… 275
魅力的だ……… 46	胸焼けがする……… 303	目玉焼き……… 136・154
ミレー……… 251	紫色……… 92	メドレー……… 246
明……… 346	紫水晶……… 125	メニュー……… 191
民宿……… 230	蒸らす……… 144	目まい……… 303
民族紛争……… 337	村役場……… 102	目まいがする……… 303
民法……… 324	無料……… 216	メリーゴーラウンド……… 217
民謡……… 246		メロン……… 156
民話……… 248	**め**	面事務所……… 102
	目……… 110	綿ズボン……… 119
む	〜目……… 90	免税……… 327
ムール貝……… 152	〜名……… 70	免税店……… 206
向かい側……… 89	姪……… 42	免税品……… 209
昔……… 87	メイク……… 213	面積……… 72
むかつく……… 302	迷彩柄……… 94	面接……… 240
むかで……… 277	迷彩服……… 340	面接試験……… 186
むかむかする……… 302	〜名様……… 70	明太子……… 153
むきえび……… 152	名所……… 229	面倒だ……… 47
麦茶……… 140	名刺を交換する……… 239	綿パン……… 119
麦飯……… 134	迷信……… 331	めん屋……… 133
麦わら帽子……… 120	迷路……… 217	
むくげ……… 284	牡牛……… 270	

も

語	ページ
モイスチャークリーム	126
もう一度言ってください	56
申し訳ありません	34
盲腸	296
毛布	167・201
モーテル	230
モーニングコール	231
模擬試験	186
木魚	333
目次	249
木星	268
木造住宅	162
木曜日	76
もぐら	271
もし	63
文字	109
文字入力	191
文字化け	192
もしもし	60
餅つき	350
餅つき大会	350
餅屋	132
もちろん	63
木琴	247
モップ	172
モデム	190
モデル	233
もどかしい	45
元金	99
モニター	190
物置	165
ものさし	188
物干し台	174
ものもらいができる	303
モバイル	190
模範タクシー	197
喪服	118
もみ	282
もみあげ	215
もみじ	282
桃	156
森	262
盛りつける	145
門	164
モンゴル語	108
問題集	178
問題用紙	186

や

語	ページ
ヤード	73
八重歯	305
八百屋	133・206
やかん	160
夜間勤務	238
やぎ	270
焼き網	161
やぎ座	269
焼き魚	135・136
焼き鳥	139・351
焼き肉屋	132
野球	222
野球帽	120
夜勤する	239
焼く	144
役員	236
薬学部	182
やくざ	312
薬剤師	232・292
屋久島	349
役所	102
約束します	58
やけど	299
野菜	146
野菜に包んで食べる	129
野菜の下処理をする	145
野菜を洗う	145
優しい	50
夜食	128
安い	211
安いですか	54
休み時間	177
休みに入る	179
休む	115
休め	227
安物	209
休んでもいいですか	57
屋台	132
家賃	163
薬局	306
薬効	309
やっつ	68
やってます	58
野党	322
柳	282
屋根	164
屋根裏部屋	165
やはり	62
やぶ医者	293
山	262
山火事	318
山勘(で答えを書く)	187
やましくない	47
山猫	272
山登り	254
山登りに行く	220
やまめ	150
やめてもいいですか	57
やめます	59
弥生時代	346
夜来	86
やりいか	151
ヤンバン（両班）	347

ゆ

語	ページ
湯(飲み物)	140
湯(風呂など)	175
憂うつだ	46
遊園地	216
誘拐	312
誘拐犯	312
夕方	86

夕刊	342
有機物	267
有給休暇	239
遊具	217
有罪	325
融資	99
優勝	225
優勝カップ	225
夕食	128
夕食を食べる	115
ユースホステル	230
優先席	196
Uターン	195
優待クーポン	216
夕飯	128
夕日	264
郵便受け	100・164
郵便局	100
郵便配達員	233
郵便配達人	100
郵便番号	101
郵便物	100
郵便ポスト	100
有名ブランド	209
夕焼け	264
遊覧船	202
有料トイレ	205
有料道路	194
ユーロ	96
宥和政策	334
床	164
愉快だ	45
湯がく	144
床暖房	164
床を拭く	116
雪	259
輸血	295
ゆず	157
ユダヤ教	331
ゆっくり話してください	56
ゆで卵	137・154
ゆでる	144
輸入品	209
指	111
指輪	124
指輪をはずす	125
指輪をはめる	125
湯船	175
夢を見る	115
ゆり	284
揺れる	201

よ

酔い止め	308
宵の口	86
洋画	242
洋菓子	142
溶岩	316
養護教諭	185
ようこそおいでくださいました	35
洋式の部屋	162
幼児休憩室	217
洋酒	141
洋食店	133
要するに	63
幼稚園	176
幼稚園児	184
幼虫	277
羊肉	148
洋品店	207
洋服だんす	166
洋服店	206
ヨーグルト	155
ヨーデル	246
ヨードチンキ	308
ヨーロッパ	105
よかったです	58
預金	99
よくおやすみになれましたか	34
よくわかりません	59
横	88
横書き	109
予算を組む	327
4時	84
予習	178
余震	316
寄席	351
よだれかけ	117
よだれが出る	131
4日後	77
よっつ	68
四つ五つ	69
ヨット	202
夜釣り	221
与党	322
夜中	86
夜中の12時	86
予備軍	339
嫁	42
嫁入り道具	83
嫁に行く	83
よもぎ	147
予約確認	200
予約する	201
夜	86
夜の間	86
喜ぶ	47
よろしくお願いします	35
世論	322
4コマ新聞漫画	343
四十	69
読んでみてもいいですか	57
4・19学生革命記念日	79
4分	85

ら

ラーメン	137
ラー油	159
雷雨	259

ライオン … 272	離散家族 … 335	両面テープ … 189
雷魚 … 275	利子 … 99・329	療養する … 295
来月 … 75	理事長 … 236	料理 … 254
来週 … 76	履修届 … 181	料理する … 116
ライター … 125	りす … 271	料理長 … 133
ライティング … 109	リストラ … 241	料理人 … 133
来賓 … 83	リスナー … 344	旅客機 … 200
来賓席 … 226	リスニング … 109	旅客船 … 202
ライブコンサート … 245	リゾート地 … 229	旅館 … 230
落語 … 351	立憲君主制 … 104	緑茶 … 140
落石 … 317	リットル … 73	緑内障 … 298
らくだ … 271	立法 … 323	旅行 … 254
楽だ … 49	立方キロメートル … 73	旅行案内書 … 228
落第 … 187	立方メートル … 72	旅行会社 … 228
ラグビー … 222	離乳食 … 117	旅行客 … 228
ラジオ … 170・344	利尿剤 … 307	旅行する … 228
ラジカセ … 171	理髪師 … 235	旅行日程 … 228
拉致 … 312	リハビリテーション医学科 … 291	旅費 … 228
拉致犯 … 312	略図を描いてください … 56	離陸する … 201
拉致問題 … 335	留学生 … 184	利率 … 329
らっこ … 273	硫化水素自殺 … 314	リレー … 227
ラップ音楽 … 246	流産 … 305	履歴書 … 240
ラテン語 … 108	留鳥 … 280	りんご … 156・283
螺鈿の宝石箱 … 125	リューマチ … 298	臨時ニュース … 345
乱視 … 304	リュック … 178	臨床検査技師 … 292
ランチ … 128	リュックサック … 220	リンス … 175
ランニング … 120	寮 … 162・177	
乱暴だ … 52	両替 … 96・201	**る**
り	料金 … 196	ルームサービス … 231
	料金メーター … 197	ルームナンバー … 231
リーディング … 109	猟犬 … 273	留守番電話 … 60
リールを巻く … 221	漁師 … 234	ルピー … 96
利益 … 329	理容師 … 214	
理学部 … 182	領事 … 336	**れ**
力士 … 350	領事館 … 336	
陸軍 … 339	領収書 … 211	零 … 66
陸上競技 … 222	領収書をください … 211	零下 … 258
陸地 … 262	領収書を出す … 197	冷害 … 317
理系 … 181	両親 … 42	霊魂 … 333
リサイクル … 172・267	良性 … 296	零時 … 86
罹災民 … 317		冷湿布 … 308
		冷水 … 140・175

冷静だ……………… 50	老眼………………… 304	若鶏………………… 149
冷蔵庫……………… 170	老眼鏡……………… 123	わかめ……………… 153
0点………………… 187	ろうそく…………… 333	わかめ汁…………… 134
冷凍食品…………… 129	ろうそく立て……… 169	わかりました……… 58
礼拝………………… 333	労働法……………… 324	倭館………………… 347
冷めん……………… 135	浪人する…………… 187	わき………………… 110
冷めん屋…………… 132	ローション………… 126	わき腹……………… 111
レインコート……… 118	ローションをつける… 212	わき役……………… 243
レオナルド・ダ・ビンチ… 251	ロース……………… 148	輪切りにする……… 145
歴史………………… 180	ロータリー………… 195	惑星…………… 268・269
歴史学……………… 183	ローラーコースター… 216	わけぎ……………… 146
レジ………………… 210	六…………………… 66	分け目をつける…… 215
レジ袋……………… 209	6月………………… 74	倭寇………………… 347
レジャーマットを敷く… 219	6時………………… 84	わさび……………… 159
レスキュー部隊…… 319	六十………………… 69	わし………………… 281
レストラン………… 132	6・25韓国戦争記念日… 79	ワシントン………… 107
レスリング………… 223	路地………………… 204	忘れな草…………… 285
レタス……………… 147	ロシア……………… 107	私…………………… 38
列車………………… 198	ロシア語…………… 108	私(謙譲語)……… 38
レバー……………… 148	露出………………… 252	私がします………… 58
レポーター………… 233	路線番号…………… 196	私たち……………… 38
レポート…………… 178	六か国協議………… 335	私たち(謙譲語)… 38
レモン……………… 157	ロック音楽………… 246	私ですが…………… 60
恋愛………………… 82	ロッククライミング… 220	私はできません…… 59
恋愛映画…………… 242	ロッテリア………… 139	わたりがに………… 152
恋愛結婚…………… 82	6分………………… 85	渡り鳥……………… 280
れんぎょう………… 284	ロト………………… 256	ワット……………… 73
れんこん…………… 147	ろば………………… 270	ワッフル…………… 142
レンズ……………… 252	ロブスター………… 152	わに………………… 279
連続ドラマ………… 345	ロフト……………… 165	わにがめ…………… 278
練炭ガス中毒……… 314	魯を漕ぐ…………… 203	わらび……………… 147
練炭自殺…………… 314	ロングヘア………… 214	割り算……………… 67
レントゲンを撮る… 294	論説………………… 342	割引券……………… 216
練乳………………… 155		われわれ…………… 38
連邦国家…………… 104	わ	ワンルーム………… 162
連絡してください… 57		ワンルームマンション… 162
連絡してくださいますか	倭…………………… 346	
………………… 57	ワークネット……… 240	
	ワイシャツ………… 119	
ろ	ワイン……………… 141	
	わかさぎ…………… 150	
廊下………………… 164	分かち書き………… 109	

● 著者プロフィール

李昌圭（イ チャンギュ）

武蔵野大学人間関係学部准教授。
『絵でわかる旅行会話帳韓国』、『文法から学べる韓国語』、『文法から学べる韓国語ドリル』、『はじめての韓国語』、『はじめての韓国語単語集』（ナツメ社）ほか、著書多数。

ナツメ社Webサイト
http://www.natsume.co.jp
書籍の最新情報（正誤情報を含む）は
ナツメ社Webサイトをご覧ください。

**すぐに役立つ
韓国語の基本単語集**

2009年2月10日初版発行

著　者	李　昌圭	©Changkyu Lee, 2009
発行者	田村正隆	

発行所	株式会社ナツメ社
	東京都千代田区神田神保町1-52　加州ビル2F（〒101-0051）
	電話　03(3291)1257(代表)　　FAX　03(3291)5761
	振替　00130-1-58661
制　作	ナツメ出版企画株式会社
	東京都千代田区神田神保町1-52　加州ビル3F（〒101-0051）
	電話　03(3295)3921(代表)
印刷所	ラン印刷社

ISBN978-4-8163-4615-6　　　　　　　　　　　Printed in Japan
《定価は表紙に表示してあります》
《落丁・乱丁本はお取り替えします》